Workbook to accompany
RENDEZ-VOUS
An Invitation to French
Fourth Edition

Patricia Westphal

McGraw-Hill

New York   St. Louis   San Francisco   Auckland
Bogotá   Caracas   Lisbon   London   Madrid
Mexico City   Milan   Montreal   New Delhi
San Juan   Singapore   Sydney   Tokyo   Toronto

This is an book.

Workbook to accompany
Rendez-vous: An Invitation to French, Fourth Edition

Portions of this book reprinted by permission from the Cahier d'exercices pour accompagner *Bonjour, ça va? An Introductory Course*, Third Edition, by Myrna Bell Rochester et al., published by McGraw-Hill, Inc. Copyright 1991 by McGraw-Hill, Inc.

This book is printed on recycled, acid-free paper containing a minimum of 50% recycled de-inked fiber.

67890 MAL MAL 909876

ISBN 0-07-044339-4

This book was set in Palatino on an IBM by Ann Eisner.
The editors were Leslie Berriman, Eileen LeVan, and E.A. Pauw.
The production supervisor was Louis Swaim.
Drawings were done by David Bohn, Axelle Fortier, Sally Richardson, Judith Macdonald, and Katherine Tillotson.
Project supervision was done by Lorna Lo.
Malloy Lithographing, Inc. was printer and binder.

Grateful acknowledgment is made for the use of the following realia:
Pages 22–23 Alliance Française; **29** *Jours de France*; **39** *VSD*; **56** *20 Ans*; **67** *20 Ans*; **69** *Paris Match*; **74** *Official des Spectacles*; **85** from *Miam! Miam!* by Monique Felix (Renens, Switzerland: Imprimerie Reunies Lausanne), © du Mensuel Suisse "Jakari"; **102** © *Le Monde de l'Éducation*; **104** Boursin; **130** courtesy of Air France; **134** *Le Figaro*; **139** *Le Monde*; **151** *VSD*; **152** *Le Monde Radio-Télévision*; **163** *Elle*; **223** *Jours de France*; **226** from *Des Sports et des jeux* (Paris: Gallimard, 1988); **243** © *Femme Actuelle*, 234/Arne-Marie Levène; **252** reprinted with permission of *Le Figaro*, copyright *Le Figaro* 1991; **256 (top right)** Georges Bosio/Gamma-Liaison; **(bottom right)** *Jours de France*; **(top left)** Julio Donoso/Sygma; **(bottom left)** *Jours de France*; **263** from *Le Petit Larousse*; **263** reprinted with permission of *Journal Français d'Amérique*; **265** *20 Ans*.

Table des matières

Introduction

This Workbook accompanies the fourth edition of *Rendez-vous: An Invitation to French*. Each chapter of the Workbook is based on the corresponding text chapter, so that students may review what they are learning in the classroom through guided as well as open-ended practice.

New to This Edition

The following features are new to this edition.

- To help students practice on their own, we have increased the number of self-correcting exercises. These self-correcting exercises still call on students to demonstrate comprehension of content; very few ask them simply to manipulate forms.
- A diamond ✦ signals that an open response is wanted and that no answer is provided at the back of the Workbook.
- A new cultural section, **Le monde francophone**, reviews the material presented in the main text and, in Chapters 10 to 17, asks students to give a personal reaction to that material. This section also presents a piece of realia with follow-up questions.
- **Journal intime** is a new section that encourages students to write freely, as if in a personal diary, about their own opinions and experiences. Their writing could be shared anonymously with other students in the class or simply shared with the instructor. We suggest that readers react primarily to the ideas and feelings expressed, commenting on errors only when they hinder comprehension, perhaps with a question to help students clarify their thoughts.

Organization of the Workbook

The structure of the first and last chapters parallels that of the main text. Chapters 2 to 17 include the following sections:

- **Étude de vocabulaire:** a vocabulary section to be done after the student is acquainted with the theme vocabulary of the chapter.
- **Étude de grammaire:** a variety of exercises touching on each grammar point, generally starting with single-emphasis practice and progressing to personalized, open-ended questions.
- **Étude de prononciation:** a brief task to review the information presented in the main text (Chapters 1 to 7).
- **Mise au point:** a review of chapter vocabulary and structures, providing both single-answer and creative or personalized activities. The section often includes brief reading-comprehension tasks.
- **Le monde francophone:** activities based on the cultural material in the main text and a realia-based activity focusing on cultural content.
- **Journal intime:** one or two writing topics to encourage "free writing" in French.

Answers to the exercises are provided at the back of the Workbook. Those answers marked with an asterisk represent model (not exact) answers; portions of students' answers will probably differ from the model. (See further explanation in the **Réponses aux exercices**.) No answers are given for open-ended items.

Acknowledgments

The author wishes to thank the following people who made important contributions to the Workbook: Eileen LeVan, development editor; Elizabeth Pauw, editing supervisor; Jehanne-Marie Gavarini, native reader; David Bohn, Axelle Fortier, Sally Richardson, Judith Macdonald, and Katherine Tillotson, artists. My gratitude goes to the many other staff members at McGraw-Hill whose work made the publication of this edition possible. Special thanks to Leslie Berriman and Thalia Dorwick for their continuing support and encouragement.

CHAPITRE **UN**

Premier rendez-vous

Première partie

LES BONNES MANIÈRES

A. Qu'est-ce qu'on dit? If you were in Paris, what would you say in these situations?

1. In class, you drop your book on your neighbor's foot. _____

   _____

2. Your professor just said something; you're not sure what, but it sounded important. _____

   _____

3. You've forgotten your professor's name and want to write it down. _____

   _____

4. You pass a friend on the way to class. _____

   _____

5. You pass a male professor on the way to class. _____

   _____

6. You want to introduce yourself. _____

   _____

7. Your friends are leaving your apartment at the end of the evening. _____

   _____

8. A young woman has just thanked you for picking up her book. _____

   _____

B. Une rencontre (*An encounter*). On his way across campus, Jeremy runs into a visiting professor and exchanges greetings with her. Complete the dialogue.

JEREMY: Bonjour,_____ .

_____ ?

MME FLÉAU: Très bien,_____ Et vous? Ça va?

JEREMY: _____ .

MME FLÉAU: Au revoir, Jeremy._____ bientôt.

JEREMY: _____ , Madame.

LES NOMBRES DE 0 À 20

A. Combien? At the office, you have inventoried the supplies, using hash marks. Now it's time to write your report.

MODÈLE: ///// ///// /// → treize

1. ///// /// _____ stylos bleus

2. ///// ///// ///// //// _____ stylos orange

3. ///// ///// / _____ stylos rouges

4. ///// ///// ///// / _____ petits cahiers

5. ///// // _____ grands cahiers

6. ///// ///// ///// _____ crayons rouges

7. ///// _____ crayons violets

8. ///// ///// //// _____ crayons roses

9. /// _____ dictionnaires français-anglais

10. ///// ///// /// _____ livres

✦**B. Que dites-vous** (*What do you say*)? Write out the following numbers, one digit at a time.

    MODÈLE: Your zip code → cinq zéro trois un deux (50312)

1. Your house number _____

_____

2. Your phone number _____

_____

3. Your best friend's phone number _____

_____

4. Your social security number _____

_____

LA COMMUNICATION EN CLASSE

A. Associations. Match the following drawings with the expressions listed below.

Je ne comprends pas.	À bas les examens!
J'ai une question à poser.	Non, ce n'est pas juste, ça.
Écoutez et répétez.	Attention!
Comment dit-on «Dear John» en français?	

MODÈLE:

Attention!

1. _____   2. _____   3. _____

4. _____ 5. _____ 6. _____

B. Réponses logiques. Associez les commentaires et leurs réponses.

1. _____ Comment allez-vous?

2. _____ Comment vous appelez-vous?

3. _____ Merci bien.

4. _____ Comment dit-on «Oops!» en français?

5. _____ Au revoir.

6. _____ Bonjour, Stéphane.

7. _____ Comprenez-vous?

a. Salut, Marcel.
b. Non, je ne comprends pas.
c. A bientôt.
d. Je m'appelle Stéphane.
e. Ça va bien, merci.
f. De rien.
g. Je ne sais pas.

Deuxième partie

DANS LA SALLE DE CLASSE

Inventaire (*Inventory*). Qu'est-ce qu'il y a (*What is there*) dans la salle de classe?

MODÈLE:  Il y a trois portes.

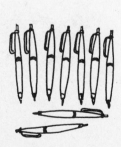

1. Il y a _____
_____

2. Il y a _____
_____

3. Il y a _____
_____

4. Il y a _____
_____

5. Il y a _____
_____

6. Il y a _____
_____

7. Il y a _____
_____

8. Il y a _____
_____

9. Il y a _____
_____

LES NOMBRES DE 20 À 60

A. Continuez chaque série.

1. trois, six, neuf, _____

2. quinze, dix-sept, dix-neuf, _____

3. trente et un, trente-quatre, trente-sept, _____

4. soixante-neuf, soixante-huit, soixante-sept, _____

5. vingt, trente, quarante, _____

6. onze, vingt-deux, trente-trois, _____

7. quarante-huit, trente-six, vingt-quatre, _____

◆B. Habitudes. On what day do you like to do the following things? (**Le** + *day of the week* means regularly on that day.)

MODÈLE:    le dimanche (*on Sundays*)

1. _____   2. _____   3. _____

4. _____   5. _____   6. _____

QUEL JOUR SOMMES-NOUS?

A. Look at the calendar for the month of December on the next page and identify the dates given.

MODÈLE: 30/12 → Le trente décembre, c'est un mardi.

1. 21/12 _____

2. 11/12 _____

3. 8/12 _____

4. 24/12 _____

5. 2/12 _____

6. 6/12 _____

7. 19/12 _____

		décembre			
L	① piano	8	⑮ italien	22	29
M	2	9	16	㉓ hockey	㉚ P. et I.
M	3	10	⑰ ♡	24	31
J	④ Juliette	11	18	25	
V	5	12	19	26	
S	6	⑬ Dr Noiret	20	27	
D	7	14	21	㉘ Bach	

B. Le calendrier de M. Belœil. Look once again at the calendar for December above and give the day and the date of M. Belœil's activities.

   MODÈLE: le cours d'italien de M. Belœil commence → lundi, le quinze décembre

1. rendez-vous de M. Belœil chez le docteur _____

2. leçon de piano de M. Belœil _____

3. surprise-partie chez Juliette _____

4. concert de Bach _____

5. visite de Paul et Irène _____

6. match de hockey _____

7. anniversaire de mariage de M. et Mme Belœil _____

Troisième partie

THE FRENCH ALPHABET

A. The International Phonetic Alphabet. What French word or phrase does each of the transcriptions below represent?

1. [byro] _____

2. [madmwazɛl] _____

3. [ozurdyi] _____

4. [zəkɔ̃ prɑ̃] (2 words) _____

5. [məsjø] _____

6. [kɛlzursɔmnu] (4 words) _____

7. [kɔmãvuzaplevu] (4 words) _____

8. [etydjã] _____

9. [katɔrz] _____

B. Les mots apparentés (*Cognates*). This is an ad for vacation real estate on an island off the western coast of France. It contains several words with the same or similar spelling in French and English. Circle all the words you think you recognize, then answer the questions below, in French or English. (Dom. = domicile; Bur. = bureau.)

1. How many exact cognates did you find? _____ How many close cognates?_____

2. What exactly is for sale in this ad? _____

3. Which of their features would especially appeal to you? _____

_____

4. Now fill out the coupon, requesting more information.

 # Le monde francophone

Géotest. Test your memory. How many francophone nations can you name? Without consulting a map, try to complete the items below, in English or French. Then check the maps at the beginning of *Rendez-vous* to fill in the information you can't remember.

1. Nommez...

   a. trois nations arabes au bord de (*on the banks of*) la mer Méditerranée _____

   _____

b. deux îles francophones _____

_____

c. deux provinces francophones au Canada _____

_____

d. un pays (*nation*) francophone en Amérique du sud _____

_____

e. un état francophone aux États-Unis (*USA*) _____

_____

f. trois pays francophones en Europe _____

_____

g. un pays francophone en Asie_____

_____

✦2. Which one of the places listed above would you most like to visit? Why? _____

_____

_____

Journal intime

One of the repeating features of the Workbook chapters is **Journal intime** (Diary or Journal). Its purpose is to encourage you to write freely in French (as much as you can) about your own opinions and experiences, using the vocabulary and structures you are currently studying, without worrying about making errors. Your instructor will probably read your diary or journal entries and react to them, but will generally not correct them or give them a grade. It is a good idea to buy a separate notebook or bluebook to use as your **Journal intime**. By the end of the year, you will find that you are writing in French more and with greater ease, and your notebook will be a wonderful record of the progress you have made.

Include at least the following information in today's journal entry.

- Give the day of the week.
- Greet your diary as you would a new friend, and introduce yourself.
- Describe the room where your French class meets, listing the number of people in it and the things that the room contains.

MODÈLE: *Dans ma classe de français, il y a...*

CHAPITRE DEUX
La vie universitaire

Étude de vocabulaire

A. Les lieux. Where do you normally find the following things?

MODÈLE: Un examen? → Dans l'amphithéâtre.

1. Une table de ping-pong? _____

2. Un tableau noir? _____

3. Un bon repas (*good meal*)? _____

4. Le silence, la réflexion et les encyclopédies? _____
   _____

5. Une radio et une télévision? _____

B. Les matières. If you're carrying these titles in your bookbag, what subject are you probably studying?

MODÈLE: *La Minéralogie, La Paléontologie* → la géologie

1. *L'Algèbre, La Géométrie, Le Calcul infinitésimal* _____
   _____

2. *L'Évoluton, L'Embryologie, La Génétique* _____
   _____

3. *Jules César, Les Voyages de Gengis Khan, L'Empire romain, La Renaissance* _____
   _____

4. *Puntos de partida, Deutsch heute, Rendez-vous* _____
   _____

5. *Sens et sensibilité* par Jane Austen, *L'Idiot* par Fiodor Dostoïevski _____
   _____

C. Programme d'études. What subjects are these people probably studying?

> MODÈLE: Matthieu est étudiant à la Faculté de Médecine. →
> la biologie, la chimie et les maths.

1. Marc est étudiant à la Faculté des Sciences. _____

_____

2. Jacqueline est étudiante à la Faculté des Lettres. _____

_____

3. Chantal est étudiante à la Faculté des Sciences humaines. _____

_____

4. Jean-Paul étudie les langues étrangères pour être (*in order to be*) professeur. _____

_____

5. Et vous? _____

_____

D. L'intrus. Write the nationality that does not belong in each series of words.

1. italien, français, anglais, mexicain _____

2. marocain, tunisien, japonais, algérien _____

3. sénégalais, ivoirien, russe, tunisien _____

4. allemand, belge, français, québécois _____

5. zaïrois, chinois, japonais, russe _____

6. mexicain, suisse, canadien, américain _____

7. français, québécois, espagnol, belge _____

E. Langues importantes. Next to each language, write down as many countries as you can where it is widely spoken.

> MODÈLE: allemand → l'Allemagne, la Suisse

1. espagnol _____

2. français _____

3. anglais _____

4. italien _____

5. chinois _____

F. Les distractions. You are applying for an opening in the French house on campus. As a means of introducing yourself to the other residents, indicate what you like and dislike for each topic below.

> MUSIQUE: J'aime _____
>
> et je n'aime pas beaucoup _____

SPORTS: J'adore _____

et je n'aime pas _____

CINÉMA: J'aime beaucoup _____

et je n'aime pas _____

LOISIRS (*leisure activities*): J'aime _____

et je n'aime pas beaucoup _____

STUDY HINT: LEARNING NEW VOCABULARY

Vocabulary is one of the most important tools for successful communication in a foreign language. What does it mean to "know vocabulary"? And what is the best way to learn vocabulary?

1. Memorization is only a part of the learning process. Using new vocabulary to communicate requires practicing that vocabulary in context. What do you associate with this word? When might you want to use it? Create a context—a place, a situation, a person, or a group of people—for the vocabulary that you want to learn or use a context from the text. The more associations you make with the word, the easier it will be to remember. Practice useful words and phrases over and over—thinking about their meaning—until you can produce them automatically. You may find it useful to "talk to yourself," actually saying aloud the words you want to learn.

2. Carefully study the words in vocabulary lists and drawings. If a word is a cognate or shares a root with an English word, be especially aware of differences in spelling and pronunciation. For example, note that **classe** is spelled with an **e** and that **mathématiques** ends in **-ques**. Keep in mind that an "almost but not quite perfect" spelling may lead to a miscommunication: **le livre** (*the book*) versus **la livre** (*the pound*); **le fil** (*wire*) versus **le fils** (*son*). You also need to remember which words require **le** and which require **la** to express *the*, as well as which words require a written accent—**l'étudiant, la préférence**, for example—and where the accent occurs.

3. After studying the list or drawing, cover the English and give the English equivalent of each French word.

4. When you are able to give the English without hesitation and without error, reverse the procedure; cover the French and give the French equivalent of each English word. Write out the French words (using **le** or **la** where appropriate) once or several times and say them aloud.

5. Vocabulary lists and flash cards can be useful as a review or as a self-test.

Étude de grammaire

1. IDENTIFYING PEOPLE AND THINGS
Articles and Nouns

✦**A. Les goûts** (*Tastes*). How do you feel about the following things? Begin your sentence with one of these three phrases.

J'aime beaucoup   J'aime bien   Je n'aime pas

MODÈLE: travail → J'aime bien le travail.

1. ski _____

2. télévision _____

3. base-ball _____

4. lundi _____

5. français _____

6. histoire _____

7. cinéma _____

8. café _____

B. *Un ou une?*

MODÈLE: une photographie

1. _____ département
2. _____ cahier
3. _____ beauté
4. _____ document
5. _____ porte
6. _____ Anglaise
7. _____ amie
8. _____ chaise
9. _____ knock-out
10. _____ université
11. _____ accident
12. _____ tableau noir

13. _____ organisation
14. _____ Chinois
15. _____ distraction
16. _____ sculpture
17. _____ table
18. _____ difficulté
19. _____ Italien
20. _____ professeur
21. _____ actrice
22. _____ pâtisserie
23. _____ sentiment
24. _____ définition

C. What is the French equivalent?

MODÈLES: the man → l'homme

a book → un livre

biology → la biologie

1. the woman _____
2. skiing _____
3. a movie theater _____

4. a blackboard _____
5. a notebook _____
6. the university _____

7. a restaurant _____

8. the classroom _____

9. a nationality _____

10. television _____

11. the desk _____

12. radio _____

13. a radio _____

14. life _____

D. Visit d'un campus. Use a definite or an indefinite article depending on the meaning.

Marie-Louise, _____[1] étudiante française, visite _____[2] université américaine à Washington, D.C., avec Gary Snyder.

GARY: Voilà _____[3] restau-u, _____[4] bibliothèque et _____[5] Faculté des Sciences.

MARIE-LOUISE: Il y a _____[6] professeur de français dans _____[7] Faculté des Lettres?

GARY: Il y a _____[8] professeur de russe, _____[9] professeur de chinoise et 20 professeurs de français!

MARIE-LOUISE: Ah, _____[10] français est _____[11] cours populaire!

GARY: C'est _____[12] opinion de beaucoup de personnes.

E. François and Charles are at the cafeteria, talking about their courses. Complete their conversation by adding the appropriate articles.

FRANÇOIS: _____[1] biologie est intéressante, n'est-ce pas (*don't you think*)?

CHARLES: Mmmm. J'aime mieux _____[2] télévision. Mais il y a au moins (*at least*) _____[3] femme intéressante dans _____[4] classe de biologie.

FRANÇOIS: C'est _____[5] amie?

CHARLES: Pas du tout (*Not at all*)! C'est _____[6] professeur.

2. EXPRESSING QUANTITY
Plural Articles and Nouns

A. Write the singular form.

1. des amis _____

2. les choix _____

3. des hôpitaux _____

4. des bureaux _____

5. les cours de français _____

6. les lieux _____

7. les femmes _____

8. des questions _____

9. les examens _____

10. des Américains _____

B. La vie universitaire. Choose one element from each column to create logical sentences in the plural.

MODÈLE: Dans les amphithéâtres il y a des étudiants.

Dans...	*...il y a...*
bureau	faculté
amphithéâtre	docteur
université	film
hôpital	livre
cinéma	étudiant
bibliothèque	table
librairie	crayon

1. _____

2. _____

3. _____

4. _____

5. _____

6. _____

7. _____

C. Scènes de la vie universitaire. Use a definite or indefinite article.

Il y a _____¹ Française, _____² Espagnols et _____³ Américains dans _____⁴ amphithéâtre. _____⁵ Française aime parler.

Dans _____⁶ salle de classe il y a _____⁷ étudiants et _____⁸ professeur. _____⁹ professeur explique _____¹⁰ géométrie.

Il y a _____¹¹ film français dans _____¹² salle de cinéma. _____¹³ spectateurs regardent (*are watching*) _____¹⁴ film d'aventure.

Dans _____ [15] livre il y a _____ [16] photos et _____ [17] autobiographie. _____ [18] autobiographie est en italien.

3. EXPRESSING ACTIONS
-er Verbs

A. Samedi soir à la résidence universitaire. Describe what the following people are doing, using the verbs listed below.

Ann _____ [1] français avec Karl. Les deux

amis _____ [2] un film à la télévision.

Caroline et Stéphanie _____ [3] Susie, qui (*who*)

_____ [4] son Walkman dans un coin. Roger

_____ [5] sur le sofa. Je _____ [6]

à un ami. Une femme _____ [7] à la réception (*desk*).

travailler
parler
écouter
rêver
téléphoner
regarder
chercher

B. Utilisez la forme correcte des verbes suggérés.

Les touristes en France _____¹ les monuments,

_____² les guides, _____³

quelquefois français, _____⁴ dans les Alpes, et

_____⁵ dans les cabarets de Paris.

danser
visiter
skier
écouter
parler

Le week-end à l'université nous _____⁶

rarement. Nous _____⁷ donner des soirées.

Nous _____⁸ des disques, nous

_____⁹ quelquefois. Nous

_____¹⁰ de nouveaux (*new*) amis.

trouver
écouter
travailler
aimer mieux
danser

En cours j' _____¹¹ souvent la discussion,

mais quelquefois je _____¹² ou je

_____¹³ par (*out*) la fenêtre. Voilà pourquoi

je _____¹⁴ les cours en amphithéâtre.

J'_____¹⁵ les petites salles de classe intimes.

aimer mieux
rêver
détester
écouter
regarder

C. A reporter made a mistake. She thought three people had been involved in an event she covered, but in fact only a single student was involved. Rewrite the story correctly, then answer the questions that follow.

Trois étudiantes canadiennes protestent contre (*against*) la musique des programmes de la radio universitaire. Elles trouvent qu'il y a trop (*too much*) de musique anglaise. «Le Canada est un pays bilingue. Nous aimons mieux écouter de la musique française ou québécoise.»

_____

_____

_____

_____

_____

_____

_____

Ecoutez-vous souvent la radio? Quelle sorte de musique aimez-vous mieux? _____

_____

_____

4. EXPRESSING DISAGREEMENT
Negation Using *ne... pas*

A. Rewrite in the negative only the sentences that are not true.

1. Les éléphants parlent français. _____

   _____

2. On danse à la bibliothèque. _____

   _____

3. On étudie à la librairie. _____

   _____

4. Je parle anglais. _____

   _____

5. Les étudiants adorent les examens. _____

   _____

6. Nous écoutons la radio en classe. _____

   _____

7. Maintenant je regarde un exercice de français. _____

   _____

8. J'habite un appartement. _____

   _____

✦**B.** **Réactions.** Compare your tastes with those of people you know. (**Mon**, **ma**, or **mes** = *my*.)

Suggestions for topics: la musique punk, le base-ball, la biologie, MTV, la musique classique, le chocolat, la politique, les films français, la télévision, le travail.

MODÈLE: Je n'aime pas la musique punk, mais mes camarades Jacques-Olivier et Laurent trouvent le punk super.

1. Je _____

   mais mon ami(e) (*give name*) _____

   _____

2. Ma mère (Mon père) _____

   et moi, je _____

3. Mes camarades de classe _____

   _____

   mais moi, je _____

4. Mes professeurs, _____

   mais moi, je _____

Prononciation

Find the words with endings that rhyme.

_____ 1. répéter   a. fine
                          b. excusez
_____ 2. pot   c. peau
                          d. deux
_____ 3. mou   e. beaucoup
                          f. parlez
_____ 4. dîne

_____ 5. beauté

_____ 6. peu

 # Mise au point

A. Associations. Give the general word from the chapter vocabulary that includes all of the items listed.

Mots possibles: femmes, hommes, amis, villes, sports, matières, lieux

MODÈLE: La littérature, l'histoire, la biologie, la chimie sont des matières.

1. Paris, Tunis, Montréal, New York sont des _____

2. La jungle, la montagne, la ville, la maison, la librairie sont des _____

3. John Major, Jean-François Ravel, Mel Gibson, Rod Stewart sont des _____

4. Sandra Day O'Connor, Glenn Close, Isabelle Adjani, Mère Thérèsa sont des _____

5. Le tennis, le golf, le volley-ball, le basket-ball sont des _____

6. Dennis the Menace et Joey, Mutt et Jeff sont des _____

B. Un cours intéressant? Use the information in the drawing to fill in the blanks.

1. Il y a _____ étudiants dans la _____ de classe.

2. C'est _____ cours d' _____.

3. Il y a un _____ qui (who) déteste _____ et les examens.

4. Une étudiante _____ un stylo dans son sac.

5. Il y a deux étudiants qui _____ de voyager.

6. _____ jeune femme à la porte est _____ étudiante.

7. Le professeur _____ un cahier à cette (this) personne.

8. Les étudiants _____ le professeur.

C. Et vous? Answer according to your own opinions and elaborate as much as you can. If a question seems too personal, evade it as you would in a social situation.

1. Vous habitez un appartement, une maison (a house) ou la cité universitaire? _____

   _____

2. Préférez-vous la musique classique ou la musique moderne? _____

   _____

3. Vous aimez mieux le café ou le Coca-Cola? _____

   _____

4. Aimez-vous mieux regarder une cassette vidéo ou aller (go) au cinéma? _____

   _____

5. En général, aimez-vous étudier? _____

   _____

6. Vous étudiez le français avec ou sans (without) dictionnaire? _____

   _____

■ ◆ Le monde francophone

A. Nouvelles francophones. Complete the statements based on the cultural note in your textbook (page 22).

1. L'Alliance française est une association à but (with a purpose)

   a. lucratif

   b. non lucratif

2. L'Alliance française existe

    a. dans 122 nations

    b. en France, Belgique et Suisse uniquement

3. L'Alliance française a pour but (*has as its mission*)

    a. le marketing des produits français

    b. la promotion de la langue et de la culture françaises

B. France-culture. Indicate whether the following statements are true or false (**vrai ou faux?**), based on the cultural note in your textbook (page 38).

1. _____ En général, les étudiants français habitent sur le campus des universités en France.

2. _____ La cité universitaire est un logement pour étudiants.

3. _____ Les universités en France sont en général très chères (*expensive*).

4. _____ Le café joue un rôle important dans la vie des étudiants.

5. _____ La Sorbonne est une partie de l'université de Paris.

C. La vieille dame. Answer the questions based on these sections of a brochure about the **Alliance française**.

POURQUOI SOMMES-NOUS DIFFÉRENTS ?

Nous n'enseignons que le français,

langue parlée par plus de 150 millions de personnes dans le monde, langue porteuse de valeurs historiques fortes, de littérature, d'un art de vivre, langue de conciliation, symbole de la démocratie.

ACTIVITÉS ET SERVICES
OFFERTS PAR L'ALLIANCE FRANÇAISE

Nous offrons des activités gratuites,

❏ *La médiathèque* où les étudiants peuvent travailler en auto-nomie complète avec des documents audio et vidéo.

❏ *La bibliothèque* de prêt, salle de lecture.

❏ *Des conférences* sur la littérature, le théâtre, l'histoire de l'art.

❏ *Le ciné-club*, afin de voir ou revoir, en version originale, les meilleurs films français.

Nous offrons de nombreux services,

❏ *Un service d'hébergement*, en tant qu'hôte payant en demi-pension dans une famille française, en résidence ou à l'hôtel.

❏ *Un Cercle d'accueil* qui organise des rencontres avec des Français, à l'occasion de spectacles, repas et sorties.

❏ *Un service de petites annonces* permettant de trouver de petits travaux ou un logement.

❏ *Un service voyages*, qui propose régulièrement des excur-sions culturelles et touristiques.

❏ *Un restaurant* libre-service, ouvert midi et soir.

---

1. In what city is this **Alliance française** office located? _____

2. According to the brochure, how many people in the world speak French? _____

3. Name several services and activities offered by the **Alliance française** in Paris, and describe each one briefly in English.

   _____

   _____

   _____

   _____

   _____

   _____

✦4. Which of these activities interests you the most? Why?

   _____

   _____

   _____

   _____

Journal intime

One of the repeating features of the Workbook chapters is **Journal intime** (*Journal* or *Diary*). Its purpose is to encourage you to write freely in French (as much as you can) about your own opinions and experiences, using the vocabulary and structures you are currently studying, without worrying about making errors. Your instructor will probably read your diary or journal entries and react to them, but will generally not correct them or give them a grade. It is a good idea to buy a separate notebook or bluebook to use as your **Journal intime**. By the end of the year, you will find that you are writing in French more and with greater ease, and your notebook will be a wonderful record of the progress you have made.

Write about yourself. Be sure to use complete sentences. Include the following information.

- Your name
- What pastimes you like and don't like, in general
- What subjects you are studying and your opinion of each: J'aime... (Je n'aime pas...)

Limit yourself to the vocabulary you have learned so far. Do not use a dictionary.

CHAPITRE TROIS

Descriptions

Étude de vocabulaire

A. Des clichés? Match the adjectives and nouns to create frequently heard combinations.

Suggested adjectives: sérieux, excentrique, drôle, individualiste, idéaliste, calme, hypocrite, dynamique, timide, sociable, raisonnable

MODÈLE: un juge (*judge*) → un juge raisonnable

1. un artiste _____
2. un professeur _____
3. une musicienne _____
4. une grand-mère _____
5. un comique _____

6. une petite fille _____
7. une écologiste _____
8. un sénateur _____
9. un poète _____
10. un homme politique _____

✦**B. La mode et les saisons.** Next to each of the months listed here, write down three pieces of clothing you typically wear during that season.

avril	1.	
	2.	
	3.	
juin	1.	
	2.	
	3.	
septembre	1.	
	2.	
	3.	
décembre	1.	
	2.	
	3.	

C. **Parlons de mode**. What are people wearing?

MODÈLE: À la plage, on porte un maillot de bain, des sandales, et un chapeau.

1. Une femme d'affaires (*businesswoman*) porte _____

2. Un homme qui cherche du travail porte _____

3. Les adolescents portent aujourd'hui _____

4. Pour skier, on porte _____

5. Pour jouer au tennis, on porte _____

✦D. **Les couleurs**. Check the objects you have seen personally.

1. _____ des chaussures vertes

2. _____ une cravate orange

3. _____ une banane grise

4. _____ des chaussettes rouges

5. _____ un fruit marron

6. _____ une chemise blanche

7. _____ un sandwich noir

8. _____ un crayon jaune

9. _____ un manteau bleu

10. _____ une salle de classe rouge

Now name three objects you would find strange. _____

_____

E. **La palette de l'artiste**

MODÈLE: rouge + blanc = rose

1. bleu + jaune = _____

2. noir + blanc = _____

3. rouge + jaune = _____

4. bleu + rouge = _____

5. rouge + vert = _____

6. orange − jaune = _____

F. **De quelle couleur sont-ils?** What color are the following objects?

1. le drapeau américain

2. le soleil

_____   _____

3. le chat

4. la plante

_____   _____

G. En cours. Use the groups of words below to create statements about this drawing. Then label the four people.

livre / sur / bureau
question / sous / réponse
professeur / derrière / table
Marc / côté / table
Thierry / côté / porte
Paul / devant / tableau

MODÈLE: Marc est à côté de la table.

1. _____

2. _____

3. _____

4. _____

5. _____

Étude de grammaire

5. IDENTIFYING PEOPLE AND THINGS
The Verb *être*

A. **Dites la vérité** (*Tell the truth*). Use the appropriate form of **être** in the affirmative or negative.

MODÈLE: Nous ne sommes pas russes.

Dans ma famille. Je _____¹ idéaliste. Maman

_____² très sociable. Je _____³ fier/ère d'elle.

Papa _____⁴ sportif. Mes parents _____⁵ très

sympathiques. Les amis de la famille trouvent que nous _____⁶ drôles.

En politique. Bill Clinton et Robert Dole _____⁷ amis. Les

Démocrates _____⁸ idéalistes. Les Républicains

_____⁹ réalistes. Je _____¹⁰ pessimiste mais, à

mon avis (*opinion*), la condition de la politique américaine _____¹¹

sérieuse.

STUDY HINT: LEARNING NEW GRAMMAR

Learning a language is similar to learning any other skill; knowing *about* it is only part of what is involved. Consider how you would acquire another skill—swimming, for example. If you read all the available books on swimming, you would probably become an expert in talking *about* swimming and you would know what you *should* do in a pool. Until you actually got into a pool and practiced swimming, however, you would probably not swim very well. In much the same way, if you memorize all the grammar rules but spend little time *practicing* them, you will not be able to communicate very well in French.

As you study each grammar point in *Rendez-vous*, you will learn how the structure works; then you need to put your knowledge into practice. First, read the grammar discussion, study and analyze the examples, and pay special attention to the minidialogues that illustrate how the grammar is used in everyday communication. Then begin to practice. When you are certain that your answers are correct, practice doing each exercise several times until the answers sound and feel right to you. As you do each item, think about what you are conveying and the context in which you could use each sentence, as well as about spelling and pronunciation.

Always remember that language learning is cumulative. This means that you are not finished with a grammar point when you go on to the next chapter. Even though you are now studying the material in Chapter 3, you must still remember how to conjugate **-er** verbs and how to make sentences negative, because Chapter 3 builds on what you have learned in Chapters 1 and 2. All subsequent chapters will build on the material leading up to them. A few minutes spent each day reviewing "old" topics will increase your confidence—and success—in communicating in French.

B. Moussa is studying in Grenoble. Complete the following sentences with **c'est, il est** ou **elle est.** (Rappel: **c'est** is usually followed by an article—**un, une, des, le, la, les,** etc.)

Voici Moussa. _____¹ d'Abidjan, en Côte-d'Ivoire. _____² étudiant en

médecine. _____³ un jeune homme travailleur. _____⁴ assez sérieux, mais

_____⁵ aussi très sociable. Sa sœur s'appelle Fatima. _____⁶ aussi étudiante,

mais en littérature. _____⁷ un peu (*a little*) naïve parce qu' _____⁸ souvent

idéaliste. Mais _____⁹ une jeune femme intéressante.

According to these descriptions, who probably said the following, Moussa or Fatima?

10. Je n'aime pas du tout la biologie. _____

11. J'aime danser avec des amis. _____

12. J'adore ma classe de linguistique. _____

13. Aujourd'hui tout le monde (*everybody*) trouve que les langues classiques sont utiles. _____

_____

C. Une publicité. Read this description and fill out the chart that follows. (Prix = *Price*; Marque = *Brand*).

Lui: blouson en coton, Et Vous, 550 F, sur un tee-shirt en coton, Hanes, 69 F, et un large pantalon en gros coton, Kenzo Jean, 470 F. Ceinture Hermès, montre chrono Hamilton, tennis 3 Suisses.

	VÊTEMENT	PRIX	MARQUE
1.		550F	
2.			Hanes
3.	pantalon		
4.		✓	
5.	montre[a] chrono	✓	
6.		✓	

a. *watch*

Use the proper form of **être**.

Ici tout (*everything*) _____[7] blanc. Les tennis _____[8] blancs, et le pantalon et le tee-shirt _____[9] blancs. Mais la ceinture _____[10] marron ou noir.

Encerclez (*Circle*) la ceinture sur la photo.

6. DESCRIBING PEOPLE AND THINGS
Descriptive Adjectives

A. Complete the following descriptions with adjectives of nationality (See Chapter 1).

1. Paris est une ville _____

2. Une Ford est une voiture _____

3. Shakespeare et Charles Dickens sont des écrivains _____

4. Madrid et Barcelone sont deux villes _____

5. Gérard Depardieu est un acteur _____

6. Moscou est une ville _____

B. Qui admirez-vous? Give your opinion of the following people, by matching their names with the pairs of adjectives listed below, according to the model. Don't forget to change the form of the adjective if necessary.

MODÈLE: sérieux / intellectuel →
Ruth Bader Ginsberg est sérieuse et intellectuelle.

beau / intéressant	petit / drôle
intelligent / travailleur	sportif / persévérant
courageux / charmant	? / ?*

---

*As in your textbook, a question mark among a set of possible questions or answers means you should feel free to add a few items of your own invention.

1. Hillary Rodham Clinton _____

   _____

2. Roseanne Arnold _____

   _____

3. Michele Pfeiffer _____

   _____

4. Steffi Graf _____

   _____

5. Danny DeVito _____

C. Stéréotypes. Give your opinion of the following national stereotypes. Be careful about using the correct form of each adjective.

Useful adjectives: courageux, sportif, drôle, intéressant, raisonnable, sérieux, amusant, calme, pessimiste, agréable, pratique...

> MODÈLE: Les Américains sont naïfs. →
>   Mais non, ils sont optimistes.
> *ou* Quelquefois peut-être (*perhaps*), mais ils sont réalistes aussi.

1. Les Anglais sont excentriques. _____

   _____

2. Les Italiennes sont paresseuses. _____

   _____

3. Les Allemands sont travailleurs. _____

   _____

4. Les Parisiennes sont élégantes. _____

   _____

5. Les Japonais sont dynamiques. _____

   _____

6. Les Espagnols sont individualistes. _____

   _____

   Can you think of any other national stereotypes? _____

   _____

   _____

D. A reporter has made a mistake. The following story should be about Simone, a young woman, not Simon. Finish the editor's rewrite, making the necessary corrections. Then answer the questions.

Simon n'hésite pas (*isn't hesitating*). C'est un étudiant courageux et ambitieux. A cause d'une bourse (*scholarship*) généreuse, il quitte la France mardi pour étudier à New York. Bordeaux est agréable, mais Simon est travailleur et aventureux. C'est un jeune homme sérieux qui cherche une expérience profitable.

Simone n'hésite pas. C'est une _____

_____

_____

_____

_____

_____

_____

1. Simone habite où? _____

2. Simone a une bourse. Est-elle paresseuse ou ambitieuse? _____

_____

7. GETTING INFORMATION
Yes/No Questions

A. Qui est-ce? You want to know more about the new student in your biology course, Jean-Pierre Martin. Ask questions using **est-ce que...**

MODÈLE: étudier la chimie → Est-ce que tu étudies la chimie?

1. être français _____

_____

2. parler anglais _____

_____

3. aimer les États-Unis _____

_____

Now ask more questions, using inversion.

4. aimer le jazz _____

_____

5. être sociable _____

_____

6. étudier aussi les maths _____

_____

B. Suzanne wants to know everything about the new couple next door. Write out the questions that make up her half of the conversation.

> MODÈLE: SUZANNE: S'appellent-ils Chevalier?
> ROLAND: Oui, ils s'appellent Paul et Marianne Chevalier.

1. SUZANNE: _____

   ROLAND: Oui, elle est française.

2. SUZANNE: _____

   ROLAND: Qui, c'est une amie de Mlle Duval.

3. SUZANNE: _____

   ROLAND: Oui, elle travaille à l'université.

4. SUZANNE: _____

   ROLAND: Oui, elle aime beaucoup le football américain.

5. SUZANNE: _____

   ROLAND: Non, il n'est pas français, il est canadien.

6. SUZANNE: _____

   ROLAND: Oui, il parle très bien français.

7. SUZANNE: _____

   ROLAND: Non, ils ne visitent pas souvent la France.

✦Write in French two things you have learned about Marianne. _____

_____

C. La curiosité. You are looking for the following people, and ask their friends if they can be found in the usual places. Combine the elements in the two columns below to create questions, as in the model.

> MODÈLE: Georges est-il à la bibliothèque?

Georges	au restau-U
Sophie	à la librairie
Claire et Simone	à la bibliothèque
M. Martin	avec Mlle Dupont
Philippe et Odile	à la discothèque
Henri	à l'université

1. _____

2. _____

3. _____

4. _____

5. _____

6. _____

8. MENTIONING A SPECIFIC PLACE OR PERSON
The Prepositions *à* and *de*

A. Départ. Mme Aubré's family is moving. She's writing a list of all the things that must be returned to their rightful owners before they leave.

> MODÈLE: le livre des Ratier

1. la radio _____ Mme Laporte

2. le dictionnaire _____ professeur de Robert

3. le livre _____ femme de M. Jacobin

4. la flûte _____ Italienne

5. les disques _____ amis de Solange

6. les chaises _____ appartement de Robert

B. *À ou de*? Caption each pair of drawings, using **à** in one sentence and **de** in the other. (Remember the combined forms **au** and **du**.)

> MODÈLE: Pierre / arriver / court de tennis →

Pierre arrive au court de tennis.   Pierre arrive du court de tennis.

1. les jeunes filles / arriver / bibliothèque

_____

_____

2. le jeune homme / être / New York

_____   _____
_____   _____

3. la femme / parler / monsieur

_____   _____
_____   _____

4. Jean / téléphoner / cinéma

_____   _____
_____   _____

5. Claire / jouer / (basket-ball) (piano)

_____   _____

_____   _____

C. Les stars. Use one element from each column to create sentences. Watch out for the prepositions.

MODÈLES: Jon Bon Jovi joue de la guitare.

Nancy Lopez joue au golf.

Elton John	le tennis
Charles Goren	le bridge
Jean-Pierre Rampal	le base-ball
Steffi Graf	la trompette
Midori	le football américain
Wynton Marsalis	la flûte
Joe Montana	le piano
Bo Jackson	le violon

1. _____

2. _____

3. _____

4. _____

5. _____

6. _____

7. _____

8. _____

 # Prononciation

Circle the words that contain nasal vowels.

immortel	flanc	peine	parisienne	faim
quinze	flamme	sincère	danser	prenne
imposer	innover	longue	hein	âme

Mise au point

A. Vos préférences. For each piece of clothing, write a sentence giving your preference in color. Be careful to make adjectives and nouns agree.

> MODÈLE: un chapeau → J'aime les chapeaux noirs.

1. un pantalon _____

   _____

2. une chemise _____

   _____

3. un short _____

   _____

4. des chaussettes _____

   _____

5. un manteau _____

   _____

6. des chaussures _____

   _____

7. des tennis _____

   _____

B. Enquête (*Investigation*). Use your boss's notes to write a list of questions to be asked in your investigation of industrial espionnage. Use inversion or **est-ce que**.

> MODÈLE: M. Baladur—parler italien? → M. Baladur parle-t-il italien?

1. les amis de M. Baladur—rêver de voyager?

   _____

   _____

2. M. Baladur—travailler beaucoup?

   _____

   _____

3. les employés de M. Baladur—détester Paris?

   _____

   _____

4. la femme actuelle (*current*) de M. Baladur—aimer danser?

_____

_____

5. les secrétaires de M. Baladur—chercher un autre travail?

_____

_____

✦**C.** In some countries, marriages are arranged by parents. Write four *yes/no* questions that you would ask your parents about a prospective mate.

1. _____

_____

2. _____

_____

3. _____

_____

4. _____

_____

Le monde francophone

A. France-culture. Complete these statements based on the cultural commentary in your textbook (page 54).

1. Les Français sont plutôt (*rather*) <u>conformistes</u> / <u>individualistes</u>.

2. Un avantage de l'esprit critique est <u>la création d'idées originales</u> / <u>la stabilité du gouvernement</u>.

3. Les Américains trouvent quelquefois que les Français sont <u>aggressifs</u> / <u>sympathiques</u> s'ils critiquent beaucoup.

4. Les Français admirent les personnes <u>qui ont des opinions fortes</u> / <u>qui sont discrètes</u>.

5. En politique, les Français sont <u>indépendants</u> / <u>conformistes</u>.

B. La Fête des Pères. The article on the following page appeared just before Father's Day in *VSD*, a popular magazine. See if you can match the copy with the appropriate picture. Write the letters next to the numbers they correspond to. Underline the words that served as clues for your choice.

Mode

Spécial fête des Pères

Flic américain

1 ___ Après les authentiques blousons en cuir, voici des T-shirts (160 F) et des casquettes brodées (120 F) aux couleurs des polices fédérales américaines. A offrir avec tout le respect que vous lui devrez dorénavant.
American Leather. Tél.: (1) 44.26.06.06.

Tout est dans la poche

2 ___ Slip ou caleçon, c'était toujours la même question. Avec la marque Castor, elle ne se pose plus depuis que ses caleçons intègrent une petite poche en maille extensible. Modèles unis ou rayés (185 F); en soie, bleu ou gris (280 F).
Le Castor. Tél. : (1) 45.61.14.17.

Pompes d'aventuriers

3 ___ Le rêve quoi ! Avec leur usure simulée, elles donnent l'impression d'avoir baroudé pendant des années aux quatre coins du monde. Le modèle Jackson est en vachette nubuck non doublée avec une semelle en gomme ultrasouple lui assurant un confort inégalable. Différents coloris, tailles et largeurs. 790 F. Camel Boots.
Salamander et grands magasins.

Montre en alu recyclé

4 ___ Tendance humour, la canette mise en boîte. Ecrasée, piétinée puis pressée, la voilà devenue montre. Crash est unique et étanche jusqu'à - 30 m. Mouvement à quartz, 24 modèles différents. 350 F.
Drugstore Publicis. VPC.
Tél. : (1) 47.23.54.34.

■ ◆ Journal intime

✦Write about yourself. Be sure to use complete sentences. Include the following information:

- How would you describe yourself as a person? (**Je suis...**) As a student? Review the adjectives in the chapter if you need to.
- What kinds of clothing do you like to wear? What colors do you prefer (**aimer mieux**)?

Vue d'ensemble: Chapitres 1 à 3

Vue d'ensemble reviews vocabulary and grammar from the preceding chapters. It will appear after Chapters 3, 6, 9, 12, and 15. Chapter 18 itself provides a review of important material from Chapters 1-17.

A. Une vie d'étudiant. Use the affirmative or negative forms of the verbs on the right to complete Marc's description of student life.

Moi, je (j') _____[1] étudiant à la Faculté des

lettres. Bien sûr, à la Fac, on _____[2] énormément

en semaine. Mais le week-end, si (*if*) nous _____[3]

fatigués, nous _____[4] toujours. Nous

_____[5] alors la soirée avec des amis.

passer
être
étudier
ne pas étudier

Nous _____[6] la radio, quelquefois nous

_____[7] ou nous _____[8]

un film. Après le film, on _____[9] de la politique

ou du cinéma au café des étudiants. Les autres étudiants

_____[10] très animés.

regarder
écouter
danser
discuter
être

Quelquefois je (j') _____[11] être seul (*alone*).

Je (J') _____[12] mes compact-discs ou

je (j') _____[13] simplement. Je (j')

_____[14] regarder la télévision; c'est une perte

de temps (a waste of time).

écouter
rêver
aimer mieux
ne pas aimer

B. Deux looks différents. Fill in the blanks with the correct article or with the adjective in parentheses. Don't forget to make articles and adjectives agree with the noun.

Aujourd'hui Annie porte _____[1] chemise _____[2] (blanc), _____[3]

jupe _____[4] (bleu) et _____[5] sandales _____[6]

(violet). Elle porte aussi _____[7] chapeau _____[8] (italien) et

_____[9] veste _____[10] (élégant).

Moi, je n'aime pas _____ ¹¹ vêtements _____ ¹² (élégant).

J'aime mieux _____ ¹³ jeans et _____ ¹⁴ tee-shirts _____ ¹⁵

(américain). Aujourd'hui je porte _____ ¹⁶ short et aussi _____ ¹⁷

sandales _____ ¹⁸ (marron). Avec mes sandales, je porte _____ ¹⁹

chaussettes _____ ²⁰ (vert) et _____ ²¹ (rouge) et

_____ ²² (violet). J'aime les couleurs vives!

C. Comment sont-ils? Choose the best adjective to finish each sentence. Be careful to use the correct form.

MODÈLE: Les étudiants sont travailleurs.

cher / paresseux / arrogant / nerveux

1. Tom Sawyer _____

2. Lucy Van Pelt _____

3. Les étudiants qui passent un examen _____

4. Les livres de classe _____

sportif / sociable / beau / sérieux

5. Nancy Kerrigan _____

6. Sandra Day O'Connor

7. Le vice-président et sa femme _____

8. Mel Gibson _____

court / roux / drôle / difficile

9. Reba MacIntire _____

10. Les cours de maths avancés _____

11. David Letterman et Jay Leno _____

12. Un cours de 25 minutes _____

CHAPITRE QUATRE
Le logement

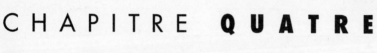

Étude de vocabulaire

A. La chambre est en ordre. Circle the logical word or expression.

MODÉLE: Les livres sont (sur) / *sous* le bureau.

1. Il y a des vêtements *dans* / *sur* la commode.

2. Les livres sur l'étagère sont à côté *des* / *derrière les* revues.

3. Il y a une lampe et une radio *sur* / *sous* la table de nuit (*night*).

4. Le miroir est sur *le mur* / *le canapé*.

5. Les stylos et les crayons sont *sur* / *dans* le bureau.

6. Il y a une chaîne stéréo sur *le tapis* / *la commode*.

7. Les rideaux sont devant *la chaise* / *la fenêtre*.

8. Les affiches sont sur *le mur* / *le tapis*.

9. Les cassettes sont à côté *de la lampe* / *du magnétophone*.

10. Le papier est dans *le bureau* / *le lavabo*.

✦**B.** Describe your room.

MODÉLE: Sur la table il y a des magazines et des fruits.

1. Sur le bureau il y a _____

    _____

2. A côté de la porte il y a _____

    _____

3. Sur les étagères il y a _____

    _____

4. Dans la commode il y a _____

   _____

5. Sous le lit il y a _____

   _____

6. Les livres sont _____

   _____

✦C. **Et vous?** Give a brief, personal answer.

1. Combien de lits y a-t-il dans votre chambre? _____

2. Avez-vous des appareils pour écouter de la musique? Lesquels? (*Which ones?*) _____

   _____

   _____

3. Quels autres meubles avez-vous dans la chambre? _____

   _____

   _____

4. Quels objets essentiels n'avez-vous pas? _____

   _____

   _____

5. Avez-vous un(e) camarade de chambre? Comment est-il/elle? (*What is he/she like?*) _____

   _____

   _____

D. **Qui est qui?** Match each person with a description.

1. _____ Elle est petite. Elle a les cheveux   a. Michael Jordan

   roux et les yeux blancs.   b. un gnome

    c. Annie, la petite orpheline

2. _____ Il est grand avec les cheveux noirs et   d. Catherine Deneuve

   les yeux noirs.   e. Danny DeVito

3. _____ Petit et drôle, il a les cheveux roux

   et les yeux verts.

4. _____ Elle est de taille moyenne et elle a

   les cheveux blonds et les yeux marron.

5. _____ Il est très petit et très drôle. Il joue

   dans plusieurs films.

◆**E.** **Descriptions.** Choose five people (well-known or not) and describe them.

NOM	CARACTÈRE	ASPECT PHYSIQUE	NATIONALITÉ	ACTIVITÉS PRÉFÉRÉES
1.				
2.				
3.				
4.				
5.				

F. Write out the dates below, then match them with the corresponding holidays.

      MODÈLE: 17/3 → le dix-sept mars → la Saint-Patrick

Fêtes

le Nouvel An
la fête du travail
l'anniversaire de George Washington
Noël
la fête de l'Indépendance
la fête des anciens combattants
   (l'Armistice)
la Saint-Valentin

1. 25/12 _____   _____

2. 4/7 _____   _____

3. 1/1 _____   _____

4. 14/2 _____   _____

5. 5/9 _____   _____

6. 20/2 _____   _____

7. 11/11 _____   _____

Étude de grammaire

Knowing how to use verb forms quickly and accurately is one of the most important parts of learning how to communicate in a foreign language. These suggestions will help you recognize and use verb forms in French.

1. Study carefully any new grammar section that deals with verbs. Are the verbs regular? What is the stem? What are the personal endings? Don't just memorize the endings. Practice the complete forms of each verb until they are second nature to you. Be sure that you are using the appropriate endings: **-er** endings with **-er** verbs, for example. Be especially careful when you write and pronounce verb endings, since a misspelling or mispronunciation can convey inaccurate information.

2. Are you studying irregular verbs? If so, what are the irregularities? Practice the irregular forms many times so that you "overlearn" them and will not forget them: **vais, vas, va, allons, allez, vont.**

3. Once you are familiar with the forms, practice asking short conversational questions using **tu** and **vous.** Answer each question, using the appropriate **je** or **nous** form.

4. It is easy to become so involved in mastering the *forms* of new verbs that you forget their *meanings.* However, being able to recite verb forms perfectly is useless unless you also understand what you are saying. Be sure that you always know both the spelling *and* the meaning of all verb forms, just as you must for any new vocabulary word. Practice using new verb forms in original sentences to reinforce their meaning.

5. Practice the forms of all new verbs given in the vocabulary lists in each chapter. Any special information that you should know about the verbs will be indicated either in the vocabulary list or in a grammar section.

9. EXPRESSING ACTIONS
-ir Verbs

A. Fill in the chart with the appropriate verb forms and write the number of syllables in each form. (Note: The **-ent** ending is not a separate syllable.)

	agir (syllabes)	réussir (syllabes)
femmes sérieuses		*réussissent (3)*
je		
Jean et moi	*agissons (3)*	
tu		
vous		
une personne travailleuse		

B. Situations. Finish the two paragraphs with one of the verbs from the right-hand column.

Prudent ou impulsif? J'ai (*I have*) des amis qui (*who*) _____ ¹

avant d'agir. Moi par contre, je suis un impulsif: j' _____ ²

souvent sans (*without*) réfléchir. Et je _____ ³ quelquefois le

mauvais chemin (*wrong path*). Mais je _____ ⁴ en général par être

content de mon choix.

agir
choisir
finir
réfléchir

Des cinéphiles. Mes amis et moi sommes passionnés de cinéma. Le vendredi, nous

regardons les critiques de films récents et nous _____.⁵ Nous

_____ ⁶ quatre ou cinq films intéressants et ensuite on vote:

on _____ ⁷ un film pour vendredi soir. Après le film, nous

_____ ⁸ souvent par discuter nos réactions au café.

choisir
finir
réfléchir

10. EXPRESSING POSSESSION AND SENSATIONS
The Verb *avoir*

A. Add **est** or **a** to complete this description of Véronique.

MODÈLES: Elle a chaud en classe.

Elle n'est pas timide.

1. Elle n'_____ pas souvent paresseuse.

2. Elle _____ froid au cinéma.

3. Elle _____ une chambre agréable.

4. Elle n'_____ pas très sportive.

5. Elle _____ besoin de travailler.

6. Elle _____ gentille.

7. Elle _____ de Phoenix.

8. Elle _____ souvent sommeil.

9. Elle _____ toujours raison.

10. Elle _____ l'air optimiste.

11. Elle _____ maintenant vingt ans.

12. Elle _____ en cours avec nous.

B. Quelle est la réaction typique?

1. _____ Vous oubliez (*forget*) l'examen d'aujourd'hui.

2. _____ Il y a une orange devant vous.

3. _____ Vous êtes en Alaska en décembre.

4. _____ Vous travaillez tout le week-end.

5. _____ Vous écoutez du rock.

6. _____ Vous avez un examen dans 90 minutes.

7. _____ Vous êtes en Floride en septembre.

8. _____ Vous avez un A à l'examen sans étudier.

9. _____ Il y a un Coca-Cola devant vous.

a. Vous avez froid.
b. Vous avez sommeil.
c. Vous avez faim.
d. Vous avez de la chance.
e. Vous avez honte.
f. Vous avez besoin d'étudier.
g. Vous avez envie de danser.
h. Vous avez soif.
i. Vous avez chaud.

C. Conséquences. Use an expression with the verb **avoir** to write a caption for each of the following scenes.

1. On est à la discothèque.

   On _____

2. Vous terminez un long jogging.

   Vous _____

3. J'explique que cinq fois cinq font vingt-cinq.

   Je _____

4. Il est midi et Georges est à table.

   Il _____

5. Nous sommes au casino de Monte Carlo; voilà 100 000 francs pour nous!

   Nous _____

6. Vous avez un D à votre examen de statistique.

   Vous _____

7. La vie est splendide! Mon visage (*face*) donne une impression de satisfaction.

Je _____

8. C'est l'anniversaire (*birthday*) d'Anne.

Elle _____

9. Vos amis sont à San Diego en août; d'autres amies sont dans le Yukon en février.

Ils _____

et elles _____

10. Je travaille beaucoup tous les jours: il est minuit maintenant.

Je _____

11. EXPRESSING THE ABSENCE OF SOMETHING
Indefinite Articles in Negative Sentences

A. Possessions. Tell the truth.

MODÈLE: éléphants / amis → J'ai des amis mais je n'ai pas d'éléphants.

1. voiture / Porsche Le professeur _____

_____

2. lavabo / lit Dans ma chambre j'_____

_____

3. aventures / examens Nous _____

_____

4. disques / compacts-discs Mes amis _____

_____

5. magazines / voitures La bibliothèque _____

_____

6. crêpes suzette / sandwichs Le restaurant universitaire _____

   _____

7. bibliothèque / discothèque L'université _____

   _____

8. canapé / fenêtres Les salles de classe _____

   _____

B. Qu'est-ce qui ne va pas? What's wrong in this office? Describe at least six of the errors you see.

MODÈLE: Les employés n'ont pas de chaises.

1. _____

2. _____

3. _____

4. _____

5. _____

6. _____

12. GETTING INFORMATION
où, quand, comment, pourquoi, etc.

A. Reconstitution. This is an interview with Pierre-Henri, a French student. Look in the right-hand column for answers to each question.

QUESTIONS

1. _____ Pourquoi étudies-tu à l'université de Toulouse?

2. _____ Aimes-tu les études?

3. _____ Quel âge as-tu?

4. _____ Études-tu une langue moderne?

5. _____ Où travailles-tu?

6. _____ Aimes-tu travailler?

7. _____ Aimes-tu les films d'amour? les films policiers?

8. _____ Y a-t-il des courts de tennis à côté de l'université?

9. _____ Aimes-tu le sport?

10. _____ De quoi as-tu envie maintenant?

11. _____ Comment est ton amie?

RÉPONSES

a. J'adore le sport—à la télé!

b. Parce que ma famille habite ici.

c. Non, mais j'aime les films de science-fiction, *Les Extraterrestres*, par exemple.

d. Dix-neuf ans.

e. Oui, beaucoup. Vive la vie universitaire!

f. J'étudie l'allemand.

g. Bof! Oui et non... j'aime mieux vagabonder—j'aime l'évasion, par exemple, les voyages, le cinéma...

h. J'ai envie de parler avec ma copine Ariane.

i. Je travaille après les cours à la Librairie la Plume.

j. Oui, et il y a aussi des cafés—le sport préféré des Français.

k. Elle est jolie, de taille moyenne... et très sympa!

B. A Paris III. You are in Paris interviewing a French student for your campus newspaper. Here are her answers. Complete the corresponding questions.

Expressions utiles: pourquoi, d'où, comment, combien de, qu'est-ce que, avec qui

1. _____ êtes-vous?

—Je suis de Megève, une petite ville des Alpes.

2. _____ habitez-vous maintenant?

—Maintenant j'habite avec ma cousine Catherine.

3. _____ vous étudiez?

—J'étudie les maths et la physique.

4. _____ étudiez-vous les maths?

—Parce que j'aime ça! Et pour trouver un bon job après.

5. _____ cours de maths avez-vous cette année (*this year*)?

—J'ai quatre cours de maths.

6. _____ sont les cours?

—Ils sont en général excellents.

C. Bonne mémoire. Read the description of Solange. Then, as if you knew nothing about her, ask questions to elicit the information in the description. Use the numbered cues below.

Solange est québécoise. Elle est de Montréal. Elle est petite et brune... et très intelligente. Elle parle anglais, allemand et français, bien sûr. Elle étudie la biologie à l'université Laval. Elle voyage beaucoup parce qu'elle a un petit ami à New-York. En général ils passent deux week-ends par mois ensemble.

Maintenant posez des questions pour découvrir (*to discover*) ...

MODÈLE: la ville que Solange habite → Où est-ce que Solange habite?

1.   l'aspect physique de Solange _____

_____

2.   le nombre de langues qu'elle parle _____

_____

3.   les langues qu'elle parle _____

_____

4.   le lieu (place) où elle fait ses études _____

_____

5.   ce qu'elle étudie (ce que = *what*) _____

_____

6.   la raison de ses voyages fréquents à New-York _____

_____

7.   quand Solange et son ami sont ensemble _____

_____

 # Prononciation

A. Add the forgotten accents.

1.   **tréma:** Joel, Noel

2.   **accent grave:** des (*as soon as*), tres, pres de (*near*)

3.   **accent circonflexe:** mat (*mast*), platre (*plaster*), foret

4.   **cédille:** facade, commencons, garcon, Francais

5.   **accent aigu:** des (*dice*), pre (*meadow*), creer (*to create*)

B. Sophie's typewriter doesn't supply accent marks. Add them to her composition.

Habiter a la ville est agreable et interessant. A cote de l'immeuble (*apartment building*) de mon ami Joel il y a un theatre superbe. Derriere, il y a un restaurant italien. On telephone et dans 20 minutes un garcon arrive a la maison avec une lasagne. Super!

✦Décrivez certains avantages de la ville: _____

_____

■ Mise au point

A. Imagine the questions that might provoke the following answers.

Expressions utiles: quand, comment, combien de, qui

>   MODÈLE: Qui a 20 ans dans la classe de français?
>   Ce n'est pas le professeur!

1. _____

   Demain, si je n'ai pas beaucoup de travail.

2. _____

   Il est incroyablement (*incredibly*) sympathique!

3. _____

   Mon cousin Paul étudie le français aussi.

4. _____

   Il y a vingt étudiants dans le cours.

Expressions utiles: qu'est-ce que, pourquoi, quand, où

5. _____

   Parce qu'elle a peur de parler en cours.

6. _____

   Nous finissons le livre vendredi, je pense.

7. _____

   Non, je loue une chambre à côté de l'université.

8. _____

   Je porte un jean. Ça va?

+B. Caractères compatibles. Fill out this questionnaire so that the housing service can find you a roommate.

SERVICE DE LOGEMENT
Questionnaire personnel

Date _____

Votre nom _____ Prénom _____ Téléphone _____

Adresse _____ Ville _____ Code postal _____

Date de naissance _____ M _____ F _____ Langue(s) _____

Nationalité _____

Logement: _____ près de l'univ. _____ loin de l'univ.

Chambre partagée? _____ oui _____ non

Faculté _____ Année d'études _____

Programme d'études _____

Préférences: *Musique:* _____ classique _____ jazz _____ rock _____ country

Sports: _____ tennis _____ jogging _____ ski _____ basket

_____ (autre)

Cinéma, télévision: _____ amour _____ aventure _____ documentaire

_____ science-fiction _____ informations (*news*)

_____ (autre)

Pour passer le week-end: _____ étudier le français _____ jouer/travailler à mon ordinateur

_____ jouer du saxophone _____ écouter de la musique

_____ organiser une fête _____ regarder un film

Autre passe-temps: _____

Divers: *étudier:* _____ dans ma chambre _____ à la bibliothèque

parler au téléphone: _____ constamment _____ beaucoup _____ un peu

avoir: _____ un chien _____ peur des chiens

avoir: _____ une voiture _____ une mobylette (*scooter*)

finir de dîner: _____ tôt (*early*) _____ tard

Personnalité: _____ sympathique _____ dynamique _____ génial(e)

_____ charmante(e) _____ sérieux/ieuse _____ poli(e)

_____ sportif/ive _____ autre

Politique: _____ libéral(e) _____ conservateur/trice

Physique: taille: _____ cheveux: _____ yeux: _____

C. The housing service has found you some possible roommates. Write out four questions you will ask these people when they call to say they're interested. Use parts of the questionnaire above as well as a variety of question forms.

1. _____

2. _____

3. _____

4. _____

✦D. Réflexions sur la vie. Give your own answers.

1. Quel âge avez-vous? _____

2. À votre avis, quel est l'âge idéal? Pourquoi? _____

3. Qu'est-ce que vous avez envie de faire (*to do*) dans la vie? _____

_____

4. De quoi avez-vous besoin pour réussir votre vie? _____

_____

5. En général, avez-vous de la chance ou non dans la vie? Commentez. _____

_____

Le monde francophone

A. France-culture. Answer the questions based on the cultural commentary in your textbook (page 86).

1. Quel service social français donne des renseignements (*information*) sur des chambres pour

   étudiants? _____

   _____

2. Est-ce que vous aimeriez mieux (*would you prefer*) une chambre de bonne, dans une H.L.M.,

   ou dans une cité universitaire? Pourquoi? _____

   _____

3. Est-il facile ou difficile de trouver un logement pour étudiants en France? _____

   _____

4. Où habitent la plupart (*majority*) des étudiants français? _____

   _____

B. Un logement à plusieurs (*shared*). French people in their early twenties who, in the past, usually lived with their parents or alone, are now sharing apartments. The following comment about that phenomenon appeared in a magazine for young people.

Skim the article quickly, then match the following English expressions with their equivalent in the excerpt. Underline the French expression and put the appropriate letter in the margin.

a. dilapidated courtyard
b. which costs each of us
c. a depressing year later
d. without a shower or hot water
e. my professional situation having improved

UN APPART À PLUSIEURS

_____
_____
_____
_____
_____
_____
_____
_____
_____
_____
_____

« J'ai commencé par occuper une chambre, au septième étage d'un immeuble parisien, sans douche ni eau chaude, se rappelle[a] Anne. Six mois après, ma situation professionnelle s'étant améliorée, j'ai enfin loué mon studio. Un 18 m² avec fenêtre sur cour délabrée pour un loyer de 3 000 f. Un an de déprime plus tard, je me suis installée avec Valérie et Christian dans un 100 m² qui nous coûte à chacun... 1 650 f ! Depuis, ça va beaucoup mieux. »

a. *remembers*

1. Where does Anne live now? *a room / a shared apartment / a studio*

2. Is she satisfied with her current arrangement? *yes / no*

3. What French city does she live in? _____

4. What is the highest rent she has paid? _____

   In dollars (at 5.5F = $1.00)? _____

 # Journal intime

Describe one of the following places in as much detail as possible: your room at school, your room at home, or the room of your dreams (**la chambre idéale**). Be sure to use complete sentences. Include the following information:

- What objects are in the room?
- What is the atmosphere of the room like?
- What kinds of things go on there?

MODÈLE: Ma chambre est banale (unique) parce qu' elle...

CHAPITRE **CINQ**
Famille et foyer

Étude de vocabulaire

A. Les parents. (é. = épouse [*marries*].) Encerclez l'expression logique.

Yves é. Colette

Sylvie é. François   Anne-Marie é. Pierre

Toinette   Alain   Hughes   Paméla

MODÈLE: Paméla est (*la cousine*) / *la sœur* de Toinette.

1. Alain est *le frère* / *le fils* de Sylvie.

2. Anne-Marie est *la fille* / *la femme* de Pierre.

3. Paméla est *la fille* / *la petite-fille* de Colette.

4. Toinette est la *sœur* / *la fille* d'Alain.

5. Sylvie est *la tante* / *la cousine* d'Hughes.

6. François est *le frère* / *le mari* de Sylvie.

7. Alain est *le cousin* / *le neveu* de Pierre.

8. Yves est *l'oncle* / *le père* d'Anne-Marie.

B. Une famille réunie. Complétez les phrases.

1. Le père de ma mère est mon (*my, m.*) _____

2. Le fils de ma fille est mon _____

3. La mère de mon frère est ma (*my, f.*) _____

4. Le frère de ma cousine est mon _____

5. La fille de mon oncle est ma _____

6. Le fils de mes parents est mon _____

7. Le frère de ma fille est mon _____

8. La sœur de mon père est ma _____

✦C. Décrivez cinq de vos rôles familiaux.

   MODÈLE: Je suis la mère de Paul.

   1. Je suis _____

   2. Je suis _____

   3. Je suis _____

   4. Je suis _____

   5. Je suis _____

D. **Un bel appartement.**

   1. Écrivez le nom de chaque pièce sur le dessin ci-dessous (*below*).

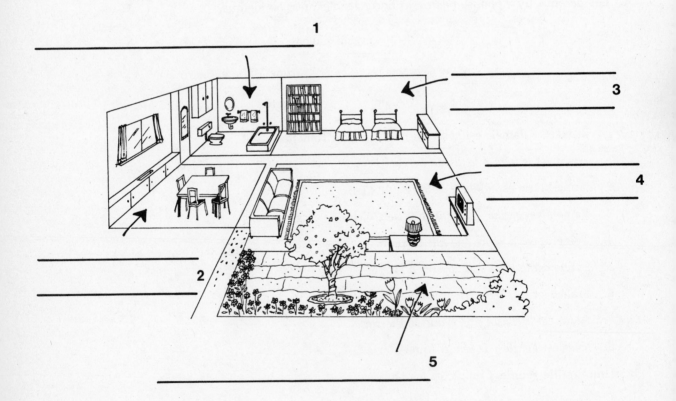

   2. Maintenant décrivez l'appartement.

      a. La salle de séjour est _____

      b. Il y a _____

         mais il n'y a pas _____

c. Dans la cuisine, _____

d. La salle de bains a _____

e. Il y a aussi _____

E. Dans une agence immobilière. Trois de vos clients ont des désirs très particuliers. (1) Lisez la description de ce qu'ils désirent, et regardez les petites annonces (*advertisements*). (2) Choisissez une propriété qui convient aux besoins de chaque client et écrivez le nom du client à côté (*next to it*) de la résidence. (3) Complétez le paragraphe pour chaque client. Donnez (*Give*) le lieu (en ville, au bord de la mer, à la montagne) et décrivez la résidence assez rapidement (nombre de pièces, grandeur [size], etc.) Expliquez votre raisonnement si possible.

a. *lot*

1. M. ET MME TROPAFAIRE: Nous avons deux filles et un bébé, mais malheureusement, nous sommes obligés d'habiter près du centre-ville. Avec des enfants, un jardin est absolument essentiel.

   Je vous propose _____

   _____

   _____

2. M. RICARD: Je suis ingénieur. Je travaille pour une société à Cannes. Mes loisirs sont: le tennis, la natation (*swimming*), la lecture, l'opéra. Je n'ai pas beaucoup de temps libre et je suis rarement à la maison. J'aime bien recevoir des amis à la maison et organiser des dîners.

   M. Ricard, je vous propose _____

   _____

   _____

3. MME AUBAN: Je suis veuve (*widow*). J'ai envie de vendre mon appartement de Paris et d'habiter dans une région plus tranquille. J'invite souvent des amis à passer le week-end chez moi—quelquefois dix personnes à la fois (*at one time*). Mes trois chiens adorent la mer.

Mme Auban, voilà pour vous _____

_____

_____

Étude de grammaire

13. EXPRESSING POSSESSION
mon, *ton*, etc.

A. Alors, Sherlock Holmes, qui possède quoi? Le grand-père ou ses petites-filles?

MODÈLE: Ce sont leurs chambres roses.

C'est sa voiture.

1. _____ voiture à pédales.

2. _____ café.

3. _____ disques de Tchaïkovsky.

4. _____ camarades de classe.

5. _____ petit-fils.

6. _____ flûtes en plastique.

7. _____ livre de Mickey Mouse.

8. _____ revues littéraires.

9. _____ dictionnaire de chinois.

10. _____ affiche des Muppets.

B. De qui est-elle la fille? Mme Leclou rentre à la maison (*comes home*) et elle rencontre un petit problème. Complétez le dialogue avec des adjectifs possessifs: **mon/ma, ton/ta, notre.**

M. LECLOU: _____[1] fille a cassé (*broke*) une fenêtre avec _____[2] balle de base-ball.

MME LECLOU: _____[3] fille?! C'est aussi _____[4] fille à toi!

M. LECLOU: D'accord. C'est _____[5] fille à nous, mais _____[6] fenêtre à nous est toujours cassée.

7. Qui est sportif/ive dans la famille? _____

8. Qui a cassé la fenêtre? _____

✦**C. Générosité.** Que partagez-vous? (*What do you share?*) Pour chaque personne, donnez deux ou trois choses qu'elle partage et deux ou trois choses qu'elle ne partage pas.

> MODÈLE: Je partage ma cuisine, mes livres et mon auto, mais je ne partage pas mes chaussures, ma brosse à dents (*toothbrush*) ou mes vêtements.

1. Je partage _____

_____

_____

2. Ma famille et moi, nous partageons _____

_____

_____

_____

3. Ma/Mon camarade de chambre (sœur/frère) partage _____

_____

_____

_____

14. TALKING ABOUT YOUR PLANS AND DESTINATIONS
The Verb *aller*

A. Où va-t-on? Vous montrez l'université à un nouvel étudiant.

Suggestions: bibliothèque, discothèque, librairie, lit, restaurant, salle de récréation

> MODÈLE: nous / envie de manger →
> Quand nous avons envie de manger, nous allons au restaurant.

1. les jeunes / envie de danser _____

_____

2. les étudiants / envie d'étudier _____

_____

3. nous / besoin de stylos _____

_____

4. on / faim _____

_____

5. tu / envie de regarder la télé _____

_____

B. Tout est possible! Qu'est-ce qui va arriver (*What is going to happen*) en cours de français demain (*tomorrow*)?

> MODÈLE: Aujourd'hui Marc est absent. Demain il →
> Demain il ne va pas être absent. (*ou* Demain il va être absent.)

1. Aujourd'hui tout le monde parle anglais. Demain tout le monde _____

   _____

2. Aujourd'hui j'utilise mon livre. Demain je _____

   _____

3. Aujourd'hui nous avons sommeil. Demain nous _____

   _____

4. Aujourd'hui nous regardons la télévision française. Demain nous _____

   _____

5. Aujourd'hui certains étudiants finissent leurs devoirs. Demain certains étudiants _____

   _____

✦**C. Projets.** Indiquez la prochaine fois (*the next time*) que vous allez faire six de ces choses: danser, manger de la pizza, réussir à un examen, aller au cinéma, parler français, skier, aller en cours, visiter la bibliothèque, téléphoner à _____, porter un maillot de bain.

Expressions utiles: aujourd'hui, ce soir, demain, vendredi, la semaine prochaine, en juin, etc.

Commentez votre réponse, si possible.

> MODÈLE: Je vais téléphoner à ma sœur lundi, parce que j'aime discuter avec elle.

1. _____

   _____

2. _____

   _____

3. _____

   _____

4. _____

   _____

5. _____

   _____

6. _____

   _____

✦**D. Après mes études.** Donnez cinq choses que vous allez faire (*to do*) quand vous aurez (*will have*) votre diplôme.

Après mes études, _____

_____

_____

_____

_____

15. EXPRESSING WHAT YOU ARE DOING OR MAKING
The Verb *faire*

A. Les Ferretti sont au bord de la mer (*at the seaside*). Madame Ferretti écrit à une amie. Complétez le texte avec le verbe **faire**, puis répondez aux questions.

La vie ici au bord de la mer est très simple. Je _____¹ un peu de cuisine et les enfants

_____² la vaisselle. On ne _____³ pas beaucoup de lessive et nous

_____⁴ le ménage ensemble. Il est vite fini.

Le matin mon mari et moi _____⁵ du jogging. L'après-midi, j'aime

_____⁶ de longues promenades. Les enfants préfèrent _____⁷ du sport. Paul

_____⁸ du tennis et Anne _____⁹ de la voile (*sailing*). Tous les deux (*Both*)

_____¹⁰ la connaissance de beaucoup d'autres étudiants. C'est une vie bien agréable.

11. Mme Ferretti est-elle contente de ses vacances? _____

12. Qui dans la famille est sociable? _____

13. Que faites-vous au bord de la mer? _____

B. Que font-ils? Employez une expression avec le verbe **faire** dans vos réponses. Écrivez des phrases complètes.

Mme Delorge   Robert   Marguerite

M. Delatour   M. Henri   Mlle Gervais   Marie-Rose   M. Duval   Éric

1. M. Delatour _____

2. Mlle Gervais _____

3. Mme Delorge _____

4. Marie-Rose _____

5. Robert _____

6. Marguerite _____

7. Eric _____

16. EXPRESSING ACTIONS
-re Verbs

A. Complétez le tableau.

	perdre	rendre	attendre	vendre
mon neveu				
mes cousines				
je				
nous				

B. Visite à Paris au Musée d'Orsay. Complétez le texte avec les verbes à droite (*to the right*) puis répondez aux questions.

Les amis _____[1] l'autobus pendant 20 minutes devant

leur immeuble. Maurice donne 20 francs au conducteur, qui lui

_____[2] sa monnaie (*change*). Quand ils

_____[3] le conducteur annoncer leur arrêt (*stop*) ils

_____[4] devant le musée.

    Geoffroy ne veut pas (*doesn't want to*) _____[5] une

minute. Il va tout de suite regarder les tableaux de Cézanne. Maurice, lui, pose

toutes sortes de questions, mais Geoffroy _____[6] sans

beaucoup réfléchir. Il rêve d'être artiste.

    Après deux heures (*hours*) au musée, ils _____[7] visite

à Olivier, un étudiant en médecine qui habite dans le quartier.

rendre
descendre
attendre
perdre
répondre
entendre

8. L'expert en art, c'est _____

9. Olivier habite *loin* / *près* du musée.

C. A l'arrêt d'autobus (*bus stop*) il y a un garçon, un monsieur, une dame, un étudiant et le conducteur d'autobus.

Décrivez la scène en vous servant des verbes suivants: attendre, perdre, répondre, entendre, descendre.

_____

_____

_____

_____

_____

_____

◆ Prononciation

UN DÎNER TENTANT°

tempting

Barrez (*Cross out*) les consonnes finales que l'on ne prononce pas.

Nous trouvons un gentil hôtel au bord du lac Léman à Genève. Dans le guide Michelin, son restaurant a une étoile (*star*). Ce soir le chef propose du bœuf bourguignon et, comme dessert, une tarte aux pommes. J'ai faim.

Mise au point

A. Un peu de généalogie. Complétez l'arbre généalogique selon (*according to*) les phrases.

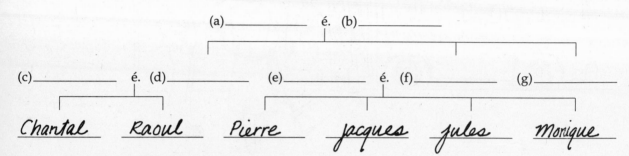

1. Le père de Monique s'appelle Geoffroy.
2. Mathilde est sa femme.
3. Catherine Morin a quatre petits-fils et deux petites-filles.
4. Marie-France est la fille de Catherine et d'Arthur.
5. Monique a une cousine qui s'appelle Chantal.
6. La tante de Chantal s'appelle Marie-Christine.
7. Mathilde a deux sœurs, Marie-Christine et Marie-France, et trois fils, Pierre, Jacques et Jules.
8. Marie-France est leur tante.
9. Le fils de Marie-France s'appelle Raoul.
10. Jules est le neveu de Rémi.

B. Réactions. Complétez chaque phrase avec un adjectif.

Suggestions: drôle, paresseux, travailleur, timide, poli, impatient, courageux, fatigué

MODÈLE: mes parents / faire le marché →
Quand mes parents font le marché, ils sont dynamiques.

1. nous / faire les devoirs _____

_____

2. je / faire des courses _____

_____

3. je / faire la connaissance d'un professeur _____

_____

4. mon père (ma mère) / faire la cuisine _____

_____

5. mes amis / faire une promenade _____

_____

✦C. Nommez cinq personnes—des membres de votre famille ou des amis—et faites un commentaire pour chacune (*each*).

> MODÈLE: Ma cousine Mary Ellen habite en Californie avec son mari et ses trois enfants.

1. _____

   _____

2. _____

   _____

3. _____

   _____

4. _____

   _____

5. _____

   _____

✦D. Suzanne vous invite à dîner chez elle samedi prochain (*next*). Vous êtes déjà occupé(e). Écrivez-lui un petit mot (*note*) pour refuser poliment son invitation.

Chère Suzanne,

_____

_____

_____

_____

E. Dans cet article tiré du magazine *20 Ans*, on présente une jeune Française d'outre-mer (*from overseas*) qui habite maintenant en France. Lisez-le, puis répondez aux questions.

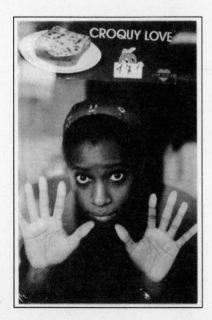

Nom : Francis
Prénom : Mauricia
Née à Sainte-Lucie
Agence : Zen
Age : 21 ans
Taille : 1,76 m
Yeux : noirs
Cheveux : noirs
Signe : Taureau

A 15 ans, elle quitte Rémir-Mont-Joli en Guyane, ses parents et ses trois sœurs chéries pour finir ses études dans un pensionnat[a] d'Arcachon. C'est en vacances là-bas qu'elle croise[b] le directeur d'un magazine féminin. Vous êtes mannequin[c]: Non, pourquoi? Mister Goodluck lui ouvre son calepin.[d] Elle y pique quelques adresses d'agences.

a. *boarding school*
b. *meets*
c. *fashion model*
d. *cahier*

1. Quel est le nom de famille de Mauricia? _____

2. Dans quel pays habite sa famille? la _____

   Sur quel continent? _____

3. Combien de personnes y a-t-il dans sa famille? _____

   _____

4. Pourquoi est-elle en France? _____

   _____

5. Qu'est-ce que le directeur de magazine féminin propose à Mauricia?_____

   _____

◼ Le monde francophone

A. Nouvelles francophones. Choisissez la meilleure (*best*) réponse, selon le commentaire à la page 114 de votre livre.

1. La plupart (*majority*) des Zaïrois habitent

   a. des villes   b. des villages.

2. La maison typique est construite

   a. en branches de palmiers   b. en briques de la région   c. en bois importé.

3. En ville, les maisons sont souvent de style

   a. nord-africain   b. traditionnel   c. européen.

B. France-culture. Vrai ou faux? Répondez selon le commentaire culturel de la page 128 de votre livre.

1. _____ Les Français divorcent plus (*more*) souvent que les Américains.

2. _____ Les grands-parents, oncles, tantes, etc., jouent un rôle important dans la famille

   française moderne.

3. _____ Le gouvernement français aide les familles plus que (*more than*) le fait le

   gouvernement américain.

4. _____ Les mères non-mariées ne reçoivent (*receive*) pas d'aide du gouvernement.

C. Une Famille nombreuse. Regardez cet article de *Paris Match*, puis répondez aux questions. Rappelez-vous: il n'est pas nécessaire de comprendre tous les mots.

CINQ MOIS APRES LEUR MIRACULEUSE NAISSANCE, LES SEXTUPLÉS SONT TOUS SORTIS DE L'HOPITAL ET REJOIGNENT LEURS PARENTS

Les heureux parents ont toujours un peu l'air incrédule. C'est le premier câlin du dimanche de Daniel et Marie-Claude Adam avec leurs six bébés. Attendris, émerveillés, ils s'étonnent encore, comme s'ils recomptaient une fois de plus les quatre filles et les deux garçons que Marie-Claude a mis au monde le 14 janvier à Paris. Enfin réunis, chez eux, à Saint-Pierre-les-Elbeuf. De gauche à droite sur le grand lit, Cédric, Coralie, Doriane, Gaëlle, Kevin et Mélanie posent de bonne grâce pour ce portrait d'une famille exceptionnelle. Les sextuplés sont aujourd'hui en parfaite santé. Ils grandissent bien. Et ils ont bon appétit.

1. Comment s'appellent les parents des sextuplés? _____

2. Combien de filles ont-ils? de fils? _____

3. Comment s'appelle la ville où ils habitent? _____

4. Quelle est la date d'anniversaire des petits? _____

5. Quels mots indiquent que les enfants vont bien? _____

_____

6. Encerclez les adjectifs que vous trouvez dans le texte. Combien d'adjectifs trouvez-vous? _____

 # Journal intime

Dessinez (*Draw*) votre arbre généalogique. Puis choisissez trois ou quatre membres de votre famille et décrivez l'aspect physique de chaque personne.

MODÈLE: Paul est mon petit frère. Il a dix-sept ans. Grand et brun, il a les cheveux longs et les yeux verts. Ses amis aiment bien Paul parce qu'il est drôle et sympathique.

CHAPITRE **SIX**

Les Français à table

Étude de vocabulaire

A. Les repas de la journée. Classez les choses suivantes: dans quelles catégories vont-elles?

le lait
une mousse
des haricots verts
une pomme
une cuillère
des pommes de terre
la bière
le porc

un gâteau
un couteau
le vin
le thé
une banane
une poire
le poulet

une fourchette
une tarte
le bifteck
le café
le jambon
une fraise

1. Fruits

_____

_____

_____

_____

3. Légumes

_____

_____

_____

_____

5. Viandes

_____

_____

_____

_____

2. Boissons

_____

_____

_____

_____

4. Couverts
    (*place settings*)

_____

_____

_____

6. Desserts

_____

_____

_____

B. **A table.** Vous êtes au restaurant. Voici votre couvert. Que dites-vous au serveur (*waiter*)?

MODÈLE: Excusez-moi, Monsieur, je n'ai pas de couteau.

1. Excusez-moi, Monsieur, _____

   _____

2. Excusez-moi, Monsieur, _____

   _____

3. Excusez-moi, Monsieur, _____

   _____

4. Excusez-moi, Monsieur, _____

   _____

C. **Et vous?** Donnez une réponse personnelle.

1. Nommez cinq plats que vous choisissez souvent au restaurant. _____

   _____

   _____

2. Nommez trois plats que vous mangez rarement au restaurant. _____

   _____

D. **Quelle heure est-il?** Regardez les dessins suivants. Donnez l'heure, puis décrivez ce que fait chaque personne.

Verbes utiles: manger, jouer, écouter, parler, travailler, regarder, rendre visite à

MODÈLE: Il est sept heures du matin. Gilles mange un croissant.

1. _____
   _____

2. _____
   _____

3. _____
   _____

4. _____
   _____

5. _____
   _____

Les Dubin

6. _____

_____

les copains

7. _____

_____

E. Allons au cinéma. Mais à quelle heure commencent les films? Lisez les annonces ci-dessous, puis répondez aux questions. (Écrivez les heures en toutes lettres.)

MODÈLE: *À toute épreuve* commence à une heure quarante de l'après-midi (13h40).

cinéma des environs

77	**seine-et-marne**

MEAUX
MAJESTIC, 5, place Henri IV, 64 34 00 17 et 36 65 70 09. (H). Pl. 40F. TR. 30F : mer + tlj : MI, ET, FN. Tlj de 14h à 18h : Groupes, - 18 ans et CV.

1) *Séances 14h, 16h, 18h, 20h, 22h. Sam séance suppl. à 24h :* **Fanfan** (Dolby stéréo)
2) *Séances 13h45, 15h50, 17h55, 20h, 22h. Sam séance suppl. à 24h :* **Les visiteurs, de Jean-Marie Poiré**
3) *Séances 13h40, 16h, 18h20, 20h45. Sam séance suppl. à 23h15 :* □ **A toute épreuve**
4) *Séances 13h45, 16h, 18h15, 20h30. Sam séance suppl. à 23h :* **La leçon de piano** (Pl. 40 et 30F)
5) *Séances 13h40, 16h05, 18h20, 20h45. Sam séance suppl. à 23h :* **Tout ça... pour ça !** (Pl. 42F et 32F)
6) *Mer, sam, dim séances 14h, 16h, 18h :* **Ninja kids.** — *Séances 13h40, 15h50, 18h (sauf mer, sam, dim) à 20h10, 22h10. Sam séance suppl. à 0h15 :* △ **Chute libre**
7) *Séances 13h40, 15h50, 17h55, 20h, 22h. Sam séance suppl. à 24h :* **A cause d'elle**

1. A quelle heure commencent les séances (*seatings*) de *Ninja Kids*? Du soir ou de l'àpres-midi? __

    _____

    _____

    Quels jours de la semaine? _____

    _____

    _____

2. A quelle heure commence la dernière séance de *La Leçon de piano* le vendredi soir? _____

    _____

    Combien coûtent les places (*pl.*)? _____

    _____

3. Reconnaissez-vous (*Do you recognize*) certains de ces films? Si oui, donnez leurs titres en

    anglais. _____

    _____

    _____

4. Lequel des films a une séance supplémentaire à minuit et quart? _____

    _____

5. Quels sont les numéros de téléphone de la salle de cinéma? _____

    _____

F. Quel temps fait-il?

MODÈLE:

Il pleut et il fait du vent.

1. _____   2. _____

   _____   _____

3. _____ 4. _____

_____   _____

Étude de grammaire

17. TALKING ABOUT FOOD AND DRINK
-re Verbs: *prendre* and *boire*

A. Complétez le tableau par la forme convenable du verbe.

	prendre	boire
les Français		
je		
vous		
Jean et moi		
mon père		

B. Que dit Georges? Utilisez le verbe **prendre**.

Mots possibles: une aspirine, un autobus, l'avion, un verre, le petit déjeuner, une photo, le train, ma valise.

MODÈLE:    Je prends une photo.

1. Nous _____
   _____

2. Ils _____
   _____

3. Ils _____
   _____

4. Je _____
   _____

5. Il _____
   _____

C. Complétez les paragraphes suivants avec la forme convenable des verbes à droite.

Nancy _____[1] beaucoup quand elle voyage parce

qu'elle essaie (*tries*) de _____[2] la langue de la nation

qu'elle visite. Quand elle _____[3] une boisson dans

un café ou quand elle _____[4] le train, elle

_____[5] du vocabulaire. Pour elle, voyager, c'est

apprendre.

apprendre
prendre
comprendre

Mes amis français _____ ⁶ du Perrier aux repas.

comprendre
boire

Mais mon fils Paul ne _____ ⁷ pas comment

ils boivent cette eau minérale. «Elle est horrible!» dit-il. Mais les

Français ne _____ ⁸ pas pourquoi Paul

_____ ⁹ du lait avec ses repas. «En France», dit

son ami Jacques, «nous ne _____ ¹⁰ pas beaucoup

de lait. C'est la boisson des enfants.»

D. La boisson convenable. Complétez les phrases suivantes avec le verbe **boire** et une expression de la liste. Ajoutez (*Add*) une explication si possible.

du vin chaud	de la bière (*beer*)
du thé	du cocoa
de l'orangeade	des boissons froides
du champagne	du chocolat
du café	?
du lait	

MODÈLE: Au petit déjeuner, nous buvons du café parce que nous avons sommeil.

1. En été, je _____

   _____

2. Au petit déjeuner, nous _____

   _____

3. Le premier janvier, quelques personnes _____

   _____

4. En hiver, les enfants _____

   _____

5. À Thanksgiving, ma famille _____

   _____

18. EXPRESSING QUANTITY
Partitive Articles

A. Quels sont vos goûts personnels?

Suggestions

un sandwich	une orange
de la soupe	des carottes
des œufs	du lait
un soufflé au fromage	du café
de la viande	de la tarte
?	?

Au dîner, je préfère prendre _____

_____

_____

Au déjeuner, _____

_____

_____

Au petit déjeuner, _____

_____

_____

B. Vous faites la cuisine. Choisissez les ingrédients nécessaires. (Rappel: On utilise le partitif).

MODÈLE: Pour faire un ragoût (*stew*), j'utilise des carottes, du vin rouge et de la viande. Je n'utilise pas de poisson.

1. Pour faire une soupe, j'utilise _____

_____

_____

2. Pour faire une omelette, je prends _____

_____

_____

3. Pour faire un sandwich, je prends _____

_____

_____

4. Pour faire un gâteau, j'utilise _____

_____

_____

C. Préférences. Article indéfini ou partitif?

MODÈLE: Que préférez-vous comme dessert?
Je préfère prendre une poire.
ou Je préfère prendre du gâteau.

1. À minuit _____

2. Pour une fête _____

3. Quand j'ai soif _____

4. À quatre heures de l'après-midi _____

5. Au petit déjeuner _____

D. A table. Article défini ou partitif?

1. —Adèle, que manges-tu?

    —_____ª fromage, pourquoi?

    —Mais tu n'aimes pas _____ᵇ fromage. Tu détestes _____ᶜ fromage.

    —C'est vrai, mais _____ᵈ fromage français est exceptionnel.

2. —Que désirez-vous, monsieur?

    —_____ª vin rouge, s'il vous plaît, et _____ᵇ café pour mon ami.

    —Désirez-vous _____ᶜ sucre?

    —Non, merci, je n'aime pas _____ᵈ café avec _____ᵉ sucre.

3. —Est-ce qu'il y a _____ª bifteck au restaurant universitaire ce soir?

    —Ah! _____ᵇ bifteck n'existe pas au restaurant universitaire, mais il y a

    _____ᶜ pommes de terre et _____ᵈ pain.

E. Conséquences. Complétez les phrases suivantes en utilisant une expression de quantité: beaucoup de, assez de, trop de, (un) peu de.

    MODÈLE: On perd des kilos si on mange *peu de* desserts.

1. On a des boutons (*pimples*) si on mange _____ chocolat.

2. On perd des kilos si on mange _____ céleri.

3. Si tu es diabétique, tu manges _____ sucre.

4. Si vous avez très soif, vous buvez _____ 'eau.

5. Un alcoolique boit _____ boissons alcoolisées.

6. On grossit (prend des kilos) si on mange _____ beurre.

7. Un plat n'est pas bon si on ne met (*put*) pas _____ sel.

8. Les végétariens mangent _____ légumes.

19. GIVING COMMANDS
The Imperative

A. Donnez une légende à chaque dessin.

    MODÈLE: Dînons.

1. _____   2. _____

3. _____   4. _____

B. De bons conseils (*advice*). Donnez des conseils aux personnes décrites ci-dessous en utilisant l'impératif.

MODÈLE: Il y a un bal ce soir, mais Georges ne sait pas danser. Que devrait-il (*should he*) faire? (rester dans sa chambre / apprendre à danser / aller regarder les autres) →
Ne reste pas dans ta chambre! Apprends à danser! Va regarder les autres!

1. Vos parents sont en visite à l'université et ils ont faim. Que devraient-ils faire? (dîner à la

   cafétéria / choisir un restaurant français / aller à McDonald's) _____

   _____

2. Votre ami a besoin d'une nouvelle voiture. Il n'a pas beaucoup d'argent (*money*), mais il aime

   impressionner les autres. Que devrait-il faire? (acheter une Honda / choisir une Volkswagen

   décapotable (*convertible*) / prendre le bus / demander de l'argent à ses parents) _____

   _____

3. Marielle et Solange ont envie de décorer leur chambre, mais Marielle adore le violet et

   Solange aime mieux le jaune. Que devraient-elles faire? (changer de logement / choisir un

   tapis rouge / utiliser beaucoup de blanc / être sympathique) _____

   _____

Prononciation

Préparez-vous à lire (*to read*) ce texte à la radio en traçant (*drawing*) l'intonation des phrases.

Comment est-ce qu'on trouve un appartement dans une ville universitaire? Ce n'est pas facile!

Quelques (*A few*) mois à l'avance, on commence à parler à tout le monde, aux amis, aux parents,

aux amis des amis. On cherche dans les petites annonces des journaux (*newspapers*) et des

magazines. On visite les agences. Si on a de la chance on finit par trouver une chambre. Sinon, on

demande gentiment à papa et maman, «Est-ce que vous acceptez que je reste (*stay*) à la maison?»

STUDY HINT: PRACTICING FRENCH OUTSIDE OF CLASS

The few hours you spend in class each week are not enough time for practicing French. But once you have done your homework and gone to the language lab (if one is available to you), how else can you practice your French outside of class?

1. Practice "talking to yourself" in French as you walk across campus, wait for a bus, and so on. Have an imaginary conversation with someone you know, or simply practice describing what you see or what you are thinking about at a given moment. Write notes to yourself in French.
2. Hold a conversation hour—perhaps on a regular basis—with other French students. Or make regular phone calls to practice French with other students in your class. It is difficult to communicate on the phone, because you can't rely on gestures and facial expressions, but it's an excellent way to improve your skill.
3. See French-language movies when they are shown on campus or in local movie theaters. Check local bookstores, libraries, and record stores for French-language newspapers, magazines, and music. Read the radio and television listings. Are there any French-language programs or any stations that broadcast partially or exclusively in French?
4. Practice speaking French with a native speaker. Is there an international students' organization on campus? An authentic French restaurant in your town? French-speaking professors at your university? Try out a few phrases—no matter how simple—every chance you get. Every bit of practice will enhance your ability to speak French.

Mise au point

A. Que portez-vous aujourd'hui? La radio donne la température en degrés Celsius.

MODÈLE: S'il fait–5° C, il fait froid. Je porte un manteau et un chapeau.

C°	F°
35	100
30	90
25	80
20	70
15	60
10	50
5	40
0	30
-5	20
-10	10
	0

1. S'il fait 32° C, _____

2. S'il fait 12° C, _____

3. S'il fait 3° C, _____

4. S'il fait 17° C, _____

5. S'il fait –20° C, _____

B. Miam, miam! Vous allez au supermarché pour acheter les ingrédients nécessaires à la recette (*recipe*). Faites une liste des ingrédients. (N'oubliez pas l'article partitif.)

_____

_____

_____

_____

_____

_____

_____

Le pain perdu

1 verre de lait   ½ verre de sucre

Fouette les œufs avec le sucre...

...puis ajoute le lait.

Laisse fondre une noix de beurre dans la poêle.

Trempe une à une les tranches de pain...

...et fais-les dorer sur les 2 faces.

Saupoudrées de sucre, accompagnées de confiture, c'est un délicieux goûter.

Trouvez l'équivalent français de chacun des mots. Donnez l'infinitif.

to brown _____ ; to add _____ ; to melt _____

Encerclez l'expression logique.

En France les enfants mangent du pain perdu comme goûter, après leurs classes. Aux États-Unis, on mange du pain perdu *au petit déjeuner / au goûter (l'après-midi) / au déjeuner.*

En France, on mange du pain perdu avec du sucre et de la confiture. En Amérique, on mange du pain perdu avec *du fromage / du sirop d'érable / de l'huile d'olive.*

◼ ◆ Le monde francophone

A. France-culture. Indiquez si les phrases suivantes sont vraies (V) ou fausses (F) d'après le commentaire culturel de la page 148 de votre livre. Si la phrase est fausse, corrigez-la (*correct it*).

1. _____ En général, la nourriture (*food*) est plus chère en France qu'aux Etats-Unis (USA).

2. _____ Pour les Français, la quantité est plus importante que la qualité de la nourriture.

3. _____ Une tartine, c'est un croissant avec du chocolat.

4. _____ Les enfants français mangent quelque chose pendant l'après-midi. C'est leur goûter.

5. _____ On dîne en France entre 5 h 30 et 6 h du soir.

6. _____ En France on prend d'habitude un thé au lait après le dîner.

B. La France des fromages. Cet article, paru dans *Cuisine Actuelle*, donne une idée de la grande diversité des fromages français.

LA FRANCE **DES FROMAGES**

LE TOUR DE FRANCE

RÉGION OUEST
Le camembert, dont on a fêté le bicentenaire, est le plus connu de tous nos fromages.

RÉGION NORD NORD-EST
Saveurs affirmées et parfums puissants pour émotions fortes.

RÉGION CENTRE
De la Charente à la Touraine, les chèvres règnent. Seul le brie d'Ile-de-France est au lait de vache.

RÉGION EST
Aux contreforts des pâturages alpins, on privilégie les fromages de vache.

L'AUVERGNE ET LE MIDI
Célèbre roquefort de l'Aveyron, cabécou, fromages de Corse : ici, on préfère les brebis.

DES FROMAGES

La France est le premier producteur mondial de fromages.
Chaque terroir a ses spécialités. Apprenez à les connaître, à les choisir,
et, surtout, à les aimer. En effet, leur dégustation en fin de repas
représente l'une des coutumes les plus agréables de notre gastronomie.

1. Dans quelle région fait-on le brie? _____ Le roquefort?

_____ Le camembert? _____

2. Combien de variétés de fromages trouvez-vous dans votre supermarché?

     5–10 / 10–15 / 15–20 / plus

Combien en comptez-vous sur l'illustration?

     5–10 / 10–15 / 15–20 / plus

3. Devinez la phrase qui veut dire:

«France is the number one producer of cheese in the world.» _____

_____

«the most famous of all our cheeses» _____

_____

Journal intime

✦Décrivez ce que vous prenez d'habitude au petit déjeuner, au déjeuner et au dîner.

- Où et avec qui mangez-vous?
- Quels plats choisissez-vous? Pourquoi?
- Quels plats est-ce que vous évitez (*avoid*)?
- Prenez-vous des plats différents en hiver et en été?

Vue d'ensemble: Chapitres 4 à 6

A. Habitudes (*Habits*). Complétez en utilisant des expressions avec **faire**.

Suggestions: faire la connaissance, faire les courses, faire la cuisine, faire ses devoirs, faire le ménage, faire une promenade, faire la vaisselle, faire un voyage.

MODÈLE: Vous faites vos devoirs après les cours.

1.   Après le dîner je _____

2.   Les Duclos _____

dans le parc avec leur chien.

3.   Tu vas à la librairie, à la pharmacie et au supermarché. Tu _____

_____

4.   Paul a besoin de _____

Sa maison est en désordre.

5.   Les étudiants _____

dans leur chambre.

6.   Chez nous, c'est mon père qui prépare le dîner parce que ma mère n'aime pas _____

_____

7.   Les Poireau _____

Ils vont visiter l'Europe et l'Asie.

8.   En France on _____

de beaucoup de Français.

B.   Complétez les conversations et le paragraphe avec les formes convenables des verbes entre parenthèses.

Conversation en famille

—Tu _____ ¹ déjà au dîner?

—Bien sûr. On _____ ² au restaurant ce soir.

—Tu es gourmande. Il est onze heures du matin et tu

_____ ³ déjà les plats que tu

_____ ⁴ manger à vingt heures.

—Mais, j'adore _____ ⁵ au restaurant.

aller
choisir
réfléchir

Vacances

—J'_____ [6] la semaine prochaine avec impatience.

—Pourquoi? Tu _____ [7] visite à ta petite amie?

—Non, je _____ [8] du ski au Colorado.

—Écoute, Mireille et moi, nous _____ [9] probablement ici.

Tu aimerais emprunter mes skis?

rester
vendre
rendre
attendre
faire

La danse

Frank _____ [10] les claquettes (*tap dancing*). Le mercredi

après-midi il _____ [11] ses chaussures et son sac et il va

en classe. Sa sœur Sylvie ne _____ [12] pas pourquoi il

aime danser. C'est trop fatigant, à son avis. «_____ [13] à

la maison» dit-elle.

apprendre
comprendre
prendre
rester

C. Vous séparez les affaires (*things, belongings*) de Virginie, qui est très sportive, des affaires des enfants Pujol, qui sont peu sportifs.

MODÈLE: leurs disques

son maillot de bain

1. _____ chaises
2. _____ sac à dos
3. _____ voiture
4. _____ bicyclette
5. _____ réveil
6. _____ short
7. _____ manuel d'informatique
8. _____ robes
9. _____ télévision
10. _____ tennis

D. La famille Duval part en vacances. Ils louent une maison en montagne. Complétez leur conversation avec les adjectifs posessifs convenables.

MODÈLE: Zut! Je n'ai pas mes sandales.

MAMAN: Robert, as-tu _____ [1] maillot et _____ [2] casquette?

PAPA: Pas encore. Je cherche toujours _____ [3] livres et _____ [4] sac à dos.

MAMAN: Est-ce que les enfants ont _____ [5] jeans et _____ [6] pulls?

PAPA: Je ne sais pas. Écoute, quelle est _____ [7] adresse là-bas?

MAMAN: Regarde dans _____ [8] sac. Elle est marquée sur un morceau (*piece*) de papier.

E. Matthieu invite Thierry à une soirée. Thierry pose beaucoup de questions. Vous entendez seulement les réponses de Matthieu. Imaginez les questions.

1. _____

   La soirée est demain soir.

2. _____

   Elle est chez les Renault.

3. _____

   (Il y a une soirée) parce que c'est l'anniversaire de Guy.

4. _____

   Je pense qu'il a vingt ans.

5. _____

   Je ne sais pas (qui ils invitent).

6. _____

   Je pense qu'ils invitent quinze personnes.

7. _____

   On porte un short ou un maillot de bain. Ils ont une piscine (*pool*).

8. _____

   L'appartement des Renault est derrière le cinéma.

F. **Parlons recettes** (*recipes*). Complétez la conversation avec les articles nécessaires: **de, une, de la,** etc.

—En général je n'aime pas _____¹ soupe, mais celle-ci (*this one*) est extraordinaire.

Donnez-moi _____² recette, s'il vous plaît.

—C'est simple comme bonjour. Vous prenez _____³ carottes, _____⁴ pomme de

terre, _____⁵ jambon et un peu _____⁶ vin blanc.

—Il n'y a pas _____⁷ crème?

—Non, mais il est possible d'utiliser un verre _____⁸ lait.

—Mais il y a _____⁹ poivre et _____¹⁰ sel?

—_____¹¹ sel n'est pas nécessaire avec _____¹² jambon.

G. Identifiez chaque dessin (*drawing*). N'oubliez pas l'article indéfini ou partitif!

MODÈLE: du coca

un poisson

 1. _____

 2. _____

 3. _____

 4. _____

 5. _____

 6. _____

 7. _____

 8. _____

 9. _____

 10. _____

H. Personne n'a tout (*Nobody has everything*)! Choisissez deux objets que les personnes suivantes possèdent et deux objets qu'elles ne possèdent pas, puis complétez les phrases.

> MODÈLE: Le professeur a un travail intéressant et des étudiants remarquables, mais il (elle) n'a pas de voiture de sport.

Mots utiles

un tableau noir	une librairie	une bibliothèque excellente
des cahiers	des films intéressants	des jeunes hommes
un stylo violet	une lettre	une cravate verte
un serpent	un appartement	un chien
une pipe	un immeuble	une revue
des cigares	un dictionnaire chinois	une chambre magnifique
une radio	une auto japonaise	?
des livres en russe		

1. Sur le campus, nous _____
   _____

2. Mon père _____
   _____

3. Mes amis _____
   _____

4. Dans son sac à main, Hillary Rodham Clinton _____
   _____

5. Et moi, _____
   _____

CHAPITRE **SEPT**

On mange bien en France!

Étude de vocabulaire

A. Une amie vous demande de faire les courses. Prenez la liste ci-dessous et notez les magasins où vous devez (*must*) aller.

MODÈLE: 500 g. de jambon → à la charcuterie

1. un camembert _____

2. deux baguettes _____

3. 500 g. de bœuf haché _____

4. une boîte de haricots verts _____

5. trois douzaines d'huîtres _____

6. du pâté de campagne _____

B. Analogies

MODÈLE: le fils : la fille = le frère : *la sœur*

1. le poisson : la poissonnerie   =   le pain : _____

2. la baguette : le pain   =   l'éclair : _____

3. le champagne : le vin   =   le camembert : _____

4. le bifteck : la viande   =   les haricots verts : _____

5. le poulet : la viande   =   le vin : _____

6. choisir: le choix   =   boire : _____

7. la viande : la faim   =   le lait : _____

8. le bifteck : le couteau   =   la soupe : _____

C. Vous écrivez une carte de restaurant. Classez les plats.

mousse au chocolat	sole meunière	truite aux amandes
camembert	brie	crème caramel
pâté de campagne	tarte aux fraises	steak-frites
poulet à la crème	sardines à l'huile	roquefort
crêpes suzette	vin rouge / rosé / blanc	glace maison
rôti de porc	eau minérale	bœuf en daube

Entrées	*Plats Garnis*	*Fromages*
_____	_____	_____
_____	_____	_____
_____	_____	_____
	_____	
	_____	

Desserts	*Boissons*
_____	_____
_____	_____
_____	
_____	
_____	

✦**D. Qu'en pensez-vous** (*What do you think*)? Écrivez les nombres en toutes lettres.

MODÈLE: Ma grand-mère a quatre-vingt-trois ans.

1. En décembre il y a _____ jours.

2. On est «vieux» quand on a _____ ans.

3. Il reste (*There remain*) _____ jours de classe avant

   la fin du semestre (trimestre).

4. Un prix raisonnable pour un livre de classe est _____

   dollars.

5. La température normale d'une personne est _____

   degrés Fahrenheit.

6. Le nombre juste avant quatre-vingts est _____

7. Dans trois heures, il y a _____ minutes.

8. Il y a _____ états aux États-Unis.

9. Le nombre juste après quatre-vingt-dix est _____

E. Faites vos courses. Vous achetez les choses illustrées sur le dessin. Calculez le prix pour chaque article. (Un kilo = 1000 grammes. En 1993, 5.5 francs = $1.00 approximativement.)

MODÈLE: Trois pommes coûtent seize francs vingt.

1. Cinq cents grammes de beurre coûtent _____

2. Deux pommes coûtent _____

3. Un litre de lait coûte _____

4. Cinq cents grammes de bœuf coûtent _____

5. Six œufs coûtent _____

✦Maintenant, encerclez les prix qui vous semblent chers.

Étude de grammaire

20. POINTING OUT PEOPLE AND THINGS
Demonstrative Adjectives

A. Vous êtes mécontent(e) de votre logement. Voici une liste de choses à transformer. Utilisez l'adjectif démonstratif qui convient. Puis cochez (✓) les cinq objets que vous désirez le plus (*most*) changer dans votre chambre.

MODÈLE: ce miroir

1. _____ rideaux

2. _____ tapis

3. _____ lampe

4. _____ arbre devant ma fênetre

5. _____ bureau

6. _____ meubles

7. _____ quartier

8. _____ petites tables

9. _____ livre de français

10. _____ affiche

B. Sylvie, Claudette et Jeanne sont à la cafétéria. Imaginez le reste de leur conversation. Utilisez **ce**, **cet**, **cette** et **ces**.

Entrées	
Consommé	10F
Soupe à la tomate	12F

Plats	
Sole meunière	64F
Truite aux amandes	48,50F
Rôti de bœuf	48F
Steak-frites	35F
Poulet aux herbes	36F

Garniture: riz, frites, salade verte

Fromage ou Dessert	20F
Fruits	
Tarte aux pommes	
Glaces	

Boissons	
Carafe de rouge	22F
Carafe de blanc	22F
Eau minérale	10F

CLAUDETTE: Pour commencer je vais prendre de <u>cette soupe à la tomate.</u> Elle a l'air bonne.

JEANNE: Moi, je préfère _____

SYLVIE: Je pense que _____

a l'air vraiment délicieux.

CLAUDETTE: Je n'aime pas le poisson, donc je vais prendre _____

_____

JEANNE: Que voulez-vous après? _____

ne donne pas trop de calories.

SYLVIE: Non, mais je préfère _____

CLAUDETTE: Je prends _____

J'adore le chocolat.

JEANNE: Pas de dessert pour moi. Seulement _____

SYLVIE: _____ est irrésistible.

CLAUDETTE: Tu as raison. Je vais prendre _____

21. EXPRESSING DESIRE, ABILITY AND OBLIGATION
The Verbs *vouloir*, *pouvoir*, and *devoir*

A. Complétez le tableau.

SUJETS	VERBES		
je			
nous	*devons*		
		veut	
			pouvez
mes cousins			

B. Préférences. Complétez chaque phrase avec les formes convenables de **vouloir** et de **devoir**. Attention au sens!

> MODÈLE: Les étudiants *doivent* étudier, mais ils *veulent* danser.

Le week-end

1. Notre professeur _____ travailler, mais il

   _____ voyager.

2. Mes amis et moi _____ rester ici, mais nous

   _____ partir en vacances.

3. Mes amis _____ faire la sieste, mais ils

   _____ étudier.

4. Je _____ faire le ménage, mais je _____

   faire une promenade.

L'après-midi

5. Nous _____ aller à la bibliothèque, mais nous

   _____ prendre un café.

6. Les étudiants _____ finir leurs devoirs, mais ils

   _____ regarder la télé.

7. Le professeur _____ préparer ses cours, mais il

   _____ rentrer à la maison.

C. Dites ce que les personnes suivantes *ne peuvent pas* faire.

MODÈLE: Marie et Sophie n'ont pas de voiture. →
Elles ne peuvent pas habiter à la campagne.

habiter à la campagne   manger du pain
faire du ski   prendre un dessert
faire du jogging   inviter an ami (une amie) au restaurant
boire du café

1. Georges est allergique à la farine de blé. Il _____

   _____

2. Il fait –7°C aujourd'hui. Nous _____

   _____

3. Madeleine a la jambe cassée (*a broken leg*). Elle _____

   _____

4. Je n'ai plus d'argent (*money*).—Je _____

   _____

5. Mes parents sont allergiques à la caféine. Ils _____

   _____

6. Le sucre vous rend malade.—Vous _____

   _____

22. ASKING ABOUT CHOICES
The Interrogative Adjective *quel*

A. Le directeur du restaurant universitaire fait un sondage (*poll*). Quelles questions pose-t-il?

MODÈLE: Quels légumes mangez-vous le plus souvent (*most often*)? Des petits pois
ou des haricots verts?

1. _____ choisissez-vous en géneral? Des haricots

   verts ou des petits pois?

2. _____ préférez-vous, le bœuf ou le porc?

3. _____ préférez-vous, la glace ou la tarte?

4. _____ préférez-vous? Le camembert ou le gruyère?

5. Et _____ prenez-vous le plus souvent? De l'eau

   minérale ou du vin?

6. _____ préférez-vous? Le déjeuner ou le dîner?

Maintenant, encerclez vos préférences personnelles.

B. Vous faites la connaissance d'un(e) camarade de classe. Préparez six questions à lui poser. Attention aux accords masculins ou féminins.

> MODÈLE: couleur préférée → Quelle est ta couleur préférée?

> chansons préférées
> disques préférés
> livre favori
> repas préféré
> cours favori
> films favoris

1. _____

2. _____

3. _____

4. _____

5. _____

6. _____

23. DESCRIBING PEOPLE AND THINGS
The Placement of Adjectives

A. Une de vos amies fait une critique d'un restaurant. Essayez de rendre son article plus intéressant en ajoutant (*adding*) les adjectifs de la colonne de droite. Puis répondez aux questions.

La Tour Cuivrée, un restaurant de la rue	célèbre / vieux
du Château, a un chef qui est	jeune / parisien
remarquable pour ses pâtisseries. Il a fait	imaginatif / joli
ses études dans une école au centre	grand / prestigieux
de la capitale. Maintenant il espère	
réussir dans notre village. Il a un	petit
nom que tout le monde connaît (*knows*).	respecté / vieux
Il s'appelle Escoffier.	

1. Escoffier est-il célèbre à cause de ses gâteaux ou de ses pâtés?

   _____

2. La Tour Cuivrée se trouve-t-elle à Paris ou dans un village?

   _____

✦B. **Dans un restaurant élégant.** Faites des phrases en vous aidant de la liste ci-dessous. Utilisez deux adjectifs par phrase.

MODÈLE: On commande un bon vin rouge.

on	prendre	soupe	vieux (vieil, vieille)
	admirer	serveur	nouveau
	commander	meubles	bon
	manger	carte des vins	français
	regarder	ambiance (*f.*)	sérieux
	parler à	décor (*m.*)	sympathique
	boire	menu	beau
		maître d'hôtel	charmant
		?	gentil
			traditionnel
			joli
			?

1. _____

2. _____

3. _____

4. _____

5. _____

6. _____

Prononciation

Marquez les liaisons obligatoire (‿) et interdites (*forbidden*) (⊬).

Il est évident que lorsqu'il y a un éléphant énorme dans une salle de classe avec huit petits

étudiants et un crocodile, l'action est intéressante.

Mise au point

A. Geoffroy est assez snob. Il préfère tout ce qui est vieux et classique. Il aime les lignes simples et élégantes. Exprimez son point de vue.

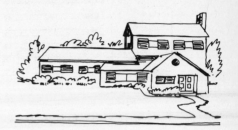

MODÈLE: J'aime cette architecture-ci, mais je n'aime pas cette architecture-là.

1. _____ est belle. Mais je trouve

_____ ridicule.

2. _____ est jolie. Mais

_____ a trop de fleurs.

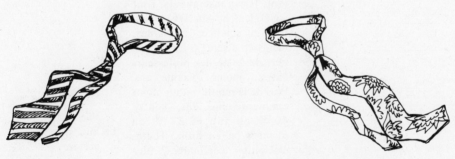

3. _____ sont trop modernes. Mais

_____ sont superbes.

Hôtel Moderne

Hôtel Georges V

4. _____ n'est pas confortable, mais

_____ a l'air excellent.

B. Dans cet article sur les professeurs d'université en France, il y a huit chiffres écrits en toutes lettres (*spelled out*). Soulignez-les (*Underline them*) et écrivez leur équivalent en chiffres arabes. Ensuite répondez aux questions.

MODÈLE: _____ 55 _____

_____

_____

_____

_____

_____

_____

_____

UN TIERS[a] DES UNIVERSITAIRES ONT AU MOINS[b] CINQUANTE-CINQ ANS.

L'âge moyen[c] d'un professeur d'université est de cinquante-deux ans ; un peu plus de quarante-six ans pour un maître de conférences[d]; près de trente-huit ans pour un assistant. Les enseignants[e] sont généralement plus âgés en lettres et sciences humaines, moins en sciences. En lettres, plus de 28 % des professeurs ont au moins soixante ans. Plus de la moitié[f] ont au moins cinquante-cinq ans, contre 40 % en santé[g], 27 % en sciences ou en droit. Toutes disciplines confondues[h], plus du tiers des professeurs d'université ont au moins cinquante-cinq ans, moins de 5 % ont moins de quarante ans.

a. *third*
b. au... *at least*
c. *average*
d. maître... *lecturer*
e. *educators*
f. *half*
g. *health*
h. *combined*

1. Les enseignants au niveau universitaire sont-ils plutôt (*rather*) jeunes ou plutôt vieux? _____

_____

2. Quel est le groupe le plus jeune, celui des professeurs de sciences ou celui des professeurs

de lettres? _____

3. Combien de professeurs universitaires ont moins de quarante ans? _____

_____

4. Avez-vous l'impression que la situation est similaire ou différente aux États-Unis? Justifiez

votre réponse. _____

_____

_____

✦C. **Idées fixes.** On associe souvent certains noms et certains adjectifs, par exemple, **un studio minuscule** ou **une grosse voiture américaine.** Quels adjectifs associez-vous avec les mots suivants?

Suggestions: vieux, cher, confortable, vert, excentrique, raisonnable, joli, élégant, arrogant, sympathique, spacieux, grand, sombre, ancien, nouveau, moderne

1. une plante _____

2. une voiture _____

3. un jean _____

4. des chaussures _____

5. des prix _____

6. des vêtements _____

7. un artiste _____

8. un médecin _____

9. une grand-mère _____

10. ? _____

Le monde francophone

A. France-culture. Indiquez si les phrases suivantes sont vraies (V) ou fausses (F) d'après les commentaires culturels des pages 176 et 191 de votre livre. Si la phrase est fausse, corrigez-la (*correct it*).

1. _____ Les supermarchés n'existent pratiquement pas en France.

2. _____ Les Français aiment encore faire les courses dans des petits magasins comme les

poissonneries, les crémeries, les boulangeries, etc.

3. _____ Un traiteur vend uniquement des légumes et des fruits très frais.

4. _____ Le secret de la «grande cuisine française» est souvent l'utilisation de produits

régionaux.

5. _____ La Bretagne est connue (*well-known*) pour les crêpes et les fruits de mer.

6. _____ L'ail, les fines herbes et la tomate sont typiquement utilisés dans la cuisine alsacienne (au nord-est de la France).

7. _____ La cuisine japonaise est très à la mode en France en ce moment—surtout parmi les jeunes.

B. Ça vient de sortir! Ce paragraphe annonce une nouvelle sorte de fromage.

Après l'ail, l'oignon

Pour marquer l'anniversaire de ses trente ans, Boursin crée un nouveau fromage. La base est la même, mais aromatisée, cette fois, avec de l'oignon et de la ciboulette.ᵃ Le dosage est bien fait. *Boursin oignon et ciboulette : 10 F environ le fromage de 150 g. Toute distribution.*

a. *chive*

1. Comment s'appelle-t-il? _____

2. Choisissez la meilleure traduction de «aromatisée»: <u>aroma</u> / <u>smelling</u> / <u>flavored</u>.

3. Est-ce que 150 grammes remplit (*fills*) une tasse? <u>oui</u> / <u>non</u>

4. Nommez d'autres fromages français. Lequel aimez-vous le mieux? _____

_____

_____

 # Journal intime

Imaginez que vos amis (ou des membres de votre famille) décident de fêter votre anniversaire au restaurant. Décrivez la soirée de vos rêves.

- Où dînez-vous?
- Qui est invité?
- Qu'est-ce que vous mangez et buvez? (Décrivez le menu en détail.)
- Que faites-vous avant et après le repas?

C H A P I T R E **H U I T**

Vive les vacances!

Étude de vocabulaire

A. Activités d'été. Dans chaque catégorie, nommez trois ou quatre sports.

1. Sports d'hiver _____

2. Sports d'été _____

3. Sports qu'on pratique au bord de la mer _____

_____

4. Sports qu'on pratique à la maison _____

_____

5. Sports qui ne nécessitent pas d'équipement _____

6. Sports qu'on pratique à la montagne _____

B. Choisir des vacances. Complétez les phrases suivantes avec une des nouvelles expressions verbales.

MODÈLE: Si on aime les montagnes, on peut faire de l'alpinisme.

1. Si vous aimez dormir en plein air (*sleep outside*), vous pouvez _____

_____

2. Si vous avez besoin de repos, vous pouvez _____

_____

3. Pour passer des vacances sportives, on peut _____

_____

4. Si vous aimez la mer, vous pouvez _____

_____

5. Si on a beaucoup d'énergie et on est près de la mer, on peut _____

    _____

6. En hiver on peut _____

    _____

7. Si on veut voir le paysage (*countryside*) de la France, on peut _____

    _____

8. Si vous aimez manger du poisson, vous pouvez _____

    _____

C. Leçon d'histoire. Écrivez les années en toutes lettres, selon le modèle. Devinez (*Guess*), si vous n'êtes pas certain(e).

    MODÈLE: 1643 Louis XIV prend le trône de France en seize cent quarante-trois.

    1789   1918   1861   1257   1436   1803

1. La Première Guerre mondiale (*World War I*) finit en _____

    _____

2. La Révolution française commence en _____

    _____

3. La Sorbonne est fondée (*founded*) par Robert de Sorbon en _____

    _____

4. La France vend la Louisiane aux États-Unis en _____

    _____

5. La Guerre civile aux États-Unis commence en _____

    _____

6. Gutenberg a inventé la typographie en _____

    _____

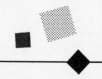

Étude de grammaire

24. EXPRESSING ACTIONS
dormir and Similar Verbs; *venir*

A. Complétez le tableau.

	MES COPAINS	TU	NOUS	JULES
sortir				
venir				
sentir				
dormir				
servir				

B. Complétez les phrases suivantes, puis répondez aux questions données.

Dimanche soir (dormir, sentir, servir ou sortir?)

Après un long week-end, Line est si fatiguée qu'à six heures elle _____ [1]

déjà. Charles téléphone et demande si elle veut _____.[2] Il a envie d'aller

dans un restaurant où on _____[3] de la pizza napolitaine. Au restaurant,

Line _____[4] l'odeur de la pizza, et elle n'a plus sommeil.

• Est-ce que Line préfère dormir ou manger? _____

• Et vous? _____

Au petit déjeuner (dormir, partir, sentir ou servir?)

Le matin nous _____[5] souvent jusqu'à (*until*) sept heures et demie. Au

restau-U on _____[6] le petit déjeuner de sept à huit heures. Quand nous

entrons dans la salle à manger, nous _____[7] l'odeur des toasts et du

café. On mange bien, et puis on _____[8] en cours.

• A quelle heure ces personnes doivent-elles quitter leur chambre en semaine? _____

• Et vous? _____

C. Mystères. Expliquez ces situations en utilisant le verbe **venir de**.

Suggestions: danser le twist, vendre sa société (entreprise) à une multinationale, dîner, perdre ses clés, prendre un thé, habiter le Mexique, nager.

MODÈLE: Pourquoi votre amie n'a-t-elle pas faim? → Elle vient de dîner.

1. Pourquoi n'avez-vous pas soif? _____

_____

2. Pourquoi avez-vous le visage (*face*) tout rouge?_____

_____

3. Pourquoi vos cousines parlent-elles si bien l'espagnol? _____

_____

4. Pourquoi votre oncle est-il si riche? _____

_____

✦5. Et vous, pourquoi êtes-vous content(e) maintenant? _____

_____

25. TALKING ABOUT THE PAST
The *passé composé* with *avoir*

A. Complétez le schéma avec des verbes au passé composé.

	travailler	réussir	vendre
j'			
on			
les copains			
vous			
nous			
tu			

B. Formes. Donnez le participe passé des verbes suivants:

1. agir _____
2. tenir _____
3. perdre _____
4. vouloir _____
5. descendre _____
6. recevoir _____

7. avoir _____
8. devoir _____
9. obtenir _____
10. boire _____
11. pleuvoir _____
12. pouvoir _____

C. Vacances à la mer. Un groupe de jeunes gens racontent leurs vacances à des amis. Utilisez le passé composé des verbes appropriés.

Nous _____[1] deux semaines sur la Côte d'Azur l'été

dernier. On _____[2] d'aller à Nice, et puis à Marseille.

Claire et Vincent _____[3] un hôtel charmant près de la

plage et nous avons passé cinq jours à nager et à faire du bateau.

    Un jour, Claire et Claudine _____[4] un bateau à voile.

Moi, j' _____[5] d'aller avec elles. Mais Vincent

_____[6] une limonade au café, et Thierry

_____[7] à faire du ski nautique.

choisir
passer
trouver

apprendre
louer
décider
prendre

Un soir nous _____⁸ visite à nos amis à Saint

Tropez. Ces vacances _____⁹ vraiment formidables.

voir
rendre
être

_____-tu_____¹⁰ nos

photos?

Donnez deux activités que vous avez pratiquées pendant vos dernières (*last*) vacances. _____

_____

D. Qu'est-ce que Gilles a fait l'été dernier?

Verbes suggérés: dormir, faire la connaissance, dîner, acheter, nager, visiter, prendre le train.

le 15 juillet

MODÈLE: Il a commencé ses vacances à La Baule, sur la côte
Atlantique, le quinze juillet.

le 16 juillet

1. _____

_____

_____

le 18 juillet

2. _____

_____

_____

le 19 juillet

3. _____

_____

_____

le 20 juillet

4. _____

_____

_____

Galerie d'art moderne

le 21 juillet

5. _____

_____

_____

La Baule

Paris

le 22 juillet

6. _____

_____

_____

✦**E. Avez-vous passé un bon week-end?** Avec les expressions données, dites ce que vous avez fait ou non ces deux jours. **Rappel:** L'article partitif change après le négatif.

MODÈLE: manger trop de pizza → Je n'ai pas mangé de pizza.

1. dormir dix heures par nuit _____

2. boire du champagne _____

3. prendre de l'aspirine _____

4. avoir peur _____

5. porter un maillot de bain _____

6. recevoir une lettre _____

7. regarder la télévision _____

8. accepter une invitation _____

Donnez trois activités différentes que vous avez pratiquées pendant le week-end. **Verbes possibles:**

manger, écouter, porter, regarder, boire, obtenir _____

_____

_____

26. EXPRESSING HOW LONG OR HOW LONG AGO
depuis, pendant, il y a

✦ **A. Évolution.** Décrivez vos activités passées et présentes en complétant ces phrases. Notez bien le temps des verbes employés.

1. J'étudie le français depuis _____

2. Je joue à/de _____ depuis _____

3. J'habite à _____ depuis _____

4. J'ai fait _____ il y a 10 ans.

5. J'ai commencé mes études universitaires il y a _____

6. J'ai visité _____ en 1993.

7. J'ai acheté _____ la semaine passée.

B. A Chamonix, Mariane et Fanny font connaissance pendant les vacances. Utilisez **depuis, pendant ou il y a.**

MARIANE: _____[1] quand es-tu ici à Chamonix?

FANNY: On est ici _____[2] trois heures. Nous avons envie de faire de

l'alpinisme _____[3] les trois jours que nous allons être ici. Tu es ici

_____[4] longtemps?

MARIANE: Nous avons pris le train de Lyon _____[5] une semaine.

_____[6] six jours nous visitons toutes les curiosités de la région: la mer

de Glace, le mont Blanc. Et _____[7] notre arrivée nous goûtons à tous

les bons plats de la région.

FANNY: Est-ce qu'il fait toujours si beau _____[8] le mois de juin? ·

MARIANE: Souvent, mais il a neigé en montagne _____[9] deux semaines.

Donnez deux activités qu'on peut faire dans la région de Chamonix. _____

_____

_____

✦ **C. Qu'est-ce que vous écrivez?** Vous écrivez une lettre à un(e) ami(e) français(e). Employez les textes suivants comme guide pour décrire votre vie. Utilisez **depuis, il y a** et **pendant,** si possible. Écrivez en français.

1. Mention: how long your parents have lived where they live now
   how many years (**ans**) ago they moved (**déménager**)
   whether you are going to stay in that town

_____

_____

_____

_____

2. Mention: since what year you've been at this college or university
how many years ago you finished secondary school (**l'école secondaire**)
how many semesters you hope to study French

_____

_____

_____

27. EXPRESSING LOCATION
Using Prepositions with Geographical Names

A. Connaissez-vous (*Do you know*) votre géographie?

MODÈLE: Pour faire du ski sans quitter les États-Unis, on va au Colorado.

Londres	Colorado	Japon
Amérique du Sud	Amérique du Nord	Moscou
Allemagne	Virginie	Californie
Chine	Afrique	Madrid

1. Le Mexique est _____

2. On a inventé la Volkswagen _____

3. Les voitures Nissan viennent _____

4. On mange beaucoup de riz (*rice*) _____

5. La place Rouge est située _____

6. Le musée du Prado est _____

7. Notre café vient _____

8. George Washington est né _____

9. La Côte-d'Ivoire est _____

10. Les grands vins américains viennent _____

B. On a publié ces annonces dans un magazine pour étudiants, *Le Monde de l'éducation*. Lisez-les et répondez aux questions.

1. Que proposent ces annonces? _____

2. Où peut-on passer 21 jours en août? _____
_____

3. À 5.5 F = \$1.00, combien coûte le voyage en Chine sur la route de la soie (*silk*)? _____

4. Quels sont les quatre pays où le professeur organise un voyage? _____

5. Dans quelle ville de Corse est-ce qu'on loue une villa? _____

6. Où est-ce qu'on propose d'apprendre une langue étrangère? _____
_____

✦7. Quelle annonce vous intéresse (*interests you*) le plus? Où aimeriez-vous aller? Pourquoi?
_____
_____

C. Voyages d'affaires. M. Auteuil est commis voyageur (*traveling salesman*) pour une entreprise internationale. Il voyage énormément. Racontez ses voyages selon son calendrier.

Verbes utiles: arriver, partir, quitter, visiter, rentrer, être, aller, revenir.

septembre						
lundi	mardi	mercredi	jeudi	vendredi	samedi	dimanche
				1	*2*	*3*
4	*5* Rio	*6* ————	*7* ————→	*8*	*9*	*10*
11	*12* Marseille	*13* Italie	*14* Allemagne ————	*15* ————→	*16*	*17*
18	*19*	*20* Japon ————	*21*	*22*	*23*	*24*
25 ————	*26* ————→	*27*	*28*	*29* Angleterre ————	*30* ————→	

MODÈLE: Mardi le cinq il va à Rio où il passe trois jours. Il rentre du Brésil le huit.

1. Mardi le douze _____
_____

2. Mercredi le treize _____
_____

3. Jeudi le quatorze _____

_____

4. _____

_____

5. _____

_____

28. EXPRESSING OBSERVATIONS AND BELIEFS
voir and *croire*

A. Écrivez la forme convenable de chaque verbe:

	voir PRÉSENT	croire PRÉSENT	voir PASSÉ COMPOSÉ	croire PASSÉ COMPOSÉ
tu				
mes amis				
tout le monde				
Paul et moi				
ton frère et toi				
je				

B. Question d'identité. Conjuguez **croire** et **voir** dans les phrases suivantes.

—Je _____[1] que j'ai oublié mon passeport dans la chambre.

_____[2]-tu mon sac?

—Non. As-tu ta carte d'identité?

—Je ne _____[3] pas. (*Elle cherche.*) Non, je ne la

_____[4] pas dans mon sac.

—Tu _____[5] qu'on doît retourner à l'hôtel?

—Non. Quand on _____[6] tes cheveux blonds, et quand on entend ton

accent, on va _____[7] tout de suite que tu es américaine.

C. Alpinisme dans le brouillard. Malheureusement ces deux personnes se sont perdues (*got lost*) en montagne. Complétez leur conversation avec les verbes **voir** et **croire**.

JULIE: Tu _____[1] où on est?

ALAIN: Non, je ne _____[2] pas cette montagne sur la carte (*map*).

YVES: Vous faites confiance à cette vieille carte?

JULIE: Non, nous _____³ ce qu'a dit Annick, notre guide.

ALAIN: Elle a beaucoup d'expérience et elle _____⁴ que cette route est bonne.

YVES: Moi, je pense qu'elle _____⁵ à la chance.

JULIE: Très drôle... mais dis, Alain, tu _____⁶ (passé composé) notre guide récemment?

ALAIN: J' _____⁷ (passé composé) Annick, mais il y a environ une heure.

YVES: Cette fois, je _____⁸ que nous sommes perdus!

_____⁹-vous aux miracles? Seule la chance peut nous faire retrouver notre chemin (find our way).

Mise au point

✦**A.** Racontez trois événements de votre vie avant (before) l'âge de dix ans. Ajoutez un détail à chaque phrase.

MODÈLE: J'ai visité la Californie pour la première (first) fois avec ma famille.

1. _____

2. _____

3. _____

Racontez trois de vos souvenirs de l'école secondaire.

4. _____

5. _____

6. _____

B. Épisodes de l'histoire de France. Lisez ce texte, puis répondez aux questions suivantes.

La Révolution française commence le 14 juillet mil sept cent quatre-vingt-neuf quand le peuple de Paris prend la Bastille. Louis XVI est guillotiné en mil sept cent quatre-vingt-treize.

Napoléon Bonaparte devient empereur en mil huit cent quatre, mais, après sa défaite à la bataille de Waterloo en mil huit cent quinze, Louis XVIII monte sur le trône. Son frère, Charles X, devient roi (king) mais il s'échappe (escapes) en Angleterre pendant la Révolution de mil huit cent trente.

Le règne de Louis-Philippe finit en mil huit cent quarante-huit avec une autre révolution. Le peuple proclame la Seconde République. Mais le 2 décembre mil huit cent cinquante et un, Louis-Napoléon Bonaparte prépare un coup d'état.

Après la guerre (*war*) avec la Prusse, en mil huit cent soixante-dix, le peuple proclame la Troisième République, qui va continuer jusqu'en mil neuf cent quarante, début de la Deuxième Guerre mondiale. Depuis mil neuf cent cinquante-huit, la Cinquième République gouverne la France.

1. Écrivez en chiffres les dix dates données dans le texte. Donnez aussi l'événement correspondant. (Nous avons commencé la liste pour vous.)

   1789—La Révolution française

   _____

   _____

   _____

   _____

   _____

   _____

   _____

   _____

   _____

2. Combien de révolutions y a-t-il entre 1770 et 1900 en France? _____

   Aux États-Unis? _____

3. Combien de monarques y a-t-il en France pendant cette période? _____

✦C. **Et vous?** Répondez aux questions suivantes.

1. Que venez-vous de faire? _____

   _____

2. Qu'est-ce que vous avez pris au petit déjeuner ce matin?_____

   _____

3. Jusqu'à quel âge avez-vous cru au père Noël? _____

   _____

4. Que voyez-vous devant vous en ce moment?_____

   _____

5. Où avez-vous passé les dernières vacances d'hiver? _____

   _____

6. En général, combien d'heures dormez-vous par nuit? _____

   _____

7. Depuis quand portez-vous les chaussures que vous avez aux pieds, en ce moment?

   _____

Le monde francophone

A. Bonnes vacances! Associez chaque description à un dessin. Puis encerclez les mots du texte qui confirment votre choix.

L'aventure

Promenades à travers le désert, rencontres insolites, trekking au bout du monde, face à face avec des animaux sauvages : tout est possible pour l'aventurier que vous êtes.

1. _____

La croisière

Découvrir de nouveaux horizons, apprécier le confort d'un bateau de rêve, profiter de la beauté de l'océan, paresser au bord de la piscine : toute la mer est à vous.

3. _____

La forme

Grand air, calme, détente, sport, thalassothérapie ou bienfaits de la montagne : prenez soin de vous pendant vos prochaines vacances.

5. _____

Réservé aux vacances pleines d'idées !

La gastronomie

Des plus fines épices de l'Asie aux meilleurs foies gras du Périgord, du sirop d'érable aux pâtisseries orientales : votre périple touristique saura trouver ses haltes gourmandes.

2. _____

Le tourisme vert

Rivières, cascades, forêts, alpages, randonnées à pied, à cheval ou à vélo : votre cœur vert vous poussera à retourner vers la nature.

4. _____

La culture

Musées, châteaux, routes historiques, festivals, sites archéologiques : découvrez tout un monde de richesses.

6. _____

b.

a.

c.

d.

e.

f.

B. Nouvelles francophones. Complétez les phrases selon le commentaire culturel de la page 206 de votre livre.

1. Cette grande ville francophone et cosmopolite se trouve en Amérique du nord. C'est

   _____

2. C'est le pays des montagnes, du fromage, des horloges et des montres. On y parle quatre

   langues. C'est _____

3. Ce pays francophone en Afrique de l'ouest comprend des déserts, des plages tropicales,

   de grandes villes cosmopolites et des villages typiquement africains. C'est _____

   _____

4. Nommez un pays francophone en Asie. _____

   en Amérique du sud? _____

5. Nommez une grande île francophone dans l'océan Indien. _____

 # Journal intime

Avant d'écrire dans votre journal, lisez les questions suivantes et cochez (✓) les réponses convenables. (Also feel free to jot down notes about any of the answers, so that you will have more ideas to work with when you write.)

Qu'est-ce que vous avez fait l'été passé?

J'ai...

_____ travaillé

_____ voyagé (Où?)

_____ passé beaucoup de temps avec des amis

_____ fait des études

_____ regardé beaucoup de télévision

_____ fait beaucoup de natation

_____ (autre) _____

Maintenant décrivez brièvement ce que vous avez fait l'été passé.

- Qu'avez-vous fait?
- Avec qui?
- Où?
- Qu'est-ce que vous avez appris, acheté, vu, etc.?

CHAPITRE **NEUF**

Voyages et transports

Étude de vocabulaire

A. Complétez chaque analogie.

1. _____ : voler = voyage : voyager

2. aéroport : avion = _____ : train

3. steward : hôtesse de l'air = passager : _____

4. avion : atmosphère = _____ : eau

5. conducteur : train = _____ : avion

6. Paris : France = Bonn : _____

7. Suisse : Europe = Chine : _____

8. _____ : billet = boulangerie : pain

B. Thierry et Serge partent en Suisse. Racontez leur départ. Mentionnez les objets marqués d'une flèche (*arrow*).

1. Thierry et Serge sont _____

   Ils portent _____

   Ils vont probablement _____

2. Le train _____

   Thierry et Serge _____

   Il est _____

3. Maintenant Thierry et Serge sont _____

   Quelle surprise! Devant les jeunes gens, _____
   _____

C. Test de géographie. Au nord, au sud, à l'est, ou à l'ouest? (**Rappel:** La forme féminine est **de la**; au masculin, c'est **du**.)

   MODÈLE: la France / Luxembourg → La France est au sud du Luxembourg.

1. le Mexique / les États-Unis _____

2. la Colombie / le Brésil _____

3. le Portugal / l'Espagne _____

4. l'Allemagne / la Belgique _____

5. l'Italie / la Grèce _____

6. l'Algérie / le Maroc _____

D. Quelle marque de voiture conduisent les personnes suivantes? Si vous ne le savez pas, devinez!

MODÈLE: Renate Lupin, amateur de voitures allemandes, conduit une BMW.

1. Mme Johnson, mère de quatre enfants, _____
_____

2. Mario Andretti, chauffeur de course, _____
_____

3. M. et Mme Smith, 50 ans, _____
_____

4. Jean-Claude de Vernay, Président-directeur général d'une grosse société de produits

chimiques, _____

5. Mes parents _____
_____

6. Maintenant, moi, _____

Dans cinq ans, je vais _____
_____

Étude de grammaire

29. TALKING ABOUT THE PAST
The *passé composé* with *être*

A. Complétez le tableau.

	arriver	partir	rentrer
mes grand-parents			
Jacques et moi			
Angèle et Sophie			
toi, Marie-Anne, tu			

B. Qu'est-ce qui s'est passé? Faites des phrases logiques (affirmatives ou négatives) au passé composé. **Rappel:** Le participe passé s'accorde avec le sujet.

> MODÈLE: Vendredi nous avons eu un examen de biologie très difficile.
> Jeudi nous: aller au cinéma / revenir du laboratoire à onze heures du soir →
>
> Jeudi, nous ne **sommes** pas allés au cinéma. Nous **sommes** revenus du laboratoire à onze heures du soir.

1. Il a plu à verse (*rained cats and dogs*) dimanche après-midi. Mes amies: aller à la piscine / rester à la maison / sortir dans le jardin / monter à cheval _____

_____

_____

_____

2. Martine a voyagé en Afrique. Elle: passer par Dakar / rester une semaine à Marrakech / partir de Moscou / rentrer à cheval _____

_____

_____

_____

3. Le marquis de La Fayette a participé à la Révolution américaine. Il: naître en 1757 / mourir en 1752 / partir pour l'Amérique en avion / devenir général à vingt ans _____

_____

_____

_____

4. Je ne suis pas encore (*not yet*) célèbre. Moi, je: naître avant 1975 / entrer à l'école primaire à cinq ans / arriver à l'université en avion / rentrer à la maison ce semestre _____

_____

_____

_____

C. Baudelaire. Vous mettez votre texte au passé. Indiquez pour chaque verbe en italique si vous allez utiliser **être** ou **avoir** comme auxiliaire.

être	**avoir**	
		Charles Baudelaire, célèbre poète français du 19ième
_____	_____	siècle *naît* à Paris en 1821. Il a une relation difficile
_____	_____	avec son beau-père alors il *part* à Lyon.
_____	_____	Il *revient* bientôt à Paris où il continue ses études. Il habite
_____	_____	alors le Quartier latin, où il *mène* une vie de bohème.
_____	_____	Il *part* de Paris en 1841 pour faire un voyage en bateau
_____	_____	qui *enrichit* sa sensibilité. De retour à Paris, son
_____	_____	héritage paternel lui *permet* de vivre (*to live*) dans le luxe
_____	_____	pendant un moment, mais il *finit* sa courte vie dans la
_____	_____	misère. Il *meurt* en 1867, mais ses poèmes, connus
_____	_____	dans le monde entier, *survivent*. Dans «L'Invitation
		au voyage» il nous rappelle les joies du voyage.

D. Une jeune femme francophone. Euzhan Palcy est une cinéaste martiniquaise. Reconstituez quelques moments importants de sa vie en utilisant les verbes **naître**, **devenir**, **partir**, **rentrer** et **venir** dans les phrases suivantes.

_____ En 1983 son premier film _____ célèbre à Paris.

_____ Jeune fille, elle _____ de Martinique pour faire ses études

cinématographiques en France.

_____ Après le succès de *Rue Cases Nègres*, (*Sugar Cane Alley*), Euzhan Palcy

_____ aux États-Unis pour tourner son deuxième film, cette fois-ci

avec Marlon Brando et Donald Sutherland, *A Dry White Season*.

_1_ Elle _____ à la Martinique dans une famille d'artistes.

_____ Elle _____ à la Martinique faire son premier film, *Rue Cases

Nègres*.

• Quels pays Palcy a-t-elle habités? _____

• Combien de films cette jeune femme a-t-elle tournés? _____

Maintenant, numérotez les phrases selon leur ordre chronologique. (Nous l'avons commencé pour vous.)

30. EXPRESSING WISHES AND POLITE REQUESTS
The Present Conditional

A. Le savoir-faire. Complétez les phrases ci-dessous de façon polie en utilisant le conditionnel du verbe entre parenthèses.

1. (vouloir) _____-vous nous envoyer une réponse avant le 15 septembre?

2. (pouvoir) _____-vous me téléphoner avant de venir?

3. (avoir) _____-vous envie d'investir un peu d'argent?

4. (vouloir) Je _____ bien vous accompagner en voyage cet été.

B. Un week-end à Londres. Cette conversation a lieu dans une agence de voyages. Complétez-la avec un de ces verbes au conditionnel: **avoir, aimer, vouloir, pouvoir.**

LE CLIENT: Est-ce que vous _____ des tarifs intéressants pour Londres en ce moment?

L'EMPLOYÉ: Vous tombez bien! Nous avons un vol aller-retour en promotion à 550 F.

LE CLIENT: Et _____-vous me réserver une chambre d'hôtel du 3 au 7 septembre?

L'EMPLOYÉ: Bien sûr. À Londres, où _____-vous être?

LE CLIENT: Je _____ trouver un hôtel pas trop cher près de Hyde Park.

31. EXPRESSING NEGATION
Affirmative and Negative Adverbs

✦**A. Projets.** Faites des phrases utilisant **déjà** pour ce que vous avez fait, **pas... encore** pour ce que vous voulez faire à l'avenir et **ne... jamais** pour ce que vous n'avez pas envie de faire.

MODÈLE: voir la Chine → Je n'ai pas encore vu la Chine.

boire du champagne → J'ai déjà bu du champagne.

goûter des huîtres → Je ne vais jamais goûter des huîtres.

faire la connaissance d'un Français (une Française)
camper dans la Forêt-Noire
dormir sur un lit de clous (*nails*)
partir en vacances avec des amis
quitter ma famille pendant toute une année
nager dans le golfe du Mexique
nager dans l'océan Antarctique
conduire une Mercédès
tomber amoureux/euse
faire le tour du monde

1. _____

2. _____

3. _____

4. _____

5. _____

6. _____

7. _____

8. _____

9. _____

10. _____

B. À l'agence de voyages. Pauvre Yves. Il a toujours moins (*less*) de chance que les autres. Écrivez son rôle dans le dialogue suivant puis répondez à la question.

> MODÈLE: MARC: Chic! (*Neat!*) J'ai mille dollars à dépenser cet été.
> YVES: Moi, je n'ai que deux cents dollars.

MARC: J'ai six semaines de vacances cette année.

YVES: Moi, je _____

MARC: Il y a une douzaine d'endroits que je voudrais visiter.

YVES: _____

MARC: Je peux choisir entre six grands hôtels dans plusieurs villes européennes.

YVES: _____

MARC: Je vais partir pour trois semaines au soleil.

YVES: _____

Avez-vous la chance de Marc ou d'Yves, lorsque vous voyagez? _____

_____

32. EXPRESSING NEGATION
Affirmative and Negative Pronouns

A. Après les vacances. On parle d'une personne ou d'une chose? Complétez.

> MODÈLE: Rien n'est facile à la douane.
> Personne n'est tombé malade.

1. _____ est rentré avant dimanche dernier.

2. _____ a coûté plus de cinq cents francs.

3. _____ va avec la chemise que j'ai achetée à Alger.

4. _____ a aimé le restaurant à Auxerres.

5. _____ a pris le TGV.

6. _____ reste de toutes mes économies.

B. Un esprit négatif. Jean-Louis est de mauvaise humeur. Il n'a rien de bon à dire. Répondez à sa place (au négatif!).

> MODÈLE: Avez-vous vu quelqu'un d'intéressant ce matin? →
> Non, je n'ai vu personne d'intéressant.

1. Avez-vous quelque chose à faire cet après-midi?

_____

2. Avez-vous quelqu'un à voir aujourd'hui?

_____

3. Y a-t-il quelque chose de bon au cinéma?

_____

4. Est-ce que quelqu'un comprend vos problèmes?

_____

5. Avez-vous déjà consulté un psychologue?

_____

6. Vous êtes toujours satisfait de votre travail?

_____

 # Mise au point

A. Un tour des îles francophones. Mettez l'histoire suivante au passé composé.

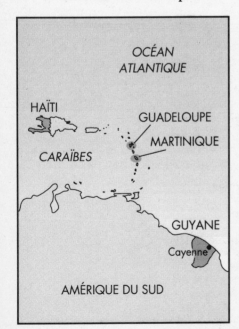

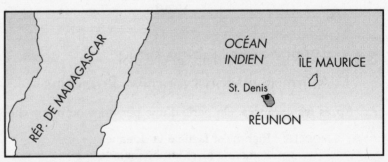

Un jour de septembre, nous _____¹ New York pour aller à

la Guadeloupe. Ensuite, nous _____² à la Martinique.

Nous _____³ les plages de ces îles si reposantes! Après

une semaine nous _____⁴ à la Réunion, une petite île à

l'est de Madagascar dans l'océan Indien.

aller
partir
quitter
trouver

    Puis, on _____⁵ pour Tahiti où on

_____⁶ deux semaines magnifiques.

Moi, je _____⁷ du bateau; mes amis

_____⁸ sur les plages. On _____⁹

des fleurs splendides et... les villages que Gauguin _____¹⁰

tant (so much).

voir
partir
aimer
faire
bronzer
passer

    Moi, je _____¹¹ de visiter la Nouvelle-Calédonie.

Mais mes amis _____¹² à Tahiti. A la fin du voyage,

nous _____¹³ ensemble aux États-Unis. Quand nous

_____¹⁴ de l'avion à New York, j'ai été triste de voir

les couleurs sombres de cette ville—mais très heureux de revoir ma famille.

rentrer
descendre
décider
rester

B. Questionnaire. Complétez chaque phrase avec **quelque chose de** ou **quelqu'un de** + un adjectif.

Adjectifs utiles: passionnant (*fascinating*), frais, formidable, cher, surprenant, charmant, nouveau, facile, intellectuel, amusant.

    MODÈLE: Je voudrais manger quelque chose de frais.

1. Je voudrais épouser (*to marry*) _____

2. Je voudrais boire _____

3. Je voudrais faire _____

4. Je voudrais parler avec _____

5. Je voudrais danser avec _____

6. Je voudrais voir _____

C. Vous quittez Paris en avion pour passer le mois d'août dans le sud-ouest de la France, sur les belles plages de Biarritz. Examinez bien les horaires avant de choisir votre vol. Vous êtes obligé(e) de partir un samedi après-midi, parce que vous devez travailler samedi matin. («Q sf Sa Di» veut dire tous les jours excepté le samedi et le dimanche.)

FRÉQUENCE	VALIDITÉ du au	DÉPART ARRIVÉE	Nº VOL	PRES. ✈

PARIS Réservation ☎ (1) 539.25.25

W : Orly/Ouest
G : Roissy/Ch.-de-Gaulle
S : Orly/Sud

	FRÉQUENCE	VALIDITÉ du au	DÉPART ARRIVÉE	Nº VOL	PRES.
BIARRITZ	Q sf Sa Di	01/04 29/07 27/08 31/10	08 45W 10 00	IT 915	CRS
	Q sf Di	30/07 26/08	08 45W 09 55	IT 5915	DAM
	Sa	01/04 29/07 27/08 31/10	08 45W 09 55	IT 915	DAM
	Lu Je Ve	01/04 31/10	12 00W 13 15	IT 5815	CRS
	Sa	01/04 31/10	14 10W 15 20	IT 5615	DAM
	Q sf Sa Di	01/04 15/07 10/09 31/10	19 45W 21 00	IT 715	CRS
	Lu Ma Me Je	16/07 29/07 27/08 09/09	19 45W 20 55	IT 715	DAM
	Lu Ma Me Je	30/07 26/08	19 45W 20 55	IT 5715	DAM
	Ve	16/07 09/09	19 45W 20 55	IT 715	DAM
	Di	01/04 31/10	19 45W 20 55	IT 5715	DAM
BORDEAUX	Q sf Sa Di	01/04 15/07 10/09 31/10	07 30W 08 35	IT 7213 ●	CRS
(1) en CR3 du 16/07 au 29/07 et du 27/08 au 09/09	Sa	01/04 29/07 27/08 31/10	09 20W 10 25	IT 313	CRS
(2) 1 h plus tôt a/c du 10/10	Sa	30/07 26/08	09 20W 10 25	IT 5313	CRS
(3) 1 h plus tôt a/c du 30/09	Di	01/04 31/10	09 20W 10 25	IT 5313	CR3
(4) Vol blanc du 29 07 au 24/08	Q sf Sa Di	01/04 29/07 27/08 31/10	09 20W 10 15	IT 313	DAM
	Q sf Sa Di	30/07 26/08	09 20W 10 15	IT 5313	DAM
	Q sf Sa Di (1)	01/04 29/07 27/08 31/10	10 50W 11 55	IT 5013	CRS
	Sa	01/04 31/10	13 10W 14 15	IT 5413	CRS
	Q sf Sa Di	01/04 15/07 10/09 31/10	13 10W 14 05	IT 413	DAM
	Q sf Sa Di	16/07 09/09	13 10W 14 05	IT 5413	DAM

FRÉQUENCE	VALIDITÉ du au	DÉPART ARRIVÉE	Nº VOL	PRES. ✈

PARIS Réservation ☎ (1) 539.25.25

W : Orly Ouest
G : Roissy/Ch.-de-Gaulle
S : Orly/Sud

FRÉQUENCE	VALIDITÉ du au	DÉPART ARRIVÉE	Nº VOL	PRES.
Ma (2)	14/08 12/10	14 50G 16 00	UT 813	DC8
Q sf Sa Di	01/04 15/07 10/09 31/10	15 00G 16 05	IT 5165 ●	DAM
Q sf Sa Di	16/07 29/07 27/08 09/09	15 00G 16 15	IT 5165 ●	CR3
Q sf Sa Di	30/07 26/08	16 45W 17 50	IT 5613 ●	CRS
Sa Di	01/04 29/07 27/08 31/10	16 45W 17 50	IT 5613 ●	CRS
Q sf Sa Di	01/04 29/07 27/08 31/10	16 45W 17 40	IT 7613 ●	DAM
Di (3)	01/04 31/10	16 50W 18 05	IT 285	AB3
Sa (3)	01/04 31/10	18 40W 20 00	IT 085	CR3
Ve (4)	24/06 29/09	18 40W 20 00	IT 7085 ●	CR3
Ma Me Je Ve	01/04 15/07 09/09 31/10	19 40W 20 35	IT 7713 ●	DAM
Sa	01/04 31/10	20 00W 21 05	IT 5913	CRS
Q sf Sa Di	01/04 15/07 09/09 31/10	20 40W 21 55	IT 065	CR3
Q sf Sa Di	16/07 08/09	20 40W 21 55	IT 5065	CR3
Di	09/07 08/09	20 40W 21 55	IT 5065	CR3
Di	01/04 08/07 09/09 31/10	20 40W 21 55	IT 5769	CR3
Q sf Ve Sa	01/04 28/07 25/08 31/10	21 35W 22 30	IT 5813	DAM
Ve	01/04 15/07 09/09 31/10	21 35W 22 30	IT 5813	DAM
Q sf Ve Sa	29/07 24/08	21 35W 22 40	IT 5813	CR3
Ve	16/07 08/09	21 35W 22 40	IT 5813	CR3
Lu (3)	01/04 31/10	22 05G 23 25	IT 385	CR3

1. Quel vol allez-vous prendre? _____

_____

2. De quel aéroport allez-vous partir? _____

_____

3. A quelle heure devez-vous partir? _____

_____

4. Combien de temps dure le vol? _____

_____

✦ **D. Et vous?** Donnez votre réponse, en utilisant les nouvelles expressions du chapitre.

1. Avez-vous déjà des neveux? _____

_____

2. Prenez-vous toujours du vin au petit déjeuner? _____

_____

3. Qui dans votre classe parle turc? _____

_____

4. Voyez-vous quelque chose d'intéressant en ce moment? Quelqu'un d'intéressant? _____

_____

5. Quand espérez-vous partir à l'étranger? _____

_____

◆ **E.** Racontez quelques événements importants de votre vie. Essayez d'employer les verbes suivants au passé composé. Donnez autant de détails que possible (où, quand, avec, qui, pourquoi, etc.).

1. naître _____

_____

2. entrer à l'école _____

_____

3. faire un voyage _____

_____

4. déménager (*to move*) _____

_____

5. quitter ma famille _____

_____

6. rester _____

_____

7. retourner _____

_____

Le monde francophone

A. France-culture. Répondez selon le commentaire culturel à la page 239 de votre livre.

1. En France, prendre le train est

   a. très pratique

   b. peu pratique

2. Les chemins de fer (*railroads*) français sont contrôlés

   a. par une entreprise privée

   b. par le gouvernement

   c. par le Conseil de l'Europe

3. Les passagers peuvent réserver une couchette dans le train

   a. pour dormir

   b. pour prendre un bon repas

4. Il y a des billets

    a. de 1ère, 2ème et 3ème classes

    b. de 1ère et 2ème classes

    c. d'une classe seulement

5. Le TGV est

    a. un train express qui traverse l'Europe entière

    b. un train très rapide

    c. un supplément à payer pour réserver une place dans le train

B. Invitation au voyage. Lisez cette annonce publicitaire, puis répondez aux questions.

a. *lovers*
b. *dedicated*

1. De quelle ville est-il question dans la publicité? _____
   _____

2. Qu'est-ce que cette publicité vous invite à faire? _____
   _____

3. Doit-on partir en train ou en avion? _____

4. Combien coûte un billet? _____ Est-ce cher ou bon marché? _____

5. Quels sont les personnages rendus célèbres par Berlioz, Gounod et Prokofiev? _____

6. Qu'est-ce qui attire (*What attracts*) les touristes dans cette ville? _____

7. De quelle ville part le vol? _____

Journal intime

- Décrivez un voyage que vous avez fait.
- Où êtes-vous allé(e)?
- Avec qui?
- A quel moment?
- Pour quelles raisons?
- Qu'est-ce que vous avez fait de mémorable?
- Qu'avez-vous appris?
- Mentionnez aussi deux ou trois endroits que vous avez envie de visiter et expliquez pourquoi.

Vue d'ensemble: Chapitres 7 à 9

A. Arnauld et Régine parlent des restau-u. Complétez leur discussion avec des adjectifs démonstratifs.

ARNAULD: _____¹ tarte aux abricots est excellente. Tu veux la goûter?

RÉGINE: Merci, je déteste _____² abricots en conserve. Pourquoi est-ce que _____³ cafétéria ajoute toujours _____⁴ fruits médiocres aux desserts?

ARNAULD: On veut te rendre malade, sans doute. Mais goûte! _____⁵ dessert est vraiment extraordinaire.

RÉGINE: N'insiste pas, s'il te plaît. _____⁶ crème et _____⁷ noix (*nuts*) ne sont pas du tout appétissantes. Passe-moi plutôt de _____⁸ gâteau au moka.

- Qui aime bien les desserts aux fruits? _____

B. Remèdes. Les personnes suivantes ont de petits problèmes. Proposez une solution logique.

MODÈLE: La maison de Madame Lecoq est complètement en désordre après sa soirée de samedi dernier. Que doit-elle faire? → Elle doit faire le ménage.

1. Deux amies ont préparé un dîner délicieux. Maintenant leur cuisine est remplie d'assiettes et de tasses sales. Que doivent-elles faire? _____

   _____

2. Vous avez besoin de faire un peu d'exercice physique, mais vous n'avez pas d'équipement. Que pouvez faire? _____

   _____

3. Vos parents sont curieux parce que vous avez un nouveau petit ami (une nouvelle petite amie). Que veulent-ils faire? _____

   _____

4. Vous avez des devoirs à faire pour votre cours d'anglais de demain. Mais il est neuf heures du soir. Que devez-vous faire? Que voulez-vous faire? _____

   _____

5. Vous avez perdu votre sac à dos et votre portefeuille (*wallet*) avec cinquante dollars. Que
pouvez-vous faire? Qu'allez-vous faire? _____

_____

C. Faites votre choix. Votez pour quelqu'un dans votre classe de français. Nommez un étudiant (une
étudiante) de votre classe dans chaque phrase.

MODÈLE: bon / sérieux / étudiant → Marie Smith est une bonne étudiante sérieuse.

1. jeune / sympathique / homme _____

_____

2. enthousiaste / petit / femme _____

_____

3. intéressant / nouveau / étudiant _____

_____

4. jeune / sociable / homme _____

_____

5. intelligent / gentil / étudiante _____

_____

D. Jules et Laurette parlent de leurs études de langues étrangères. Complétez leur conversation avec
pendant, depuis ou **il y a.**

JULES: _____[1] quand fais-tu du russe?

LAURETTE: J'ai commencé _____[2] trois ans, en quatrième.

JULES: Et _____[3] ce temps-là tu étudies avec M. Lansky?

LAURETTE: Non, j'ai débuté avec Mlle Makarova. Je suis dans le cours de M. Lansky

_____[4] un an seulement.

JULES: Et comment le trouves-tu? Je le connais _____[5] deux ans déjà, et je le

trouve vraiment formidable.

LAURETTE: Oui, il est vraiment bien. Je vais continuer à étudier avec lui _____[6]

deux ans avant d'entrer à l'université.

• Une question: Depuis combien d'années Laurette étudie-t-elle le russe?

_____[7]

E. Consultez le «Climat pour vos voyages», tiré du journal *Le Figaro*. Puis ajoutez les prépositions qui manquent à cet article et choisissez les meilleures réponses parmi les mots en italique.

CLIMAT POUR VOS VOYAGES

- **Première colonne** : temps à 13 heures (heure de Paris), le 22 mars. (S : soleil ; N : nuageux ; C : couvert ; P : pluie ; A : averse ; O : orage ; B : brouillard ; * : neige.)
- **Deuxième colonne** : température à 7 heures (heure de Paris), le 22 mars.
- **Troisième colonne** : température à 13 heures (heure de Paris), le 22 mars.

Étant donné l'important décalage horaire entre Paris et certaines stations étrangères (celles d'Extrême-Orient en particulier), les températures qui y sont relevées à 7 heures (heure de Paris) peuvent être parfois supérieures à celles relevées à 13 heures (heure de Paris).

FRANCE

Ajaccio	N	7	16
Biarritz	N	12	17
Bordeaux	P	11	14
Brest	A	11	10
Cherbourg	C	9	11
Clermont-F.	N	10	13
Dijon	A	10	13
Dinard	P	10	11
Embrun	N	7	11
Grenoble	N	10	17
La Rochelle	C	11	12
Lille	P	9	11
Limoges	C	10	10
Lorient	N	11	14
Lyon	N	11	17
Marseille	N	12	16
Nancy	A	10	14
Nantes	P	12	13
Nice	N	12	15
Paris	P	12	13
Pau	N	11	16
Perpignan	N	10	17
Rennes	P	11	13
Rouen	C	9	12
St-Étienne	P	10	14
Strasbourg	N	10	13
Toulouse	N	8	17
Tours	P	11	13

EUROPE

ILES BRITANNIQUES

Brighton	P	9	10
Edimbourg	A	4	4
Londres	C	10	13
Cork	S	3	8
Dublin	N	4	8

ALLEMAGNE - AUTRICHE

Berlin	C	–	14
Bonn	P	–	13
Hambourg	C	–	14
Munich	C	–	15
Vienne	–	–	–

BENELUX

Luxembourg	C	5	10
Bruxelles	C	8	13
Amsterdam	C	8	13

ESPAGNE - PORTUGAL

Bercelone	S	11	17
Las Palmas	C	18	25
Madrid	N	6	17
Marbella	S	15	22
Palma de Maj.	N	7	18
Séville	S	13	21
Lisbonne	C	15	17
Madère	C	17	19
Porto	C	14	14

ITALIE

Florence	N	10	15
Milan	C	11	16
Naples	S	9	22
Olbia	C	11	12
Palerme	C	14	23
Reggio Cal.	S	14	18
Rimini	C	10	13
Rome	N	9	18

GRÈCE - TURQUIE

Athènes	N	12	19
Corfou	N	13	16
Patras	S	10	18
Rhodes	S	14	17
Salonique	N	6	16
Ankara	S	–1	15
Istanbul	S	10	16

PAYS NORDIQUES

Copenhague	C	0	7
Helsinki	S	3	5
Oslo	S	–4	5
Stockholm	S	2	10

SUISSE

Bâle	C	10	15
Berne	C	10	13
Genève	–	10	15

C.E.I.

St-Pétersbrg	C	1	3
Moscou	P	2	3
Odessa	C	5	7

CROATIE - SERBIE

Belgrade	S	6	23
Dubrovnik	–	–	–

RESTE DU MONDE

AFRIQUE DU NORD

Agadir	C	15	23
Alger	S	14	20
Casablanca	N	15	19
Djerba	–	–	–
Marrakech	C	15	23
Tunis	–	–	–

AFRIQUE

Abidjan	S	24	29
Dakar	S	20	25
Le Cap	S	19	23

PROCHE-ORIENT

Beyrouth	S	14	17
Eilat	S	15	25
Le Caire	S	12	21

ÉTATS-UNIS - CANADA

Boston	C	4	4
Chicago	*	1	1
Houston	–	16	–
Los Angeles	C	16	16
Miami	C	21	21
New York	S	4	3
Nouv.-Orléans	C	16	16
San Francisco	S	12	11
Montréal	S	–1	–3

CARAIBES

Ft-d.-France	S	23	26
Pte-à-Pitre	C	22	23
San Juan	N	24	25

EXTRÊME-ORIENT

Bangkok	C	30	30
Hongkong	–	–	–
Pékin	N	15	12
Singapour	C	31	28
Tokyo	S	14	11

AMÉR. CENTR. ET SUD

Acapulco	S	24	20
Buenos Aires	S	19	18
Cancun	N	22	20
Lima	C	21	20
Mexico	–	–	–
Rio de Jan.	–	–	–
Santiago	S	13	12

PACIFIQUE

Papeete	S	28	26

1. La deuxième colonne donne la température _____ Paris à sept heures du <u>soir</u> / <u>matin</u>. 2. _____ Chicago il <u>neige</u> / <u>pleut</u>. 3. _____ Abidjan _____ Afrique il fait <u>chaud</u> / <u>froid</u>. 4. Il gèle (*It's freezing*) dans <u>six</u> / <u>trois</u> villes du monde. 5. _____ Fort-de-France aux Caraïbes on est <u>bien</u> / <u>mal</u> dans un maillot de bain. 6. _____ Italie il fait <u>beau</u> / <u>mauvais</u>, surtout _____ Palerme. 7. _____ France il fait surtout <u>nuageux</u> / <u>beau</u>. 8. _____ Suisse, dans les grandes villes on <u>peut</u> / <u>ne peut pas</u> faire du ski. 9. _____ Portugal il fait <u>frais</u> / <u>froid</u>. 10. _____ Allemagne il va probablement <u>neiger</u> / <u>pleuvoir</u>.

F. Moments mémorables de la vie de Paul et Paulette. Lisez bien les phrases avant de choisir les verbes.

MODÈLE: (grandir [*to grow up*]/naître) → Ils sont nés en 1892 et ils ont grandi aux États-Unis.

1. (tomber / grandir) Ils _____ d'un arbre un jour mais ils _____ sans autre incident.

2. (sortir / voir) Ils _____ un soir avec des amis et ils _____ le président des États-Unis.

3. (louer / entrer) La mère de Paul et de Paulette _____ un

   appartement pour ses enfants quand ils _____ à l'université.

4. (faire / partir) Ils _____ un héritage en 1911 et ils

   _____ en Europe.

5. (rester / descendre) Ils _____ à l'hôtel Georges V à Paris, puis ils

   _____ à Nice.

6. (passer / nager) Ils _____ par Nice où ils

   _____ dans la Méditerranée.

G. Complétez les paragraphes de façon logique avec le vocabulaire donné.

1. Vous étiez au régime (*on a diet*) la semaine passée. (sortir au restaurant / essayer de manger
   beaucoup de légumes / boire de l'eau / prendre de l'exercice) _____ *Vous n'êtes*
   pas sorti au restaurant. Vous avez essayé de
   manger beaucoup de légumes ... _____

   _____

2. Chantal avait très mal à la tête hier soir. (dormir / prendre de l'aspirine / perdre patience /
   aller au cinéma) _____

   _____

   _____

   _____

3. Fleurette et Blandine, qui sont très conservatrices, sont venues vous voir hier soir. (arriver à
   l'heure / prendre du whisky / essayer les escargots / rester après minuit) _____

   _____

   _____

   _____

Name _____ Date _____ Class _____

CHAPITRE **DIX**

Bonnes nouvelles

Étude de vocabulaire

A. Communications. Associez chaque mot avec sa définition.

1. _____ On y achète des timbres.

2. _____ On y trouve des magazines.

3. _____ On cherche un numéro de téléphone dans ce livre.

4. _____ Ce qu'on fait pour téléphoner.

5. _____ Ce que nous faisons des lettres que nos amis nous
écrivent.

6. _____ On en a au moins cinq en France, plus si on a le
cable.

7. _____ C'est ici qu'on poste les lettres.

8. _____ On regarde cette partie du journal si on cherche du
travail.

a. les petites annonces
b. l'annuaire
c. les lire
d. la boîte aux lettres
e. le kiosque
f. les chaînes
g. la poste
h. composer le numéro

B. Des verbes pour communiquer. Complétez le tableau.

	dire	lire	écrire	mettre	décrire
nous					
tu					
on					
vous					
les petits					
je					

C. Complétez chaque phrase avec la forme appropriée d'un des verbes indiqués, puis répondez aux questions.

Le plaisir de lire. Un professeur d'université parle de ses préférences en lectures. Utilisez lire, mettre ou décrire.

Dans mon métier de professeur, je suis obligée de _____[1] pendant une grande partie de la journée. Mais j'aime surtout _____[2] des romans policiers (*detective novels*) quand j'ai du temps libre.

Mon mari et moi, nous _____[3] toujours deux ou trois livres à côté de notre lit, et tous les soirs je _____[4] pendant une demi-heure avant de m'endormir. Comme il est souvent fatigué, mon mari ne _____[5] que trois ou quatre minutes, surtout quand l'auteur _____[6] une scène trop longuement.

- Aimez-vous lire au lit? _____
- Quels livres ou magazines avez-vous lus récemment? _____

_____

Correspondances. Utilisez écrire, décrire ou mettre.

En France, c'est une tradition d'_____[1] à tous ses amis au début du mois de janvier pour leur souhaiter (*to wish*) une bonne année. On _____[2] ses activités de l'année et on envoie ses meilleurs vœux (*best wishes*). Il y a des personnes qui _____[3] très longuement, mais d'autres envoient une carte où elles _____[4] seulement leur nom.

Aux États-Unis, nous avons une tradition semblable, mais nous _____[5] à Noël. Au lieu d'envoyer une carte, certaines personnes _____[6] une lettre photocopiée dans une enveloppe et l'envoient à tous leurs amis.

- Que pensez-vous des lettres photocopiées? Commentez. _____

_____

D. Voici la table des matières d'un des principaux journaux français, *Le Monde*. À quelle page les personnes suivantes vont-elles ouvrir leur journal?

Le Monde

POLITIQUE	SOCIÉTÉ	ECONOMIE	SERVICES
8 La fin du voyage de M. Mitterrand en Basse-Normandie.	**33** Le procès de Klaus Barbie.	**37** Les états généraux de la Sécurité sociale.	Radio-télévision 30
– Le débat sur le mécénat à l'Assemblée nationale.	**34** La collision de deux pétroliers sur la basse Seine.	**38** M. Chirac conteste l'importance des hausses de loyers.	Annonces classées . 14 à 17
10 Le testament culturel de M. Philippe de Villiers.	**35** Le rapport de la commission d'enquête sur les manifestations étudiantes de décembre 1986.	**39** La reprise de Lesieur-Cotelle par Henkel.	Météorologie 30
32 Communication.	**31** Tennis : les Internationaux de Grande-Bretagne.	**39** La réunion de l'OPEP à Vienne.	Mots croisés 30
		42-43 Marchés financiers.	Carnet 31
			Loterie nationale 31
			Expositions 27
			Spectacles ...... 28 et 29

1. M. Timon a acheté un billet de loterie et veut savoir les résultats. _____

2. Mme Renaud a investi sa grande fortune en actions (*stocks*). _____

3. Mlle Didier a participé aux manifestations (*demonstrations*) étudiantes en 1986. _____

4. M. Sarraute s'intéresse à tous les voyages du président de la République. _____

5. Ghislaine Chirac veut acheter une voiture d'occasion, peut-être une Renault de 1985 ou 1986. _____

6. Jacques veut savoir (*to know*) quel temps il va faire demain soir. _____

✦7. Et vous? _____ Pourquoi? _____
_____

Quelles sont les rubriques (*newspaper sections*) américaines que vous ne trouvez pas ici? _____
_____

E. Les nouvelles technologies. Donnez une légende aux dessins suivants, puis répondez à la question.

MODÈLE:  une télécarte

1. _____   2. _____

3. _____   4. _____

5. _____   6. _____

7. _____   8. _____

• Quelle forme de communication utilisez-vous le plus? Commentez. _____

_____

_____

Étude de grammaire

33. DESCRIBING THE PAST
The *imparfait*

A. Le professeur est arrivé cinq minutes en retard. Que faisaient les étudiants quand il est entré dans la salle de classe? Complétez les phrases selon le modèle, puis encerclez le nom de l'étudiant(e) ayant le moins de (*the least*) patience.

MODÈLE: (regarder sa montre) → Paul et Paule regardaient leur montre.

1. (finir ses devoirs) Françoise _____

_____

2. (dormir) François _____

_____

3. (mettre ses affaires sous sa chaise) Simone _____

_____

4. (lire le journal) Michel et Robert _____

_____

5. (sortir) Patrice _____

_____

6. (penser partir) Nous _____

_____

7. (prendre sa place) Claudine _____

_____

8. (écrire au tableau) Pierre et Janine _____

_____

9. (être à côté de la porte) J' _____

_____

B. «Quand j'avais ton âge... » Complétez les phrases du grand-père.

MODÈLE: je / réussir à mes examens → Je réussissais à mes examens.

1. mon père / travailler douze heures par jour _____

_____

2. ma mère / commencer à faire le ménage à sept heures du matin _____

_____

3. nous / ne... pas avoir beaucoup d'argent _____

_____

4. ... mais nous / être / heureux _____

_____

5. on / aller à pied à l'école _____

_____

✦Maintenant, donnez trois commentaires que vous entendiez souvent quand vous étiez petit(e).

6. Mon oncle (Ma tante) disait que _____

7. Ma mère disait que _____

8. _____ disait que _____

C. **Créez une atmosphère.** Vous êtes romancier/romancière (*novelist*) et vous commencez un nouveau livre. Vous avez déjà composé le paragraphe suivant:

Il est huit heures du matin. De ma fenêtre, je vois le kiosque de la rue de la République. Les rues sont pleines de gens* qui vont au travail. Un groupe d'hommes attend l'autobus. Un autre groupe descend dans la station de métro. Près d'une cabine téléphonique un homme lit le journal et une jeune femme met des enveloppes dans une boîte aux lettres. À la terrasse du café, les garçons servent du café et des croissants. Il fait chaud. Je suis content(e).

Mais non! Vous n'êtes pas satisfait(e). Recommencez. Mettez le paragraphe à l'imparfait: «Il était... »

_____

_____

_____

_____

_____

_____

_____

_____

✦Mais vous n'êtes toujours pas satisfait(e). Essayez encore une fois. Créez une atmosphére sombre et mystérieuse. Commencez par: «Il était onze heures du soir...». Adaptez l'histoire à la nouvelle heure.

_____

_____

_____

_____

_____

_____

_____

_____

---

*The French use **les gens** (*m. people*) to refer to an indeterminate number of people (**Ces gens-là sont très polis**). If the number of people can be counted, the French use **les personnes** (**Il y avait dix personnes dans la salle**). One person is always **une personne.**

34. SPEAKING SUCCINCTLY
Direct Object Pronouns

A. Vous êtes le père Noël! Distribuez ces cadeaux à qui vous voulez. (Attention à la préposition!)
Puis expliquez pourquoi.

le monsieur

la dame

les enfants

l'étudiant

Wolfgang

MODÈLE: Des shorts Adidas? →
Je les donne aux enfants parce qu'en général les enfants sont sportifs.

1. Ces livres de cuisine? _____

_____

2. Cet argent? _____

_____

3. Ces cigarettes en chocolat? _____

_____

4. Cette Porsche? _____

_____

5. Ces anciens livres de classe? _____

_____

6. Cette pipe? (fumer = *to smoke*) _____

_____

7. Ces notes de cours? _____

   _____

8. Ce morceau de viande? _____

   _____

B. Pendant une soirée élégante vous entendez ces bribes (morceaux) de conversation. De quoi parle-t-on? Choisissez deux possibilités pour chaque pronom.

mon livre de grammaire	ses amis
ses parents	Laurent
les tee-shirts	la pièce de théâtre
notre ménage	cet exercice
Guy	ce nouveau film
la nouvelle étudiante	tes pyjamas

1. Paul ne les écoute jamais.

   _____ ou

   _____

2. Nous ne voulons pas le faire ce soir.

   _____ ou

   _____

3. Je les ai mis dans ta commode.

   _____ ou

   _____

4. Tout le monde l'adore, mais moi, je le déteste.

   _____ ou

   _____

5. Mes amis l'ont trouvée assez intéressante.

   _____ ou

   _____

6. On essaie de le comprendre, mais ce n'est pas facile.

   _____ ou

   _____

C. Complétez ces conversations avec les pronoms qui manquent.

Une question de goût

FLORETTE: Pourquoi veux-tu sortir avec André?

PÉNÉLOPE: Parce que je _____[1] trouve sympathique. Mais aussi parce qu'il

_____[2] écoute et il _____[3] comprend.

FLORETTE: Et toi, tu _____⁴ comprends? Moi, je _____⁵ trouve

souvent bizarre.

PÉNÉLOPE: C'est vrai. Il _____⁶ surprend (*surprises*) parfois, mais je

_____⁷ trouve charmant quand même (*anyway*).

Maman est curieuse

MAMAN: Avez-vous des nouvelles de Tante Mariette?

LES JUMEAUX (*twins*): Elle _____⁸ a appelés la semaine passée de Londres.

MAMAN: Est-ce qu'elle _____⁹ a invités à venir à Londres cet été?

LES JUMEAUX: Non, mais nous _____¹⁰ avons vue à Noël et nous espérons

_____¹¹ revoir au printemps.

35. TALKING ABOUT THE PAST
Agreement of the Past Participle

Votre ami Georges pense que tout lui appartient. Imaginez une réponse et utilisez un pronom objet direct. Attention aux participes passés.

Suggestions: boire, écouter, emprunter, lire, louer, mettre, regarder

MODÈLE: Qu'est-ce que Georges a fait de notre voiture? → Il l'a empruntée.

1. Qu'est-ce qu'il a fait des vins français de son père? _____

_____

2. Qu'est-ce qu'il a fait des lettres de Madeleine? _____

_____

3. Qu'est-ce qu'il a fait de la chambre de son ami? _____

_____

4. Qu'est-ce qu'il a fait des chaussures de son camarade de chambre? _____

_____

5. Qu'est-ce qu'il a fait des disques de sa voisine? _____

_____

6. Qu'est-ce qu'il a fait de nos photos? _____

_____

36. SPEAKING SUCCINCTLY
Indirect Object Pronouns

A. Test de logique. De quoi parle-t-on?

1. _____ le français
2. _____ la voiture
3. _____ son devoir
4. _____ à sa tante en France
5. _____ sa réponse
6. _____ à son père
7. _____ la Bible
8. _____ à son petit frère
9. _____ à son ennemi
10. _____ à son meilleur ami

a. Marc ne le parle pas.
b. Marc lui prête de l'argent.
c. Marc l'envoie à son hôtesse.
d. Marc lui lit le soir.
e. Marc l'emprunte à son père.
f. Marc ne lui parle pas.
g. Marc ne le prête pas.
h. Marc lui envoie des lettres.
i. Marc la lit tous les soirs.
j. Marc lui emprunte de l'argent.

B. Jouez le rôle d'un philanthrope anonyme et distribuez vos cadeaux. Utilisez un pronom objet indirect.

Suggestions

la clé de ma voiture
un livre de cuisine diététique
des disques français
un voyage en Sibérie
un gros poste de télé
une douzaine d'huîtres
?

des skis
mon numéro de téléphone
une semaine de vacances
50 millions de dollars
une nouvelle robe
un roman d'aventure
?

MODÈLE: À votre professeur de français? → Je lui donne mon numéro de téléphone.

1. Aux enfants d'un champion de ski? _____

_____

2. À votre camarade de chambre? _____

_____

3. À votre grand-mère? _____

_____

4. Au recteur (*president*) de l'université? _____

_____

5. À une très bonne amie? _____

_____

6. À vos camarades de classe? _____
   _____

7. À un ami sportif? _____
   _____

8. Aux gens (*people*) qui préparent les repas au restaurant universitaire? _____
   _____

C. Interview. Vous allez interviewer des gens célèbres. Qu'est-ce que vous allez leur **demander / dire / confesser / expliquer**?

MODÈLE: Bruce Springsteen →
Je vais lui demander s'il veut danser.
ou Je vais lui demander son âge.

1. Sigourney Weaver et Demi Moore _____
   _____

2. le président des États-Unis _____
   _____

3. votre prof de français _____
   _____

4. votre équipe sportive favorite _____
   _____

5. un lauréat du prix Nobel en physique _____
   _____

✦**D.** Vous êtes l'ami idéal (l'amie idéale). Vous êtes absolument parfait(e). Que faites-vous pour vos ami(e)s? Attention à la distinction entre le complément d'objet direct et d'objet indirect.

Je fais tout pour mes ami(e)s. Je leur écris quand je pars en vacances. _____
_____
_____
_____
_____
_____
_____
_____

Mise au point

A. Un récit. La mère de Monique lui raconte la période de l'après-guerre (*postwar period*) à Clermont-Ferrand (Auvergne). Choisissez un des verbes de la liste à droite pour compléter chaque phrase à l'imparfait.

J'_____¹ encore très jeune;

j'_____² seulement sept ans, mais mes souvenirs

de cette époque-là sont encore très vifs (*vivid*). Mon père

n'_____³ pas encore à la maison; il

_____⁴ toujours à l'armée. Mais après la Libération, il

nous _____⁵ beaucoup. J'_____⁶

ses lettres avec impatience. Il _____⁷ bientôt rentrer

chez nous.

écrire
habiter
aller
avoir
être (2 fois)
attendre

La vie _____⁸ difficile. Il n'y

_____⁹ pas toujours assez à manger. Nous

_____¹⁰ certaines choses sur le marché noir à des

prix exorbitants. Mais les fermiers (*farmers*) _____¹¹

peu à peu à vendre leurs produits au marché de la ville. Aux repas,

nous _____¹² de nouveau (*once again*) du beurre,

de la viande et du poisson.

commencer
manger
acheter
avoir
être

Les habitants de la ville _____¹³ de nouveau

dans les usines (*factories*) qui _____¹⁴ des choses

ordinaires—choses qui n'_____¹⁵ pas de rapport

avec la guerre: vêtements, meubles, pneus (*tires*) de voitures privées.

Ils _____¹⁶ des salaires suffisants. Le week-end,

nous _____¹⁷ sortir à la campagne en toute liberté.

Nous _____¹⁸ des pique-niques et nous

_____¹⁹ avec nos amis.

faire
pouvoir
fabriquer (*to make*)
gagner
avoir
travailler
jouer

B. Lisez la lettre suivante, puis répondez aux questions.

Cameyrac, le 8-05-94

Chère Lora,

Je m'appelle Vanina, j'ai seize ans et c'est chez moi que tu viens cet été. Ta lettre nous a fait plaisir, elle nous a permis de te connaître un petit peu. Je ne t'ai pas écrit avant car j'étais en Espagne, à Madrid, avec le lycée.

Moi, je suis en seconde au lycée et il me reste deux ans avant d'aller à l'université. Cela fait cinq ans que j'étudie l'anglais et j'aimerais bien aller aux Etats-Unis. Je pense que je vais y aller l'année prochaine. Ma mère a passé un mois en Nouvelle-Angleterre et elle m'a beaucoup parlé de cette région. J'aimerais aller là, moi aussi.

Dans ta lettre, tu nous dis que tu fais beaucoup de sport. Moi, je fais un peu de golf et de la G.R.S (gymnastique rythmique et sportive).

J'adore faire les magasins et aller à la plage. J'aime aussi le cinéma et le théâtre mais surtout les livres.

J'espère que tu aimes l'océan et que tu aimes te baigner car nous avons de très belles plages sur la côte Atlantique...

Nous t'attendons avec impatience...

Je t'embrasse, Vanina

1. Encerclez les pronoms objets. Combien en avez-vous trouvé? _____

2. Qu'est-ce que vous avez appris sur Lora dans cette lettre? _____

   _____

   _____

3. Quelles activités voudriez-vous faire avec Vanina? _____

   _____

   _____

C. Voici deux sortes de timbres-poste. Regardez-les et répondez aux questions.

1. Combien a-t-on payé pour envoyer cette lettre? _____

   _____

2. Quel jour l'a-t-on envoyée? _____

   _____

3. Combien coûte chaque timbre? À peu près 3$, .60$, ou .34$? _____

   _____

4. Qui est commémoré par ce timbre? _____

   _____

5. Qu'est-ce qui s'est passé (*happened*) en 1917? _____

   _____

Le monde francophone

A. France-culture. Dans votre livre (page 269) on parle de la télévision en France et de ce qu'on voit d'habitude sur chaque chaîne. Regardez ces extraits du magazine *VSD* et décidez quelle liste correspond aux programmes de Canal +, M6 et FR3.

1. _____ 2. _____ 3. _____

8. Victor. *Leçon d'anglais.* **8.15** Amuse 3. Graine d'ortie. *Feuilleton avec Yves Coudray (8ᵉ ép.).* Boumbo. Les papas. Petit ours brun. **9.** Espace 3. Ouverture de l'antenne aux entreprises et aux associations. **12.** 12/14. *Télévision régionale.* **14.** Génies en herbe. *Jeu présenté par Patrice Drevet.* **14.30** Fastoche ou le plaisir d'apprendre. *Télévision scolaire.* **15.30** Thalassa. *Magazine (rediffusion).* **16.** Sports loisirs. *Magazine de Bernard Pero.* Championnat de France de cross. La croisière blanche. Golf triangulaire. **17.** Flash. **17.05** Samdynamite. *Divertissement présenté par Brenda et le dragon Denver.* Goldie. Les Aventures d'une famille ours. Boulevard des toons. Maguilla le gorille. Le cheval de feu. Et un épisode de la série américaine « Le Vagabond ». **19.** 19/20. *Magazine de l'information.* **19.10** Actualités régionales. **19.30** 19-20 *(suite).* **19.55** Il était une fois la vie. *Dessin animé :* **Les hormones.** **20.05** La Classe. *Divertissement animé par Fabrice.*

6. Dessins animés. **6.20** Boulevard des clips. **8.30** Contact 6. **8.45** Boulevard des clips. **9.** Clip dédicace. *Une série de clips présentés par Laurent Boyer.* **10.30** M6 boutique. **11.** Zap 6. *Jeu-concours.* **11.55** Infoprix. **12.** Flash. **12.05** Capital. *Présenté par Emmanuel Chain.* **12.10** Turbo. *Magazine de l'automobile de Dominique Chapatte.* **12.40** La Petite Maison dans la prairie. *Série avec Michael Landon.* **13.30** L'Incroyable Hulk. *Série.* **14.20** Section IV. *Série américaine avec Steve Forrest, Robert Urich.* **15.10** Hexagone 60-80. **16.20** Hit, hit, hit, hourra ! **16.30** Hit 92. *Actualité du disque présentée par Nagui.* **17.30** Adventure. *Magazine de l'aventure présenté par Christopher Reeve.* **18.** Flash. **18.05** Brigade de nuit. *Série américaine avec Scott Hylands.* **19.** Les Envahisseurs. *Série américaine avec Roy Thinnes :* **Vikor.** **19.54** Flash. **20.** Cosby Show. *Comédie américaine.*

7. Décode pas Bunny. *Dessins animés.* **8.25** T.N.T. *Série canado-américaine.* **8.45** Cabou Cadin. **9.** Adieu, mon salaud. *Film policier américain. Avec Robert Mitchum (2ᵉ dif.).* **10.40** La Maison assassinée. *Film de Georges Lautner (1987).* **Emissions diffusées en clair :** **12.30** Rapido. *Magazine d'Antoine de Caunes.* **13.** Flash. **13.05** Cinémode. *Magazine.* **Fin des émissions en clair.** **14.** Double Trahison. *Téléfilm américain.* **15.30** Handball. **U.S. Créteil/Crvenka (Yougoslavie).** **17.** Basketball américain. **Atlanta/Los Angeles.** **17.55** Sport flash. **18.** En route vers le sud. *Western américain de Jack Nicholson (1979). (2ᵉ dif.).* **Emissions diffusées en clair :** **19.45** Flash. **19.50** Ça cartoon ! *Dessins animés.* **Fin des émissions en clair.** **20.25** Tranches de l'art.

✦• Quelles émissions de télévision aimez-vous regarder?

Dites pourquoi _____

_____

_____

B. La télévision. Voici un sondage (*survey*) qui analyse les préférences des Français en ce qui concerne la télévision. Lisez les résultats et répondez aux questions.

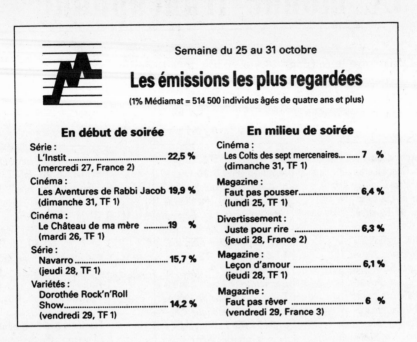

Semaine du 25 au 31 octobre

Les émissions les plus regardées

(1% Médiamat = 514 500 individus âgés de quatre ans et plus)

En début de soirée

Série :
L'Instit .... **22,5 %**
(mercredi 27, France 2)

Cinéma :
Les Aventures de Rabbi Jacob **19,9 %**
(dimanche 31, TF 1)

Cinéma :
Le Château de ma mère ....**19** %
(mardi 26, TF 1)

Série :
Navarro .... **15,7 %**
(jeudi 28, TF 1)

Variétés :
Dorothée Rock'n'Roll
Show .... **14,2 %**
(vendredi 29, TF 1)

En milieu de soirée

Cinéma :
Les Colts des sept mercenaires......... **7** %
(dimanche 31, TF 1)

Magazine :
Faut pas pousser .... **6,4 %**
(lundi 25, TF 1)

Divertissement :
Juste pour rire .... **6,3 %**
(jeudi 28, France 2)

Magazine :
Leçon d'amour .... **6,1 %**
(jeudi 28, TF 1)

Magazine :
Faut pas rêver .... **6** %
(vendredi 29, France 3)

1. On regarde plus (*more*) la télévision <u>à 20 heures</u> / <u>à 23 heures</u>.

2. Les gens préfèrent regarder la chaîne <u>TF 1</u> / <u>France 2</u>.

3. Les deux types d'émissions préférées sont <u>les séries</u> / <u>les magazines</u> / <u>les films</u>.

4. L'émission regardée par le plus grand nombre de personnes est _____

   _____

 # Journal intime

Première partie: Décrivez comment vous passiez l'été quand vous étiez à l'école primaire. Donnez autant de détails que possible.

- Alliez-vous quelquefois en colonie de vacances (*summer camp*) ou restiez-vous à la maison?
- Que faisiez-vous le matin? l'après-midi? le soir?

Rappel: On utilise l'imparfait pour parler des actions habituelles au passé, et le passé composé pour indiquer qu'une action a eu lieu une fois.

Deuxième partie: Maintenant décrivez (au passé composé) un voyage que vous avez fait l'été passé.

CHAPITRE ONZE

La vie urbaine

Étude de vocabulaire

A. En ville. Regardez bien le plan de la ville. Puis complétez le paragraphe en utilisant un seul mot par espace.

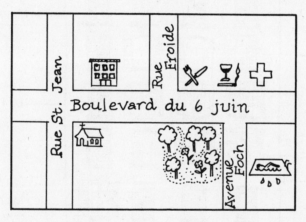

L'église Saint-Jean est au _____[1] de la rue. Si on descend le Boulevard

du 6 juin en direction de la piscine, on trouve la mairie à _____[2] On

_____[3] la rue Froide, et on passe devant un restaurant et des magasins.

En _____[4] du restaurant, il y a un parc. On prend la première rue à

_____[5] pour aller à la piscine.

B. Les endroits importants. Où doit-on aller?

1. En France, si on ne possède que des dollars, on cherche tout de suite un bureau de change ou

   une _____.

2. Quand on n'habite pas au bord de la mer ou d'un lac, et si on a envie de nager, on doit aller

   à la _____.

3. Pour obtenir un passeport et pour régler toutes sortes d'affaires on est obligé d'aller à la

   _____.

4. Quand on a besoin de médicaments, on cherche une croix (*cross*) verte. On achète de l'aspirine

   dans une _____.

5. Les touristes qui ont des difficultés à trouver une chambre pour la nuit vont au

   _____.

6. En cas d'urgence ou simplement pour demander des renseignements (*information*), on cherche

   un agent de police au _____.

C. Vous distribuez des invitations pour une fête dans le quartier aux personnes de votre immeuble. Il n'y a que le nom de famille sur les enveloppes. Regardez le dessin et décidez où vous allez laisser (*to leave*) chaque invitation. (Remarquez que le **premier étage** correspond au *second floor* en anglais.)

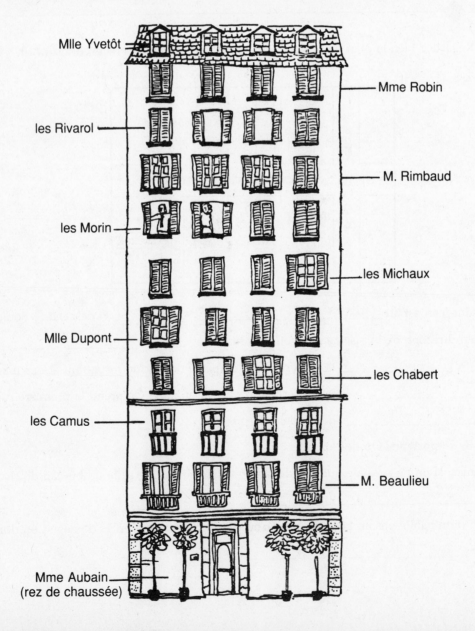

MODÈLE: Les Morin habitent au sixième étage.

1. Les Chabert _____

2. M. Beaulieu _____

3. Mlle Dupont _____

4. Les Rivarol _____

5. M. Rimbaud _____

6. Les Camus _____

7. Mme Aubain _____

8. Les Michaux _____

9. Mme Robin _____

10. Mlle Yvetot _____

Étude de grammaire

37. DESCRIBING PAST EVENTS
The *passé composé* versus the *imparfait*

A. Toute une journée de moments embêtants (*annoying*). Mettez les verbes au passé composé ou à l'imparfait selon le cas. Attention à la logique des phrases.

MODÈLE: (téléphoner / être) → J'<u>étais</u> sous la douche (*shower*) quand vous <u>avez téléphoné.</u>

(parler / entrer) En cours ce matin on _____¹ du professeur

quand il _____² (penser / poser) Au moment où

_____³ sa première question, je (j') _____⁴

aux prochaines vacances et je n'ai pas pu répondre. (parler / perdre) Je (J')

_____⁵ devant tout le monde quand je (j')

_____⁶ ma voix. Quel désastre!

Le soir nous sommes sortis, Arnaud et moi. (arrêter / conduire) Je (J')

_____⁷ la voiture de ma mère quand un agent de police me (m')

_____⁸ pour avoir brûlé un feu rouge (*run a red light*). (sortir / arriver)

Plus tard, nous _____⁹ chez les Dufort au moment où ils

_____.¹⁰ Mais ils nous ont invités à entrer. (tomber / servir)

Pendant que Madame Dufort _____¹¹ les boissons, je (j')

_____¹² malade. Quelle journée!

✦ • Racontez un moment embêtant (embarrassant) que vous avez vécu. _____

_____

_____

B. Souvenir d'enfance. Mettez les verbes de cette petite histoire au passé composé ou à l'imparfait. Ensuite répondez aux questions.

Quand j'_____¹ (être) enfant, j'_____² (avoir)

un chien noir que j'_____³ (aimer) beaucoup. Un jour il

_____⁴ (quitter) la maison et quand je (j')

_____⁵ (revenir) de l'école, il _____⁶ (ne pas

être) là. Je l'_____⁷ (appeler), je (j') _____⁸

(aller) chez nos voisins pour essayer de le retrouver (*find*).

Ma mère _____⁹ (téléphoner) à la police, mais

nous _____¹⁰ (ne pas réussir) à retrouver mon chien.

J'_____¹¹ (être) très triste et le soir, je (j')

_____¹² (refuser) de dîner. Enfin, vers dix heures

du soir, mon père _____¹³ (entendre) du bruit à la porte. Nous y

_____¹⁴ (aller) et nous _____¹⁵ (voir)

notre chien qui _____¹⁶ (attendre) devant la porte. Nous

_____¹⁷ (être) tous heureux de le revoir.

• Pourquoi l'enfant de l'histoire était-il triste? _____

_____

✦ • Quel animal aviez-vous quand vous étiez petit(e)? Décrivez-le brièvement (*briefly*). _____

_____

C. Les Trois Ours (*The Three Bears*). Complétez l'histoire en mettant les verbes au passé composé où à l'imparfait.

Il était une fois (*Once upon a time, there were*) trois ours qui _____¹

(habiter) une petite maison au fond de la forêt. Un jour la maman ours

_____² (préparer) de la soupe, mais parce qu'elle

_____³ (être) trop chaude, les ours _____⁴

(décider) de faire une petite promenade.

Pendant leur absence, une petite fille qui s'_____⁵ (appeler) Boucles

d'or et qui _____⁶ (faire) aussi une promenade,

_____⁷ (voir) la maison et _____⁸ (entrer).

Elle _____ [9] (être) fatiguée et elle _____ [10] (essayer) les trois chaises des ours. Comme elle _____ [11] (avoir) très faim, elle _____ [12] (goûter) la soupe du papa ours, mais elle était trop chaude. La soupe de la maman ours _____ [13] (être) trop froide, mais la soupe du bébé ourson était parfaite, et Boucles d'or _____ [14] (dévorer) tout ce qu'il y avait dans le bol.

Parce qu'elle _____ [15] (avoir) sommeil, Boucles d'or _____ [16] (monter) au premier étage. Elle _____ [17] (essayer) le lit du papa ours, qui était trop dur (hard). Le lit de la maman ours _____ [18] (être) trop mou (soft). Mais le lit du bébé ourson était parfait, et elle _____ [19] (fermer) les yeux tout de suite.

Pendant (while) qu'elle _____ [20] (dormir), les ours _____ [21] (rentrer). Le papa ours _____ [22] (voir) que quelqu'un s'était assis (had sat) sur sa chaise. Le bébé ourson _____ [23] (dire) que quelqu'un avait mangé toute sa soupe. Les ours _____ [24] (monter) au premier étage où Boucles d'or _____ [25] (dormir).

Finissez cette histoire: _____

_____

_____

_____

_____

_____

_____

_____

D. On a eu peur! Traduisez ce passage en français sur une autre feuille de papier.

It was late and it was raining. There was nobody in the streets. Jacques and I were going home, along (**le long de**) the boulevard Saint-Michel. Suddenly we heard a noise (**bruit** [m.]) on our right. Someone was coming (**arriver**). We couldn't see anything. I got (**avoir**) scared.

Then I saw Christophe, a friend from the office. He was bringing me my keys (**clés** [f.]). We were so (**tellement**) happy that we invited him to have dinner with us.

E. Reconstituez chaque paragraphe. Mettez les phrases dans le bon ordre en utilisant **d'abord, puis, ensuite** et **enfin.**

1. **La gourmandise** (*gluttony*): Nous sommes rentrés chez nous aussi vite que possible. Elle nous a donné notre boîte (*package*). Nous avons choisi la pâtisserie la plus appétissante. Nous avons payé la boulangère. _____

   _____

   _____

   _____

   _____

2. **Une question difficile:** Il a compris le sens. Il l'a relue trois ou quatre fois. Gilles a lu lentement (*slowly*) la question sans la comprendre. Il a écrit sa réponse. _____

   _____

   _____

   _____

   _____

38. SPEAKING SUCCINCTLY
The pronouns *y* and *en*

A. **Problèmes de maths.** Lisez les trois problèmes suivants, tirés d'un manuel scolaire français. Soulignez le pronom **en** chaque fois qu'il apparaît. Ensuite, répondez aux questions.

Addition et soustraction

Quel énoncé?[a]

$$120 - (35 + 48)$$

Lequel des 3 énoncés ci-dessous correspond à cette écriture? _____

1. • En partant à l'école, José a 120 billes.[b] Le matin, il en perd[c] 35; l'après-midi, il en gagne[d] 48.
   Combien de billes lui reste-t-il à la fin de la journée?

2. • Céline a 35 bonbons. Elle en achète 120, puis en donne 48 à sa petite sœur.
   Combien lui en reste-t-il?

3. • Maman est allée au marché. Elle a dépensé[e] 48 francs chez le fromager et 35 francs chez le marchand de légumes.
   Sachant qu'avant[f] de partir elle avait dans son portefeuille[g] un billet de 100 francs et un billet de 20 francs, *combien lui reste-t-il?*

a. *statement*
b. *marbles*
c. *loses*
d. *wins*
e. *spent*
f. *before*
g. *wallet*

B. Questions personnelles. Répondez en utilisant le pronom **y**.

> MODÈLE: Que trouvez-vous dans votre poche (*pocket*) maintenant? →
> J'y trouve de l'argent.

1. Avez-vous dîné au restaurant universitaire hier soir?_____

   _____

2. Êtes-vous déjà allé(e) au Canada? _____

   _____

3. Que faites-vous dans votre chambre? _____

   _____

4. Répondez-vous immédiatement aux lettres de vos amis? _____

   _____

5. Pensez-vous à l'argent quand vous faites vos projets de vacances? _____

   _____

6. Que mettez-vous sur votre bureau? _____

   _____

7. Combien de temps passez-vous chez vos amis chaque semaine? _____

   _____

C. Questionnaire. Répondez par **oui** ou par **non** en utilisant le pronom **en**.

> MODÈLE: Mangez-vous des carottes? →
> Non, je n'en mange pas. (*ou* Oui, j'en mange.)

1. Vos amis ont-ils envie de devenir riches? _____

   _____

2. Avez-vous besoin d'argent pour l'année prochaine? _____

   _____

3. Prenez-vous souvent du jus d'ananas (*pineapple*) le matin? _____

   _____

4. Écrivez-vous parfois des poèmes? _____

   _____

5. Va-t-on encore passer des examens? _____

   _____

D. Complétez avec **y** ou **en**.

Une visite au grand magasin

MARIANE: J' _____[1] suis allée seulement faire du lèche-vitrine (*window shopping*), mais j'ai

   trouvé des parfums extraordinaires dans le rayon (*department*) parfumerie. Il y

   _____[2] avait qui étaient sensationnels.

STÉPHANIE: Tu _____³ as acheté?

MARIANE: Non, c'était bien trop cher. Mais j'espère _____⁴ retourner avec mon père: peut-être qu'il va m'_____⁵ acheter. C'est bientôt mon anniversaire.

En route pour la bibliothèque

RAOUL: Tiens, tu veux venir avec moi à la bibliothèque?

PIERRE: Pourquoi est-ce que tu _____⁶ vas? Tu as du travail?

RAOUL: J'_____⁷ ai un peu, mais je veux aussi prendre quelques romans policiers pour les vacances. Mado m'a dit qu'il y _____⁸ a des nouveaux.

PIERRE: J'_____⁹ ai trois ou quatre à la maison. Je te les passe. Comme ça, tu n'auras pas besoin (*will not need*) de les rendre la semaine prochaine.

RAOUL: Bon, d'accord. Allons-_____¹⁰ tout de suite.

39. SAYING WHAT AND WHOM YOU KNOW
savoir and *connaître*

A. Les experts sur Paris. Utilisez le verbe **savoir** ou **connaître**.

1. Jean _____ comment toucher un chèque à Paris.

2. Nous _____ les rues du Quartier latin.

3. Mon père _____ un bon restaurant, pas cher.

4. _____-vous où se trouve la Sorbonne?

5. Tout le monde _____ les jardins du Luxembourg.

6. Mon professeur de français _____ une dame qui habite à côté d'une librairie.

7. Mais il ne _____ pas son numéro de téléphone.

8. Nous ne _____ personne dans cet arrondissement.

B. Questionnaire. Savez-vous ou connaissez-vous?

MODÈLES: Votre adresse? → Je la sais.

Frank Abbot? → Je ne le connais pas.

1. Votre nom? _____

2. Jouer au tennis? _____

_____

3. Suzanne Flaubert? _____

4. Les pièces de Shakespeare? _____

5. La date d'aujourd'hui? _____

6. Quelle est l'autoroute pour aller dans le sud? _____

7. Venise? _____

8. La théorie de la relativité? _____

9. Compter en espagnol? _____

10. Les plages de la Côte d'Azur? _____

 # Mise au point

A. Une excursion mémorable. Utilisez le passé composé ou l'imparfait.

Quand (je / visiter) _____[1] la France pour la première fois,

(je / avoir) _____[2] 18 ans et (je / être) _____[3]

assez naïve, mais (je / vouloir) _____[4] tout voir et tout essayer.

(Je / faire) _____[5] la connaissance d'un jeune homme un jour sur la

plage. (Il / me / inviter) _____[6] à aller entendre une conférence.

Après, (nous / aller) _____[7] prendre une bière. Ensuite

(il / suggérer) _____[8] une promenade en motocyclette, mais

(il / dire) _____[9] que (nous / devoir) _____[10]

aller chez lui chercher le siège arrière (*back seat*) de sa moto. (Je / hésiter)

_____[11] longtemps à l'accompagner parce que (je / ne / le / connaître / pas)

_____,[12] mais enfin (je / accepter) _____[13]

(Nous / faire) _____[14] un tour de la ville en moto pendant que Jopie,

qui ne (parler) _____[15] pas un mot d'anglais, (chanter)

_____[16] «My Blue Heaven» très fort (*loudly*). (Ce / être)

_____[17] magnifique. (Il / me / conduire)

_____[18] chez moi et (me / dire) _____[19]

bonsoir. Le lendemain (*next day*) (il / partir) _____[20] en Bretagne

pour l'été, et (je / ne / le / revoir / jamais) _____[21]

B. Une soirée agréable. Faites une ou deux phrases pour décrire ce que vous voyez sur chaque dessin. Utilisez le passé composé et l'imparfait.

1. Maryvonne et Jacques _____

2. Il faisait froid et il _____

_____

_____

_____

_____

3. Maryvonne et Jacques _____

4. _____

_____

_____

_____

_____

5. _____

6. Dans le café, des gens _____

_____

_____

_____

_____

_____

Le monde francophone

A. Au Canada. Cherchez les réponses aux questions ci-dessous dans ce texte tiré du magazine *Elle*.

QUÉBEC PRATIQUE
Formalités : passeport
en cours de validité.
Décalage horaire :
moins 6 h.
Monnaie : 1 dollar
canadien = 4,30 F env.
Indicatif téléphonique :
Montréal (19 1) 514,
Québec (19 1) 418.
Renseignements :
Office du tourisme
du Québec, 4, avenue
Victor-Hugo,
75016 Paris.
Tél. : 44 17 32 35.
Ambassade du Canada,
division du tourisme,
35, avenue Montaigne,
75008 Paris.
Tél. : 44 43 29 00.
Ouvert au public
du lundi au vendredi,
de 14 h à 17 h.

Le Château-Frontenac fête son centenaire.

NUITS ÉTOILÉES
A Montréal.
Hôtel Vogue. Le favori
des rock stars. Restaurant
chic, le Société Café.
(1425, rue de la Montagne,
tél. : (514) 285-5555.)
A Québec.
Auberge Saint-Antoine.
Charmante et conviviale.
Ancien entrepôt restauré
et décoré avec goût,
particulièrement les
chambres qui donnent sur
le Saint-Laurent.

(10, rue Saint-Antoine,
tél. : (418) 692-2211.)
Le Château-Frontenac,
Célébrissime établissement
qui fête son centenaire.
Incontournable ! (1, rue
des Carrières, tél. : (418)
692-3861.)
Sur la rive du Saint-
Laurent. Auberge
des Falaises. Vue
incomparable sur le fleuve.
(18, chemin des Falaises,
Pointe-à-Pic, Charlevoix.
Tél. : (418) 665-3731.)

1. Dans quel hôtel trouve-t-on:

   a. des musiciens célèbres _____

   b. un établissement qui a 100 ans _____

   c. un restaurant remarquable _____

2. S'il est quatorze heures à Paris, quelle heure est-il à Montréal? _____

3. De quel document un Français a-t-il besoin pour entrer au Canada? _____

4. Peut-on visiter l'ambassade du Canada à Paris le lundi à une heure de l'après-midi? *oui / non*

B. Nouvelles francophones. Complétez selon le commentaire culturel à la page 298 de votre livre.

1. Montréal a été fondé en... *1442 / 1642 / 1842.*

2. Quels adjectifs décrivent la ville de Montréal? *cosmopolite / ultra-moderne / bilingue /*

   conservatrice / vieille / animée / provinciale / petite.

3. La ville est connue pour... *son architecture / ses maisons de mode / son industrie / son équipe de*

   basket-ball.

- Aimeriez-vous visiter Montréal? Pourquoi (pas)? _____

_____

_____

C. France-culture. Complétez selon le commentaire culturel à la page 312 de votre livre.

1. Vingt-cinq / soixante-quinze   ...pour cent des Français habitent en ville.

2. Indiquez si ces villes se trouvent au nord (N) ou au sud (S) de la France:

   _____ Lille   _____ Marseille

   _____ Bordeaux   _____ Paris

   _____ Lyon   _____ Toulouse

   _____ Strasbourg   _____ Nice

3. La majorité des villes françaises datent...   *de l'époque romaine / du Moyen Âge / de la Renaissance.*

4. *Beaucoup de / Peu de*   ...Français habitent et travaillent au centre ville.

- En quoi les villes américaines que vous connaissez sont-elles différentes des villes françaises?

_____

_____

_____

 # Journal intime

Des moments inoubliables. Racontez un événement émouvant, quelque chose qui vous a rendu(e) heureux/euse, furieux/euse, honteux/euse (*embarrassed*), etc. Utilisez les questions suivantes comme guide:

- Quand cela s'est-il passé?
- Où?
- Pourquoi y étiez-vous?
- Quelle heure était-il?
- Quel temps faisait-il?
- Avec qui étiez-vous?
- Que faisiez-vous?
- Qu'est-ce qui est arrivé?
- Quelles ont été les réactions de tout le monde?
- Comment l'épisode s'est-il terminé?

CHAPITRE **DOUZE**

La France et les arts

Étude de vocabulaire

A. Quel monument décrit-on? Lisez les quatre descriptions et identifiez les monuments ci-dessous.

On a commencé à construire l'église de Beauvais en 1225. Mais après 25 ans de construction, la partie terminée est tombée. On l'a rebâtie, mais il n'y a jamais eu assez d'argent pour terminer l'énorme cathédrale gothique.

Le 17 août 1661 dans son nouveau château de Vaux-le-Vicomte, Nicolas Fouquet offre une fête somptueuse à Louis XIV. Dix-neuf jours plus tard, Louis, envieux de la splendeur du château, met Fouquet en prison. Le salon sous le grand dôme central n'a jamais été décoré.

François I (roi de France de 1515 à 1547) venait chasser (*to hunt*) dans la forêt de Chambord, qui a donné son nom à ce château remarquable pour ses 365 cheminées.

Pendant le Premier Empire (1804–1815), Napoléon donne l'ordre de construire un temple à la gloire de la Grande Armée. Cette église, qui s'appelle la Madeleine, ressemble à un temple grec.

1. monument _____

   époque _____

   siècle _____

2. monument _____

   époque _____

   siècle _____

3. monument _____   4. monument _____

   époque _____   époque _____

   siècle _____   siècle _____

B. Classez les mots suivants: roman, tableau, actrice, écrivain, poème, sculpteur, sculpture, peintre, pièce de théâtre, compositeur, cinéaste.

ARTISTES   ŒUVRES (*works*)

_____   _____

_____   _____

_____   _____

_____   _____

_____   _____

_____   _____

C. Des verbes pour parler des arts. Complétez le tableau.

	poursuivre	vivre	suivre (passé composé)
je			
on			
nous			
les gens			

D. Robert, étudiant américain, parle de ses expériences en Afrique avec un étudiant du Zaïre. Complétez la conversation avec **vivre, poursuivre,** ou **suivre.** Attention au temps du verbe.

SIMON: Tu _____[1] au Mali pendant quatre ans?

ROBERT: Oui, j'y suis allé en 1986 avec le Corps de la Paix (*Peace Corps*). Je suis rentré aux

États-Unis pour _____[2] des études de génie civil, mais j'ai

envie de retourner y _____[3] un jour.

SIMON: Alors tu espères _____[4] ta carrière en Afrique?

ROBERT: Oui, les cours que je _____[5] maintenant m'y préparent.

- En quelle année Robert a-t-il quitté le Mali? _____

- En quoi se spécialise-t-il à l'université? _____

✦E. **Les arts.** Créez une carte sémantique pour chacun (*each*) des mots suivants de la liste. Sur une autre feuille de papier, écrivez un mot de la liste au centre et les quatre catégories dans le modèle. Puis ajoutez toutes les idées que vous associez avec les quatre catégories. (Il n'est pas nécessaire de vous limiter au vocabulaire de ce chapitre.)

MODÈLE: la peinture →

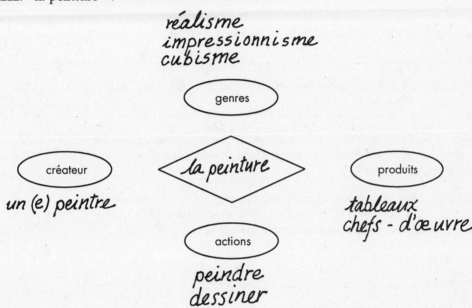

La liste

1. la musique
2. le cinéma
3. la littérature
4. l'architecture

Étude de grammaire

40. EMPHASIZING AND CLARIFYING
Stressed Pronouns

A. Stéphanie est étonnée (*astounded*) d'apprendre ce qui s'est passé à un grand dîner. Inventez et écrivez ses réactions. Utilisez un pronom disjoint.

MODÈLE: Tout le monde a dîné chez Franz. → Chez lui? Mais il est si snob!

1. Suzanne est venue avec Marc et moi. _____

_____

2. Mais nous sommes arrivés avant Franz! _____

_____

3. Geoffroy est venu sans sa petite amie. _____

_____

4. Il a pris place à côté de Mme Karinsky. _____

_____

5. Suzanne était à gauche de M. Karinsky. _____

_____

6. Pierre voulait une place auprès de M. et Mme Karinsky. _____

_____

7. Donc nous l'avons mis entre Suzanne et Madame. _____

_____

✦**B. Opinions et préférences.** Vous parlez de gens que vous connaissez. Répondez brièvement avec un de ces pronoms: **moi, lui, elle, eux, elles.** Utilisez **non plus** si vous êtes d'accord (*if you agree*) ou **si,** si vous n'êtes pas d'accord.

> MODÈLE: Mon père n'aime pas la musique baroque. Et votre père? →
> Lui non plus. (Il n'aime pas la musique baroque.)
> *ou* Lui si. (Il aime la musique baroque.)

Ma mère n'aime pas la peinture moderne.

1. Et vous? _____

2. Et votre meilleur ami (meilleure amie)? _____

3. Et vos frères et vos sœurs? _____

_____

4. Et votre professeur de français? _____

Ma sœur n'aime pas écrire des poèmes.

5. Et vos parents? _____

6. Et vos meilleures amies? _____

7. Et votre camarade de chambre? _____

8. Et vous? _____

41. EXPRESSING ACTIONS
Pronominal Verbs

A. Tiffani et Marie-France sont étudiantes de première année dans une université américaine. Elles vont partager (*to share*) une chambre à la maison française. Complétez leur conversation.

Verbes utiles: se demander, se dépêcher, s'arrêter, se détendre, s'installer.

Tiffani et Marie-France _____[1] dans leur nouvelle chambre. Elles ont

toutes sortes de caisses (*boxes*) et de valises.

TIFFANI: Je _____ [2] où nous allons ranger (*to put*) toutes nos

affaires. Cette chambre est vraiment trop petite.

MARIE-FRANCE: Nous devons _____ [3] Je ne veux pas être en retard au

premier repas.

TIFFANI: Écoute, on a encore trois heures. Je propose que nous

_____ [4] de travailler dans deux heures

et demie. Qu'en penses-tu? Comme ça, nous avons trente minutes

pour _____ [5] un peu. Tu es d'accord?

(*Plus tard.*)

Verbes utiles: se rappeler, se souvenir (de), s'entendre, s'amuser, se demander.

MARIE-FRANCE: Je _____ [6] si nous allons nous comprendre. D'habitude

je _____ [7] bien avec les autres. Mais je

_____ [8] d'une fille insupportable (intolérable) avec

qui j'ai été obligée de partager une chambre. Elle n'écoutait que de l'opéra. Je

_____ [9] un jour où j'ai eu tellement besoin de silence

que j'ai caché (*hid*) sa radio.

TIFFANI: Je suis sûre que nous allons _____ [10] ensemble. Mais

tiens, où est ma radio?

B. Portrait d'un bon prof. Améliorez (*Improve*) cette description en remplaçant les expressions entre parenthèses par des verbes pronominaux. Barrez (*Cross out*) les expressions entre parenthèses.

Si Mlle Signoret (fait une erreur) _____ [1] elle (demande

pardon) _____ [2] Voilà pourquoi elle (a de bons rapports)

_____ [3] avec tous ses étudiants. Et si nous (faisons des

erreurs) _____ [4] elle nous encourage sans se moquer de

nous. Elle a l'air de (passer des moments agréables) _____ [5]

en classe.

En cours elle (n'oublie pas) _____ [6] nos objectifs, et nous

travaillons dur. Nous n'avons pas le temps de (nous reposer) _____ [7]

en général; nous (allons vite) _____ [8] pour tout finir. Mais nous

(passons des moments agréables) _____ [9] aussi.

C. Commentaires. Vous faites un album de photos. Au-dessous de chaque photo, vous écrivez un commentaire. Utilisez des verbes pronominaux de la liste à la page 333 de votre livre.

un facteur   MODÈLE: Ce facteur se dépêche parce qu'il pleut.

une vieille dame

des chiens

1. _____

_____

_____

2. _____

_____

_____

Deux femmes

Où est le musée?

Jean-Luc

3. _____

_____

_____

4. _____

_____

_____

EXCUSEZ-MOI

un jeune homme

STOP

5. _____   6. _____

_____   _____

_____   _____

42. SPEAKING SUCCINCTLY
Double Object Pronouns

A. Au musée. Voici une conversation entre la directrice d'un musée d'art et un collègue. Ajoutez les pronoms nécessaires.

DIRECTRICE: Avez-vous déjà montré notre nouveau tableau à ce groupe de philanthropes?

COLLÈGUE: Non. Pas encore. Je vais _____ _____[1] monter demain.

DIRECTRICE: Montrez-_____-_____[2] cet après-midi, s'il vous plaît. Ils veulent nous

donner leur décision tout de suite.

COLLÈGUE: S'ils ne _____ _____[3] donnent pas ce soir, est-ce que nous les invitons à

l'exposition demain?

DIRECTRICE: Oui, invitons-_____.[4]

COLLÈGUE: Et la soirée?

DIRECTRICE: Non, ne _____ _____[5] parlez pas.

B. Conseils pour la fin de l'année scolaire. Justin est assez timide et très prudent. Julie a beaucoup de courage. Quels sont leurs conseils dans les situations suivantes? (Utilisez deux pronoms objets si possible.)

MODÈLE: Marcel et Françoise veulent faire du camping sauvage en Afrique. →
JUSTIN: N'en faites pas. C'est dangereux.
JULIE: Faites-en. Vous allez voir de belles choses.

1. Constantin veut visiter la Nouvelle-Calédonie.

JUSTIN: _____

JULIE: _____

2. Les Dupont veulent emprunter la BMW à leur voisin.

   JUSTIN: _____

   JULIE: _____

3. Chantal veut montrer sa nouvelle sculpture à un groupe d'étudiants.

   JUSTIN: _____

   JULIE: _____

4. Simon veut enseigner l'alpinisme à son amie.

   JUSTIN: _____

   JULIE: _____

5. Nicole et Patrick veulent écrire une lettre à Bill Clinton.

   JUSTIN: _____

   JULIE: _____

C. Quelles sont les limites de l'amitié (*friendship*)? Donnez votre réponse pour chaque situation. Utilisez un pronom objet.

> MODÈLE: Votre camarade de chambre veut montrer vos photos à ses amis. Vous lui dites:
> *Ne les leur montre pas.*
> ou *Montre-les-leur.*

1. Votre camarade de chambre vous demande s'il (elle) peut prêter la clé de votre chambre à un

   autre ami.

   Vous lui dites: _____

2. Une camarade veut envoyer un de vos poèmes à sa mère, poète célèbre.

   Vous lui dites: _____

3. Une amie veut montrer à tous les étudiants les questions de l'examen d'histoire qu'elle a

   trouvées dans le bureau du professeur.

   Vous lui dites: _____

4. Un camarade de classe veut fumer des cigarettes.

   Vous lui dites: _____

5. Une voisine veut vous donner six petits chats.

   Vous lui dites: _____

43. SAYING HOW TO DO SOMETHING
Adverbs

A. Confessions. Répondez à ce que dit Marc, selon votre point de vue personnel. Si vous êtes de la même opinion, dites «Moi aussi, je... » Si vous n'êtes pas d'accord, utilisez un des adverbes **trop, peu,** ou **ne... pas du tout.** Attention à la place des adverbes.

MODÈLE: MARC: J'ai beaucoup voyagé le semestre dernier.
           VOUS: *Moi, je n'ai pas du tout voyagé le semestre dernier.*
              ou *Moi aussi, j'ai beaucoup voyagé.*

1. MARC: J'ai trop dormi hier soir.

     VOUS: _____

2. MARC: J'ai peu étudié à l'école secondaire.

     VOUS: _____

3. MARC: Je n'ai pas du tout travaillé l'été passé.

     VOUS: _____

4. MARC: J'ai beaucoup mangé ce matin.

     VOUS: _____

5. MARC: J'ai beaucoup pensé aux cours que je vais suivre l'année prochaine.

     VOUS: _____

6. MARC: J'ai bien compris le dernier chapitre de français.

     VOUS: _____

B. Rendez cette histoire plus vivante en mettant l'adverbe correspondant à la place de l'adjectif proposé. Barrez (*Cross out*) les adjectifs.

Le téléphone a sonné _____[1] (violent) à deux heures du matin. Le

détective a essayé _____[2] (vain) de trouver l'appareil. Il l'a décroché

_____[3] (final) et a dit «Allô?» Une voix de femme lui a répondu

_____[4] (rapide) avec des mots qu'il n'a pas compris

_____[5] (immédiat). «Répétez plus _____[6]

(lent), s'il vous plaît, Madame» lui a-t-il demandé _____[7] (poli). «Il est

mort» a dit _____[8] (bref) la dame. «Qui?» lui a-t-il demandé

_____[9] (gentil). «Mon chien. N'êtes-vous pas le vétérinaire?»

C. Qui connaissez-vous? Nommez quelqu'un qui correspond aux descriptions ci-dessous. Utilisez un adverbe et substituez un verbe à l'expression en italique.

MODÈLE: Nommez quelqu'un qui *donne des réponses* intelligentes. →
              Linda Ellerbee répond intelligemment.

1. Nommez quelqu'un qui *prend* de mauvaises *décisions*. (adverbe correspondant: **mal**)

     _____

     _____

2. Nommez quelqu'un qui *a fait un voyage* récent. _____

     _____

3.   Nommez quelqu'un qui *donne de* brèves *réponses.* _____

_____

4.   Nommez quelqu'un qui *a une façon* polie *de parler.* _____

_____

5.   Nommez quelqu'un qui *a des pensées* (thoughts) très lucides. _____

_____

6.   Nommez quelqu'un qui *donne des refus* rapides. _____

_____

7.   Nommez quelqu'un qui *participe à des jeux* actifs. _____

_____

Mise au point

STUDY HINT: USING A BILINGUAL DICTIONARY

A French-English/English-French dictionary or vocabulary list is an excellent study aid but one that should be used very carefully. Follow these guidelines to minimize the pitfalls.

1.   When you look in an English-French dictionary for the French equivalent of an English word, keep in mind the part of speech—noun (**substantif**), verb, adjective, and so on—of the word you are looking for. By doing so, you will avoid many mistakes. Imagine the confusion that would arise if you chose the wrong word in the following case:

can: **boîte** (noun, "tin can") but **pouvoir** (verb, "can, to be able")

2.   If the French word that you find is not familiar to you, or if you simply want to check its meaning and usage, look up the new word in the French-English section. Do the English equivalents given there correspond to the meaning you want to convey?

3.   Remember that there is rarely a one-to-one equivalency between French and English words. **Un journal** is a paper (newspaper), **une dissertation** or **un devoir** is a paper students write for a course, and **une feuille de papier** is a piece of paper.

4.   Minimize the number of "dictionary words" you use when writing. It is best to limit yourself to words you know because you already know how they are used. And when you do have to use the dictionary, try to check your word choice by looking at examples of the word used in a whole phrase or sentence. Many good dictionaries provide these, especially all-French dictionaries.

A. Quelle panique! Traduisez cette conversation en français sur une autre feuille de papier.

CHRISTOPHE: What did you do with (*de*) my chemistry book?
CHRISTIANE: Me? I lent it to Robert.
CHRISTOPHE: But why?
CHRISTIANE: He needed it for an exam. He is going to give it back to me this afternoon.
CHRISTOPHE: Unfortunately, *I* need it too? I have to study for the same exam. If he doesn't give it back before three o'clock, I'm going to fail it.
CHRISTIANE: You aren't going to fail it. Chemistry is easy for you!

✦**B.** Vous pensez étudier en France cette année. Donnez tous les renseignements demandés.

DEMANDE D'INSCRIPTION

┌─ ETAT-CIVIL ───┐

Nom et Prénom: Sexe: F/M
Date de naissance: Nationalité:

Adresse postale complète: ┌──────────────┐
                                                 │ Collez ici une │
                          Pays: │ photo récente de │
                                                 │ vous-même   │
Téléphone: └──────────────┘
Indiquez les heures durant lesquelles on peut vous rejoindre:

└──┘

┌─ VOTRE SITUATION ──┐

Précisez ici l'établissement scolaire/universitaire que vous fréquentez cette année
(nom et adresse)

Vous êtes inscrit(e) en (matière principale)

Sinon, indiquez ici votre profession:

└──┘

┌─ HOBBIES ET GOUTS ───┐

En dehors de votre occupation principale, précisez ici vos occupations
secondaires et vos goûts:

└──┘

┌─ CONNAISSANCE DE LA FRANCE ET DU FRANCAIS ───────────────────────┐

Etes-vous déjà venu en France?   Oui/Non   Estimez-vous que vous
                                              comprenez et parlez le francais:
                                                  très bien
Indiquez vos motivations principales pour   moyennement
(re)venir en France: passablement
                                                  médiocrement
                                                  pas du tout

└──┘

✦**C. Commentaires personnels.** Complétez chaque phrase en expliquant à quel moment ces événements arrivent et pourquoi.

MODÈLE: Je / se dépêcher → Je me dépêche tout le temps parce que j'ai beaucoup à faire.

À la maison

1. Mes amis / se détendre _____

_____

2. Mes amis et moi / s'amuser _____

_____

3. Mes parents et moi / s'entendre _____

_____

4. Je / s'installer / devant mes livres _____

_____

En cours

5. Mon professeur de français / s'excuser _____

_____

6. On / s'arrêter de travailler _____

_____

7. Nous / se souvenir du vocabulaire _____

_____

8. Je / se tromper _____

_____

Le monde francophone

A. France-culture. Indiquez si les phrases suivantes sont vraies ou fausses, selon le commentaire culturel à la page 342 de votre livre. Si la phrase est fausse, corrigez-la.

1. _____ REMPART est un groupe de jeunes qui organisent des visites dans des musées.

_____

_____

2. _____ Beaucoup de français participent bénévolement à la restauration des sites historiques en ruine.

_____

_____

3. _____ Quand on a besoin de ciment pour refaire le mur d'un vieux bâtiment, on utilise de nouveaux produits chimiques excellents.

_____

_____

4. _____ Le ministère du tourisme joue un rôle important dans la sauvegarde des bâtiments en ruine.

_____

_____

✦Connaissez-vous des organisations comme REMPART, où des volontaires travaillent pour créer ou réparer quelque chose? Décrivez leur travail. Avez-vous jamais travaillé comme volontaire? Qu'est-ce que vous avez fait?_____

_____

_____

_____

_____

B. **Visite au musée.** Vous passez trois jours à Paris et vous comptez visiter plusieurs musées. Consultez ces extraits de *L'Officiel des spectacles* puis répondez brièvement aux questions.

musēes

Centre National d'Art et de Culture Georges-Pompidou, rues Rambuteau, Saint-Martin et Beaubourg, M° Rambuteau, 44 78 12 33. (H). T.l.j. 12h à 22h (sauf mar. et 1er mai), sam., dim. et fêtes 10h à 22h. **Musée national d'art moderne. Toutes les formes d'arts plastiques du XX° siècle.** Ent. : 30 F TR. 20 F. Gratuit – 18 ans. - Expositions : **Malcolm Morley** (gal. contemp. jusqu'au 19 sept.). - **Emmanuel Luzzati scénographe** (Grand Foyer, jusqu'au 30 août). - **Banlieues buissonnières : Photographies P. Bard et textes de T. Jonquet** (BP1, jusqu'au 30 août).- **La fête de la musique** (photographies et vidéos) (Salle Actualité jusqu'au 21 juin) - **Traits d'impertinence** (Actualité BPI, jusqu'au 6 septembre) - **Jean-Michel Alberola : avec la main droite** (Art Graphique, jusqu'au 27 juin). - **Henri Matisse 1904-1917 : peintures et sculptures** (Grande Galerie jusqu'au 21 juin). - **Concours Braun de design industriel** (CCI, jusqu'au 5 juillet).

Orangerie des Tuileries, place de la Concorde, 42 97 48 16, M° Concorde. (H). **Collection Walter Guillaume. Œuvres de l'Impressionnisme à 1930 : Renoir, Cézanne, Derain, Soutine, Picasso. Nymphéas de Monet.** T.l.j. (sauf mar. 25 déc., 1er janv. et 1er mai) de 9h45 à 17h15. Ent. : 26 F. TR : 14 F. Conférences : 42 97 48 16.

Louvre, M° Palais Royal, 40 20 51 51. (H). **Entrée principale :** Pyramide (cour Napoléon). **Accès Denon :** Sculptures, peintures, antiquités grecques, étrusques et romaines, arts graphiques. **Accès Sully :** Antiquités égyptiennes, peintures françaises XIVe au XVIIe siècle, objets d'arts. **Cour Carrée** (2e étage) : Peintures françaises et arts graphiques XVIIIe et XIXe siècle. T.l.j. (sf mar.) de 9h à 18h. Lun. (En alternance : Denon : 21 juin. Sully : 28 juin) et mer. jusqu'à 22h. Ent. : 35 F. TR : 20 F : 18-25 ans, C.V., dim. tte la journée. Gratuit pour les – 18 ans. **Hall Napoléon :** t.l.j. (sauf le mar.) de 9h à 22h : l'Auditorium (rens. 40 20 52 99), les salles d'histoire du Louvre et les fossés du Louvre médiéval. De 10h à 22h : les nouvelles salles d'exposition temporaire (voir rubrique « Expositions »). Pour les visites-conférences et les ateliers, consulter le 40 20 52 09. Rés. groupes 40 20 57 60.

Orsay, 1, rue de Bellechasse, M' Solférino, 40 49 48 14. Répondeur : 45 49 11 11 et 40 49 48 48 et 48 84. T.l.j. (sf lun.) de 10h à 18h, jeu. jusqu'à 21h45, dim. de 9h à 18h. Vente des billets jusqu'à 17h15, jeu. jusqu'à 21h. Ent. : 32 F. TR : 20 F, dim. 20 F, – 18 ans, gratuit. Adh. : carte blanche : 250 F/an, – 18-25 ans : 180 F. **Collections permanentes de la deuxième moitié du XIX° et du début du XX° siècle (1848-1914).** Visites commentées : durée 1h30 : 32 F. Auditorium : concerts, cinéma, conférences. Activités pédagogiques, visites-parcours pour enfants.

1. À quel musée va-t-on pour voir des photos? _____

2. Quelle sorte de tableaux peut-on voir à l'Orangerie? _____

3. Où y a-t-il une exposition des œuvres de Matisse? _____

4. Peut-on voir des tableaux du XXème siècle au Louvre? _____

5. Quel est le musée du XIXème siècle? _____

✦ • Lequel des quatre musées vous intéresse le plus? Pourquoi? _____

_____

_____

_____

 # Journal intime

Expliquez votre opinion sur les arts.

- Quel rôle est-ce qu'ils jouent dans votre vie?
- Qui sont les auteurs, poètes, compositeurs, peintres et cinéastes que vous trouvez intéressants? Pourquoi?
- Si vous lisez un roman (ou regardez un film), est-ce pour vous détendre ou pour vous faire réfléchir?

Vue d'ensemble: Chapitres 10 à 12

A. Mme Levis est veuve. Son mari est mort il y a cinq ans. Dans le passé Mme et M. Levis dépensaient beaucoup d'argent pendant leurs voyages. Maintenant, elle est obligée d'économiser. Comparez sa vie d'aujourd'hui avec sa vie d'autrefois (du passé).

MODÈLE: Maintenant je voyage en autocar. → Autrefois nous voyagions en avion.

1. Maintenant je descends dans des hôtels modestes. _____

_____

2. Maintenant j'aime regarder la télévision et lire. _____

_____

3. Maintenant je laisse de petits pourboires. _____

_____

4. Maintenant je dîne dans des restaurants bon marché. _____

_____

5. Maintenant j'achète des cadeaux simples. _____

_____

6. Maintenant je réfléchis avant de dépenser mon argent. _____

_____

B. Un conte pour Halloween. Lisez ce conte, puis faites l'exercice ci-dessous.

Il fait mauvais et le ciel est noir. Ma sœur et moi nous nous promenons dans la rue. C'est le 31 octobre mais nous sommes trop grands pour demander des bonbons aux voisins. Nous accompagnons notre petit frère Joël. Il est huit heures et nous sommes sur le point de rentrer quand Joël arrive vers nous, sans sac, le visage couvert de larmes (*tears*). Il est difficile de comprendre ce parce qu'il parle entre ses dents (*mumbles*). Quand nous comprenons enfin qu'il s'agit d'un vol (*it's about a theft*), nous rentrons vite à la maison. Maman téléphone à la police, qui trouve rapidement les malfaiteurs et rend les bonbons à Joël. Joël les mange et tombe malade. Il n'y a pas de justice.

D'abord, soulignez (*underline*) tous les verbes conjugués. Il y en a 21. Ensuite, encerclez (*circle*) les verbes qui répondent à la question «Que se passe-t-il après?» (*What happens next?*) Recopiez le texte au passé sur une autre feuille de papier. Les verbes encerclés sont au passé composé, les autres à l'imparfait. (Le dernier verbe reste au présent.)

✦**C. Des vacances réussies?** Regardez les images et racontez les vacances de Mireille et de Max au passé composé et à l'imparfait. Utilisez les questions suivantes comme guide, et imaginez d'autres détails.

Où est-ce que Mireille et Max sont allés en vacances? Vivaient-ils près ou loin de cet endroit? Comment y sont-ils allés? Qu'ont-ils emporté (*take along*)? Dans quel hôtel sont-ils descendus? Quel temps faisait-il là-bas? S'y sont-ils bien amusés? Qu'est-ce qu'ils ont fait pendant la journée? Ont-ils eu des expériences mémorables?

_____

_____

_____

_____

_____

_____

_____

_____

_____

D. Que fait-on pour un ami? Objet direct ou indirect?

    MODÈLE: téléphoner souvent → On lui téléphone souvent.

1. offrir des cadeaux _____

2. prêter de l'argent _____

3. écouter avec patience _____

4. téléphone souvent _____

5. raconter sa journée _____

6. écrire à Noël _____

7. montrer son journal intime _____

_____

8. présenter à ses amis _____

9. oublier _____

E. Des ordres. Un soldat dans l'armée pose des questions à son capitaine. À vous d'anticiper ses réponses.

MODÈLE: Qu'est-ce que je fais de mes médailles (*medals*)? → Porte-les.

1. SOLDAT: Le général veut que je lui parle cette après-midi.

CAPITAINE: _____

2. SOLDAT: Il veut aussi que j'assiste au cours d'espionnage.

CAPITAINE: _____

3. SOLDAT: Il ne veut pas que je repasse le cours d'été.

CAPITAINE: _____

4. SOLDAT: Il ne veut pas que je lui raconte mes projets.

CAPITAINE: _____

5. SOLDAT: En effet, il ne s'intéresse pas beaucoup à moi. Qu'est-ce que je fais de tous les documents secrets si je suis capturé?

CAPITAINE: _____

6. SOLDAT: Et si le général ne veut pas que je les mange?

CAPITAINE: _____

F. Sur la place du village. Vous entendez parler plusieurs personnes (à la terrasse d'un café, devant un magasin, dans un petit parc, etc.). Décrivez une situation où vous pouvez entendre les propos suivants.

MODÈLE: Vas-y! → Une mère dit à son enfant: Monte sur ton vélo! (Elle l'encourage.)

1. Ne m'en donne plus, s'il te plaît.

_____

2. Donnez-nous-en plusieurs, s'il vous plaît.

_____

3. Explique-le.

_____

4. Ne le lui dis pas!

    _____

5. Ne les leur montre pas!

    _____

6. Installez-vous là, s'il vous plaît.

    _____

G. Questionnaire. Donnez une réponse personnelle à chaque question en utilisant le pronom **en** ou **y.**

    MODÈLE: Combien de sœurs avez-vous? → J'en ai deux.

1. Nommez une activité que vous faites dans votre chambre. _____

    _____

2. Écrivez-vous des lettres? À qui? _____

    _____

3. Combien de fois par semaine allez-vous en cours? _____

    _____

4. Combien de cours avez-vous ce semestre? _____

    _____

5. Est-ce que vous avez étudié à la bibliothèque récemment? Quelle matière? _____

    _____

6. Quand allez-vous rentrer chez vous pour rendre visite à vos parents? _____

    _____

H. Connaissances. Complétez chaque phrase avec les verbes **savoir** ou **connaître,** à la forme affirmative ou négative.

1. Mes parents _____ le président.

2. Je _____ où se trouve Djibouti.

3. Vous _____ les secrets de l'univers.

4. Nous, les Américains, nous _____ bien la géographie.

5. Les étudiants ici _____ Mel Gibson.

6. Je _____ les rues de Paris.

7. En classe de français nous _____ tout le monde.

8. Mes amis _____ danser le tango.

9. Je _____ mon adresse.

I. Un joueur de football. Complétez le paragraphe suivant avec les adverbes nécessaires.

Adverbes: aussi, beaucoup, couramment, donc, ensuite, facilement, naturellement, probablement, souvent, très bien.

Gilbert est joueur de football. Il fait partie (*belongs*) d'une équipe (*team*) française qui voyage

_____.[1] _____,[2] il joue

_____[3] au football, mais il aime _____[4] les

voyages et les langues étrangères. Il parle _____[5] le portugais et peut

_____[6] communiquer _____[7] avec les joueurs

brésiliens et portugais avec qui il aime _____[8] passer la soirée. Gilbert

ne va _____[9] pas rester joueur toute sa vie. Il adore le sport, mais il

veut _____[10] faire des études de commerce international.

✦J. Amis et famille. Imaginez les rapports de Thierry, un jeune homme de 18 ans, avec les personnes ci-dessous. Complétez chaque phrase en imitant le modèle.

Suggestions: s'entendre, se disputer, se détendre, se souvenir, s'amuser.

MODÈLE: Mes parents? Je (ne) me dispute (pas) souvent avec eux.

1. Ma meilleure amie? _____

2. Les copines de ma meilleure amie? _____

3. Ma mère? _____

4. Mon père? _____

5. Mes copains de l'école secondaire? _____

6. Ma grand-mère? _____

CHAPITRE **TREIZE**

La vie de tous les jours

Étude de vocabulaire

A. L'amour et le mariage. Encerclez la meilleure expression pour compléter les phrases suivantes.

1. Le coup de foudre *précède* / *suit* le voyage de noces.

2. On voit les nouveaux mariés pour la première fois *à l'église* / *pendant leur voyage de noces*.

3. Les gens qui préfèrent le célibat *ne se marient pas* / *se marient*.

4. En général, les gens qui ne s'entendent pas *se disputent* / *se marient*.

5. La période où on se promet de se marier s'appelle *les rendez-vous* / *les fiançailles*.

6. Pour s'installer dans une nouvelle maison, on a besoin *d'amis* / *de meubles*.

B. Aïe! (*Ouch!*) Ça fait mal! À quelles parties du corps a-t-on mal?

MODÈLE: J'ai un rhume (*cold*). → J'ai mal à la gorge.

1. Henri et Paul écoutent quinze disques de rock. Ils ont mal _____

_____

2. Je vais chez le dentiste ce matin. J'ai mal _____

_____

3. Nous portons des cartons très lourds. Nous avons mal _____

_____

4. Les nouvelles chaussures de Charles sont trop petites. Il a mal _____

_____

5. Vous apprenez à jouer de la guitare. Vous avez mal _____

_____

6. Mathilde lit un roman pendant douze heures sans s'arrêter. Elle a mal _____

_____

7. Il fait très froid et Raymond n'a pas de chapeau. Il a mal _____

_____

8. Mireille court (*is running*) dans un marathon. Elle a mal _____

C. Une journée typique. Numérotez les phrases suivantes pour les mettre dans un ordre logique. La salle de bains est au rez-de-chaussée et leur chambre est au premier.

_____ Elles s'endorment.

_____ Laure et Lucette se réveillent.

_____ Elles s'en vont.

_____ Elles s'habillent.

_____ Elles se couchent.

_____ Elles se maquillent.

_____ Elles se lèvent.

Étude de grammaire

44. REPORTING EVERYDAY EVENTS
Pronominal Verbs (continued)

A. Mariez les contraires:

1. _____ s'en aller
2. _____ s'endormir
3. _____ s'entendre
4. _____ s'ennuyer
5. _____ se fâcher
6. _____ s'installer
7. _____ se mettre à
8. _____ se perdre
9. _____ se tromper

a. avoir raison
b. se calmer
c. arriver
d. finir
e. faire ses valises
f. trouver sa route
g. se réveiller
h. s'amuser
i. se disputer

✦**B. Habitudes.** Tout le monde a des habitudes différentes. Faites des phrases complètes avec les mots donnés puis imaginez une explication.

MODÈLE: Geoffroy / se raser / samedi soir →
Il se rase le samedi soir parce qu'il sort avec sa petite amie.

1. Marcel / se réveiller tôt / lundi matin _____
   _____

2. tu / se lever à midi / jeudi _____
   _____

3. M. Dupont / se coucher / cinq heures _____
   _____

4. je / s'habiller bien / après-midi _____
   _____

5. les enfants / s'ennuyer / week-end _____
   _____

6. Laure / se regarder / miroir / à minuit _____
   _____

C. Marc va garder (*watch*) le petit garçon d'un ami pendant le week-end. Complétez leur dialogue avec les verbes suivants, en utilisant la forme pronominale ou non-pronominale: **(se) promener, (se) coucher, (s') habiller, (se) lever.**

MARC: Comment est-ce que je (j') _____[1] le petit?

SON AMI: Exactement comme tu _____,[2] en tee-shirt et en short.

MARC: Et le soir je le _____[3] à quelle heure?

SON AMI: Toi, tu _____[4] vers onze heures?

MARC: Oui, ou même avant.

SON AMI: Donc tu le _____[5] un peu avant. Comme ça tu peux

_____[6] tard le matin.

MARC: Ça va si nous _____[7] après le dîner?

SON AMI: Bien sûr, je te laisse sa poussette (*stroller*).

D. Synonymes. Racontez l'histoire suivante. Remplacez l'expression entre parenthèses par un verbe pronominal.

À sept heures du matin, Sylvie (ouvre les yeux) _____[1] elle (sort

de son lit) _____[2] (fait sa toilette [*washes and dresses*])

_____[3] et (met ses vêtements) _____.[4]

À huit heures, elle (quitte la maison) _____.[5] Au travail, elle

(commence à)_____[6] parler au téléphone. Sylvie (finit de)

_____[7] travailler vers six heures; elle (fait une promenade)

_____[8] et parfois ses amies et elle vont (nager)

_____[9] à la piscine. Le soir, elle (va au lit et elle trouve le

sommeil) _____[10] très vite!

45. EXPRESSING RECIPROCAL ACTIONS
Pronominal Verbs

A. Les personnes suivantes se rencontrent pour la première fois. Décrivez leurs réactions. Utilisez des verbes pronominaux et non-pronominaux.

Verbes utiles: (se) parler, (se) disputer, (s')adorer, (se) raser, (se) lever, (se) détester.

MODÈLES:

Paul et Marie se regardent

Marie regarde Paul. Paul regarde Marie.

1. Denise et Pierre _____
_____
_____

2. Béatrice _____
_____ Yves _____
_____

3. Gérard _____
_____ Marthe _____
_____

4. Marcel et Eugénie _____
_____
_____

5. Véronique et Denis _____

_____

_____

B. Racontez l'histoire que suggèrent ces dessins sur une autre feuille de papier. Ajoutez (*add*) au moins un détail complémentaire à chaque verbe pronominal.

1.

2.

3.

4.

5.

6.

46. TALKING ABOUT THE PAST AND GIVING COMMANDS
Pronominal Verbs

A. Métro, boulot, dodo: La vie est quelquefois monotone. Voici comment un jeune ménage (*couple*) passe la journée aujourd'hui. Qu'ont-ils fait hier? (Attention à l'accord du participe passé. Il y a un verbe à l'imparfait.)

MODÈLE: Francine se lève la première. → Francine s'est levée la première.

Francine se lève la première et Julien se réveille une demi-heure plus tard. Ils s'habillent. Ils prennent leur petit déjeuner dans la cuisine. Ensuite Francine part en cours, pendant que Julien lit le journal.

À midi Francine et Julien se retrouvent au café. Après le déjeuner, ils se promènent pendant un moment, puis ils retournent à leurs activités.

Le soir Julien se repose après le dîner devant la télévision, mais sa femme étudie. Quand Francine s'endort sur ses livres, Julien la réveille. Ils se couchent vers onze heures.

Ils se plaignent (*complain*) tous les deux de ne pas avoir assez d'énergie.

_____

_____

_____

_____

_____

_____

_____

_____

_____

_____

✦Que doivent faire Francine et Julien pour avoir plus d'énergie? _____

_____

B. Yves donne des conseils aux invités (*guests*). Son ami, Paul, qui est de mauvaise humeur, contredit tout ce qu'il dit.

Suggestions: s'amuser, se brosser les dents, se coucher, s'en aller, s'excuser, se marier.

MODÈLE: Suzette dit qu'elle veut partir. →
    YVES: Alors va-t'en.
    PAUL: Non, ne t'en va pas.

1. Les Robin disent qu'ils ont oublié de dire bonsoir aux amis qui les ont invités.

  YVES: _____

  PAUL: _____

2. Claude Robin dit qu'il a sommeil.

  YVES: _____

  PAUL: _____

3. Danielle dit qu'elle n'aime pas la vie de célibataire.

  YVES: _____

  PAUL: _____

4. Richard dit qu'il a un goût (*taste*) horrible dans la bouche.

  YVES: _____

  PAUL: _____

5. Nous annonçons que nous prenons nos vacances demain.

  YVES: _____

  PAUL: _____

47. MAKING COMPARISONS
The Comparative and Superlative of Adjectives

A. Les gens que vous connaissez. Faites des comparaisons en choisissant un adjectif de la liste.

MODÈLE: Mes grands-parents sont aussi conservateurs que mes parents.

− riche	= vieux
= heureux	= conservateur
+ intelligent	− ennuyeux
− occupé (*busy*)	= ?
+ bavard	

1. Mon professeur de français est _____

_____

2. Mes grands-parents sont _____

_____

3. Les étudiants dans ce cours sont _____

_____

4. Les femmes sont _____

_____

5. Les politiciens sont _____

_____

6. Les enfants sont _____

_____

7. Je suis _____

_____

B. Un peu de géographie. Si vous n'êtes par sûr(e) des réponses, tentez votre chance (*try your luck*)! Attention à la *place* de l'adjectif.

MODÈLE: Quelle ville est la plus grande, Paris, Honfleur ou Marseille? →
Paris est la plus grande ville.

1. Quel port est le plus important, Marseille, Le Havre ou Rouen? _____

_____

2. Quelle rivière est la plus longue, la Seine, la Loire ou le Rhône? _____

_____

3. Quelle ville est la plus peuplée (*populous*), Marseille, Bordeaux ou Nice? _____

_____

4. Quelle province est le plus au nord, l'Alsace, la Provence ou la Bourgogne? _____

_____

5. Quelle région a le territoire le plus étendu (*extensive*), le Texas, la France ou l'Espagne?

_____

6. Quel département d'outre-mer (*overseas*) est le plus petit, la Guyane française, la Guadeloupe ou la Réunion? _____

_____

7. Quelle province a le climat le moins froid, la Provence, la Normandie ou la Champagne?

_____

C. Le bon vieux temps. M. Martin est très négatif; il critique tout ce qui est moderne. Donnez son opinion sur les sujets suivants en complétant les phrases.

Mots utiles: plus / moins / aussi... que; meilleur(e) / plus mauvais(e)... que

MODÈLE: les jeunes / travailleur / en 1955 →
Les jeunes sont moins travailleurs qu'en 1955.

1. les jeunes / paresseux / pendant ma jeunesse _____

_____

2. les gens / égoïste / autrefois _____

_____

3. les écoles / bon / autrefois _____

_____

4. la vie / intéressant _____

_____

5. les gens / malheureux _____

_____

6. le gouvernement / mauvais / pendant les années vingt _____

_____

7. en général, la vie / ne... pas / bon / autrefois _____

_____

D. Pour qui votez-vous? Faites des phrases complètes en mentionnant des personnes réelles ou imaginaires. **Rappel:** On dit **de**, non pas **dans**! Attention aussi à la forme de l'adjectif.

MODÈLE: personne / important / université →
Le professeur de français est la personne la plus importante de l'université.

1. femme / intelligent / cinéma américain _____

_____

2. politicien / honnête / administration d'aujourd'hui _____

_____

3. chanteuse / bon / États-Unis _____

_____

4. professeur / bon / Faculté des Lettres _____

_____

5. personnes / respecté / États-Unis _____

_____

6. femmes / dynamique / ma famille _____

_____

Mise au point

◆**A.** Dessinateur professionnel, vous travaillez pour un journal. On vous donne la description d'un être qui vient d'arriver de la planète Mars. Dessinez-le. (*Draw it.*)

Il était assez grand. Sa tête et son corps étaient ronds et séparés par un long cou. Ses trois bras étaient aussi courts que ses huit jambes. Ses mains et ses pieds ne portaient que trois doigts. Sa petite bouche ronde était juste au centre de son visage avec une seule dent pointue (*pointed*). Ses cinq yeux formaient un cercle. Je n'ai pas réussi à voir s'il avait des cheveux parce qu'il portait un chapeau en forme de croissant.

B. Complétez chaque conversation avec la forme correcte du verbe qui correspond. Répondez ensuite aux questions personnelles.

1. Le sommeil des justes? (s'endormir / se coucher)

—_____-tu facilement?

—Oui, si je ne _____ pas trop tôt, et toi?

—Je ne _____ jamais avant minuit.

◆Et vous? _____

2. Le fils du dentiste (se brosser)

    —Combien de fois par jour _____-vous les dents?

    —J'essaie de _____ les dents trois fois par jour, mais il

    est souvent difficile de _____ les dents à midi.

    ✦Où et quand vous brossez-vous les dents? _____

    _____

3. Chez le psychiatre (s'appeler / se tromper / s'installer)

    —Comment _____-vous? Pierre?

    —Non, vous _____. Maintenant, je

    _____ Napoléon.

    —Eh bien, Napoléon. _____-vous sur le divan et parlez-moi.

    ✦Est-ce que cette personne a des complexes de supériorité ou d'infériorité? _____

C. Le coup de foudre. Voici l'histoire d'amour de Pierre et de Sophie. Complétez les phrases suivantes avec un verbe pronominal au passé composé. Ensuite, créez d'autres conclusions possibles.

Pierre et Sophie _____[1] chez des amis l'année dernière.

Le lendemain matin ils _____[2] très tôt. Ils

_____[3] longtemps. L'après-midi ils

_____[4] dans le parc.

  D'abord ils _____[5] du coin de l'œil, puis ils

_____[6] par la main. Ils _____[7]

des mots d'amour et ils _____[8] timidement.

  Après, ils (ne... plus) _____.[9] Ils

_____[10] deux mois plus tard. Ils forment le couple parfait.

Ils _____[11] (*présent*) très bien et depuis qu'ils sont mariés, ils

(ne... jamais) _____.[12]

✦**D.** L'Université de Saint-Étienne propose ces services aux étudiants étrangers. Donnez votre évaluation en utilisant les adjectifs suivants: intéressant, utile, généreux, profitable, amusant, instructif. Expliquez-vous.

    MODÈLE: Pour moi, les visites d'entreprises sont les plus profitables parce que j'étudie le commerce.

ANIMATION CULTURELLE

Comité d'accueil[a] étudiants et stagiaires[b] étrangers de l'Université de Saint-Etienne.

EXCURSIONS

Tous les 15 jours une excursion en car est prévue dans la région stéphanoise[c]: Lyon, Plaine du Forez, Ardèche, Haute-Loire, Vienne, le Pilat, les Alpes...

BIBLIOTHÈQUE

Le Service possède une bibliothèque de prêt spécifique.
Différents journaux et magazines sont à la disposition des étudiants pour lecture sur place.

La bibliothèque universitaire est ouverte aux étudiants et stagiaires.

PHONOTHÈQUE

Le Service possède une phonotèque avec un prêt de cassette (leçons, documents authentiques...) à écouter sur place.

THÉATRE-CINÉMA

Selon[d] les programmes stéphanois et les désirs des étudiants des soirées peuvent être organisées.

CONFÉRENCES
VISITES D'ENTREPRISES

Visites du musée, d'usine[e], d'un journal...

Conférences faites par des professionnels sur leur métier (commerce, artisanat[f], industrie...).

SPORT

Les étudiants ont accès à tous les sports universitaires : natation, tennis, foot, volley, basket, équitation, canoë, kayak, escalade...

a. *reception*   d. *depending on*
b. *interns*   e. *factory*
c. *of Saint-Etienne*   f. *crafts*

1. Excursions _____
   _____

2. Bibliothèque _____
   _____

3. Phonothèque _____
   _____

4. Théâtre-cinéma _____
   _____

5. Visites d'entreprises _____
   _____

6. Sports _____
   _____

E. En quoi les noms suivants sont-ils célèbres?

MODÈLE: Yoshiaki Tsutsumi est un des hommes les plus riches du monde.

1. New York _____

2. Les Alpes _____

3. L'Amazone _____

4. La Rolls-Royce _____

5. Babe Ruth _____

6. Margaret Thatcher _____

Le monde francophone

A. France-culture. Lisez le commentaire à la page 356 de votre livre et donnez les expressions qui correspondent aux phrases suivantes.

1. Quand le médecin vient vous voir chez vous: _____

_____

2. Quand la Sécurité Sociale vous rend l'argent que vous avez payé pour un service médical: ____

_____

3. La feuille de papier que le médecin vous donne et que vous apportez chez le pharmacien: ____

_____

4. L'organisation qui rembourse les soins (*care*) médicaux: _____

_____

✦Nommez les deux différences que vous trouvez les plus frappantes (*striking*) entre la médecine en

France et la médecine aux États-Unis. _____

_____

_____

B. Nouvelles francophones. Choisissez la meilleure réponse selon le commentaire culturel à la page 369 de votre livre.

1. L'Algérie est un pays *catholique / juif / musulman*.

2. Les cinq piliers de l'Islam sont *les cinq bâtiments de La Mecque / les cinq obligations majeures des pratiquants*.

3. La fête du mariage joue un rôle *très important / assez important / peu important* dans la société algérienne.

4. D'habitude, le mariage est une célébration *publique / familiale et intime*.

5. Le marié reçoit *des cadeaux précieux (tels des bijoux) / une somme importante (à peu près 40 000 dinars)* de la famille de la mariée.

C. Les pharmaciens. L'article suivant provient d'un magazine français. Lisez-le et puis choisissez les meilleures réponses.

IL Y A TOUJOURS, PARTOUT EN FRANCE, À N'IMPORTE QUELLE HEURE DU JOUR OU DE LA NUIT, UNE OFFICINE OUVERTE À PROXIMITÉ OU VOUS POUVEZ CONSULTER GRATUITEMENT, SANS RENDEZ-VOUS, CE VÉRITABLE SPÉCIALISTE QU'EST LE PHARMACIEN, MAILLON INDISPENSABLE DE LA CHAINE SANTÉ.

SONGEZ[a] LORSQUE VOUS LE RENCONTREREZ, QU'IL PARTICIPE QUOTIDIENNEMENT À LA PROTECTION DE L'ENVIRONNEMENT, PAR LA RÉCUPÉRATION DES MÉDICAMENTS PÉRIMÉS.[b]

SONGEZ ÉGALEMENT QU'IL CONTRIBUE ACTIVEMENT A LA PRÉVENTION DES GRANDES MALADIES DE NOTRE TEMPS NOTAMMENT PAR LA DIFFUSION DE L'INFORMATION.

VOICI DES RAISONS POUR LESQUELLES L'ETAT CONFIE DEPUIS TOUJOURS LA DISPENSATION DES MÉDICAMENTS AUX SEULS PHARMACIENS, GARANTISSANT AINSI LA SANTÉ PUBLIQUE ET LA PROTECTION DE CHACUN.

FEDERATION DES SYNDICATS[c] PHARMACEUTIQUES DE FRANCE

... Depuis 1878*, nous contribuons par la récupération des médicaments périmés, à la sauvegarde de l'environnement.

a. penser
b. qui ne sont plus bons
c. groupement de professionnels

1. C'est...

    a. une annonce publicitaire pour une pharmacie.

    b. un extrait d'un article sur les pharmaciens.

    c. une publicité pour une organisation professionnelle de pharmaciens.

2. Comment est-ce que le syndicat contribue à la protection de l'environnement?

    a. Il distribue des médicaments.

    b. Il reprend les vieux médicaments.

3. Comment est-ce que les pharmaciens contribuent à la prévention des maladies graves?

   a. Ils distribuent des informations sur ces maladies.

   b. Ils travaillent dans l'informatique.

   c. Ils garantissent la santé publique.

4. En France, qui a le droit de vendre des médicaments?

   a. L'État.

   b. La Santé publique.

   c. Seuls les pharmaciens.

 # Journal intime

- Choisissez *un* des sujets suivants. Racontez comment deux personnes que vous connaissez se sont connues: vos parents, vous et votre meilleur ami (meilleure amie), par exemple.
- Racontez ce que vous avez fait ce matin, à partir de votre réveil jusqu'à midi. Expliquez en quoi votre matinée a été normale ou anormale.

Name _____ Date _____ Class _____

CHAPITRE **QUATORZE**
Cherchons une profession

Étude de vocabulaire

A. Complétez chaque phrase en utilisant le vocabulaire du chapitre.

Au travail

1. Les gens qui travaillent normalement 35–40 heures par semaine dans une usine (*factory*) sont

   des _____.

2. Une femme qui travaille dans une école avec des enfants de 8 ans s'appelle une

   _____.

3. Un homme qui produit des fraises et du maïs à la campagne est un

   _____.

4. À l'hôpital, la femme qui a la responsabilité principale des soins d'un malade est son

   _____.

5. Le commerçant qui vous vend de la viande est le _____.

Question d'argent

6. Si vous n'aimez pas avoir de l'argent liquide sur vous, mais vous aimez faire des courses,

   vous avez probablement un compte-_____.

7. Dans un magasin, le caissier calcule le _____ parce que la cliente

   veut savoir combien elle doit payer.

8. Les nouveaux mariés qui veulent un jour acheter une maison doivent avoir un compte

   _____.

9. Oh, zut! Je ne peux pas écrire de chèque. J'ai laissé mon _____ à la maison.

10. Avec sa carte bancaire on peut prendre de l'argent au _____ automatique.

✦ **B.** Cette page provient d'un cahier d'exercices de maths pour des enfants de 8 ans. Pouvez-vous faire ce travail?

En espèces ou par chèque

• **Le maître peut payer le magnétophone[a] que nous avons acheté pour la coopérative avec les pièces et les billets suivants :**

Mais il peut aussi faire un chèque. *Calcule le prix du magnétophone, puis complète le chèque à l'aide des indications données.*
Pose ici tes opérations.

....

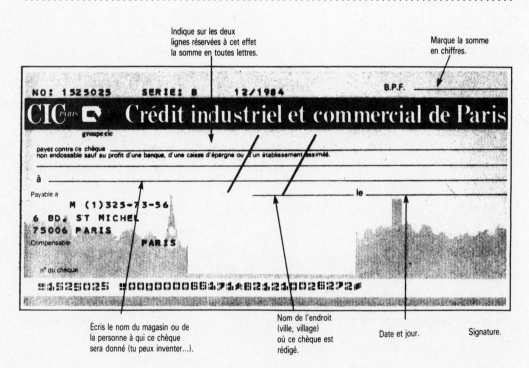

a. *tape recorder*

✦**C.** Un ami qui a des ennuis financiers vient vous demander conseil. Il vous décrit son budget. Indiquez ses quatre dépenses principales et proposez-lui quatre façons de faire des économies.

> MODÈLE: Tu achètes au moins six compact-discs par mois. Si tu les empruntes à la bibliothèque au lieu de (*instead of*) les acheter, tu vas économiser environ 100$ par mois.

1. _____

   _____

2. _____

   _____

3. _____

   _____

4. _____

   _____

D. Verbes irréguliers. Complétez ce tableau avec les formes convenables.

	découvrir	souffrir
je		
Christophe Colomb		
vous		
les malades		

E. Complétez les phrases suivantes avec un de ces verbes: **souffrir, ouvrir, couvrir** ou **offrir**. **Attention:** Quelques verbes sont au passé composé ou à l'imparfait.

1. **En cours.** Le professeur de calcul a dit: «_____[1] votre livre à la page soixante, mais _____[2] les réponses. Si vous ne les finissez pas ce matin, vous allez _____[3] à l'examen.»

2. **Une maladie.** Nous _____[4] de l'aspirine à Marc hier matin parce qu'il _____[5] d'un mal de tête abominable. Il avait si mal qu'il n'est pas arrivé à _____[6] la bouteille.

3. **Curiosité.** Quand on lui _____[7] une jarre contenant tous les maux de la Terre, Pandore, qui était terriblement curieuse, l'_____[8] tout de suite. Et le monde entier _____[9] de sa faiblesse.

Étude de grammaire

48. TALKING ABOUT THE FUTURE
The Future Tense

A. Verbes irréguliers. Complétez ce tableau avec les formes appropriées du futur.

	tu	les gens	je	nous
venir				
avoir				
voir				
envoyer				
être				
faire				
pouvoir				
savoir				
aller				
acheter				

B. Préparatifs pour la visite de Grand-mère. Gérard et sa famille ont tendance à tout remettre (*put off*) à demain. Imaginez les réponses de Gérard quand son amie l'interroge. Utilisez un pronom objet et une expression de temps dans chaque réponse.

MODÈLES: Ton frère a-t-il pris des billets de théâtre? →
Pas encore. Il en prendra bientôt.

Avez-vous fait le ménage? →
Pas encore. Nous le ferons la semaine prochaine.

1. As-tu acheté une pellicule photographique? _____

    _____

2. Louisette a-t-elle fait son gâteau? _____

    _____

3. Ton père lui a-t-il envoyé des billets pour le train? _____

    _____

4. Ton frère et toi, vous avez vu votre Tante Lola? _____

_____

5. Est-ce que tes parents ont acheté les provisions? _____

_____

6. As-tu dit à ses amis que ta grand-mère arrive bientôt? _____

_____

C. Etes-vous voyant(e)? Parmi toutes ces prévisions, lesquelles se passeront avant l'an 2001? Commentez.

    MODÈLE: je / finir mes études →
           je finirai mes études parce que j'ai envie de travailler.
        ou Je ne finirai pas mes études parce que je préfère voyager.

1. mes parents / vendre leur maison _____

_____

_____

2. ils / acheter un château en Espagne _____

_____

_____

3. mon meilleur ami (ma meilleure amie) / se marier _____

_____

_____

4. je / habiter seul(e) _____

_____

_____

5. le président et sa femme / me rendre visite _____

_____

_____

✦Citez trois autres événements qui se passeront avant l'an 2001.

_____

_____

_____

_____

_____

_____

D. Bavardages. Charles et Louis parlent au téléphone. Complétez leur conversation.

CHARLES: Tu ne (croire) _____[1] jamais ce que j'ai trouvé au marché aux

puces (*flea market*). C'est une petite merveille.

LOUIS: Écoute, Georges est là. Si tu me le (dire) _____[2] maintenant,

je (être) _____[3] obligé de le lui expliquer. Attendons.

CHARLES: Bon, je te le (montrer) _____[4] quand je te (voir)

_____[5] dans deux jours.

LOUIS: D'accord, à vendredi. Dis, si tu me (téléphoner) _____[6] de la

gare, je (venir) _____[7] te chercher.

CHARLES: Merci. Je t'(appeler) _____[8] dès que j'(arriver)

_____.[9]

✦Imaginez ce que Charles a trouvé: _____

_____

✦**E. Et vous?** Complétez chaque phrase selon vos propres idées.

MODÈLE: Je finirai mes études si je continue à m'intéresser à mes cours.
ou ...quand j'aurai 23 ans.

1. Je trouverai un job si _____

2. Je commencerai à gagner un bon salaire quand _____

_____

3. Je voterai pour un candidat conservateur quand _____

_____

4. Je passerai toute ma vie dans cette ville si _____

_____

5. Après le B.A. (B.S.), je continuerai mes études dès que _____

_____

_____

6. Je serai heureux/euse quand _____

_____

49. LINKING IDEAS
Relative Pronouns

A. Joëlle et Nathan pensent déménager (changer de résidence). Reliez (*Connect*) les deux phrases avec le pronom relatif **qui**.

MODÈLE: NATHAN: J'ai envie d'aller voir l'appartement. Il est près de chez nous. →
J'ai envie d'aller voir l'appartement qui est près de chez nous.

JOËLLE: D'accord. J'en ai noté l'adresse. Elle était dans le journal ce matin. _____

_____

NATHAN: L'immeuble a une piscine. Elle est ouverte toute l'année. _____

_____

JOËLLE: J'aime ce quartier. Il me rappelle l'Espagne.

_____

_____

Reliez les phrases suivantes avec le pronom relatif **que.**

NATHAN: Les voisins sont les Allemands. Je les ai rencontrés à la plage. _____

_____

JOËLLE: Habitent-ils dans un des studios? Ton amie Georgette les a visités. _____

_____

NATHAN: Non, je crois qu'ils ont un des trois pièces. Je ne l'ai jamais vu. _____

_____

✦**B. De quoi avez-vous besoin?** Répondez en utilisant le pronom **dont.**

MODÈLES: un nouveau livre de français →
Voilà quelque chose dont j'ai besoin.

un ami méchant →
Voilà quelqu'un dont je n'ai pas besoin.

1. une jupe grise _____

2. un ballon de football _____

3. un nouveau professeur de français _____

4. un(e) fiancé(e) _____

5. trois litres de vin rouge _____

6. une femme de ménage _____

7. une leçon particulière de français _____

_____

C. Promenade dans le Val de Loire. Utilisez les pronoms **que, qui** ou **dont.**

GHISLAINE: Le voyage _____[1] nous faisons est vraiment formidable. On peut voir tous

les châteaux _____[2] sont décrits dans le guide, sans sortir de l'autobus.

RAOUL: Mais il faut marcher pendant les vacances. C'est le genre d'exercice _____[3]

tu as besoin si tu ne veux pas grossir.

GHISLAINE: Je ne peux pas refuser toutes ces pâtisseries _____[4] on me donne, surtout

les éclairs, _____[5] sont si bons.

RAOUL: Regarde ce monsieur devant nous _____⁶ prend des photos. Non, ce

monsieur-là _____⁷ le manteau est tombé par terre. Je pense

_____⁸ c'est un espion (*spy*). Tu vois l'immeuble _____⁹ il a pris

une photo? Ce n'est pas un château! Et les choses _____¹⁰ il parle sont un

peu bizarres.

GHISLAINE: D'accord, mais je te trouve aussi un peu bizarre quelquefois et je sais que tu n'es pas

un espion.

✦Pourquoi Raoul est-il soupçonneux (*suspicious*)? _____

_____

D. Florence est ambitieuse. Sur une autre feuille de papier, recopiez son histoire en reliant
(*connecting*) les phrases avec un pronom relatif. Essayez d'utiliser des pronoms variés.

Florence est employée dans une banque. Elle y est très heureuse. Elle gagne un salaire modeste.
Ce salaire lui donne une vie confortable mais pas luxueuse. Son chèque est déposé sur un compte
courant. Elle reçoit ce chèque toutes les deux semaines. Elle a aussi un compte d'épargne. Elle
dépose une petite somme sur ce compte tous les mois. Elle s'intéresse à un autre employé. Cet
employé travaille dans le même bureau. Il lui fait des compliments sur son travail. Elle est très
contente de ses compliments.

✦**E.** Finissez les phrases suivantes en utilisant un pronom relatif.

MODÈLE: Le samedi soir est un soir où je fais très peu de devoirs.

1. J'achète souvent des livres _____

_____

2. Midi est le moment _____

_____

3. La Rolls-Royce est une voiture _____

_____

4. L'argent est une chose _____

_____

5. Le printemps est une saison _____

_____

6. Mes professeurs sont en général des gens _____

_____

7. J'ai rencontré un homme _____

_____

8. Je suis une personne _____

_____

Mise au point

A. Hier, aujourd'hui et demain à la banque. Complétez les phrases suivantes en mettant les verbes au passé, au présent ou au futur. **Attention:** Nous sommes aujourd'hui le treize.

> MODÈLE: Moi, j'ouvre un compte d'épargne le treize octobre. →
> Marie, elle, en ouvrira un le quatorze.
> Les Martin, eux, en ont ouvert un le dix.

```
 🌼🌼  🌼🌼  🌼🌼  🌼
 L   M   M   J   V   S   D
                     1   2
 3   4   5   6   7   8   9
10  11  12  ⑬  14  15  16
17  18  19  20  21  22  23
24  25  26  27  28  29  30
```

1. Nous, nous avons reçu notre carte bancaire le deux.

   Vous vous _____ votre carte le vingt-deux.

   Toi, tu _____ta carte aujourd'hui.

2. M. Heinz, lui, viendra toucher son chèque le dix-huit.

   Les Feydeau, eux, _____ leur chèque en ce moment.

   Toi, tu _____ ton chèque le cinq.

3. Je me présente au bureau de change immédiatement.

   Georges, lui, _____ là-bas le dix.

   Nous, nous _____ au même endroit le vingt-neuf.

4. Vous avez maintenant une interview pour demander un emprunt.

   Nous _____ notre interview le seize.

   Mlle Pruneau _____ son interview le neuf.

5. Nous avons déposé notre chèque le premier.

   J'_____ mon chèque à moi le quatorze.

   Mon ami _____ son chèque en ce moment.

✦**B. Situations.** Que ferez-vous si ces situations se présentent? (Utilisez des pronoms si possible dans vos réponses.)

> MODÈLE: Un ami (Une amie) vous invite à voyager en Europe. →
> Je n'irai pas avec lui (elle) parce que je n'ai pas assez d'argent.

1. Demain, c'est samedi. Vous avez des projets, mais la météo dit qu'il pleuvra. _____

_____

2. Vous savez que vous aurez besoin dans un mois de 500 dollars pour réparer votre voiture.

_____

3. Un collègue au travail est assez paresseux. Le résultat? C'est vous qui devez travailler plus

dur. _____

4. Vous n'arriverez pas à joindre les deux bouts (*make ends meet*) à la fin du mois. Considérez

vos dépenses et vos revenus, et dites comment vous pourrez économiser 10% de vos revenus

le mois prochain. _____

_____

_____

5. Un ami vous invite à une réunion à laquelle vous avez très envie d'aller, mais vous avez déjà

accepté l'invitation de quelqu'un d'autre. _____

_____

C. **Un nouvel emploi.** Traduisez cette conversation sur une autre feuille de papier.

MARTINE: When will you have your interview with that agricultural office?

RÉMI: The tenth of May. Do you think that they'll hire me?

MARTINE: Why not? As soon as they know how many languages you speak, they'll offer you

the job.

RÉMI: I hope that you're right. I'll call you when I find out (**savoir**).

✦D. Regardez bien les annonces publicitaires ci-dessous, puis choisissez cinq objets qui vous plaisent. Expliquez vos choix en employant les pronoms relatifs **qui, que** et **dont.**

à vendre

Appareil de photo Canon EF avec objectif 35-70/1 : 2,8. 3,5 zoom 20 mm 1.. 2,8. Fisch Eye 7,5 mm 1.. 5,6 SSC. le tout en parfait état pour Fr. 2000.–. Tél. 20 21 22.

Appareil de musculation avec disques Fr. 550.–. Tél. 47 16 33, int. 257, prof/51 11 94, privé.

Aquarium avec meuble et poissons, 150 litres, 125 cm long, 45 large, 108 hauteur. Tél. 82 45 20, heures repas.

Avion radioguidé prêt à voler avec télécommande, très peu utilisé, Fr. 850.–. Tél. 57 31 78, soir.

Bicyclette pliable bleue «Everton» Fr. 150.–. Lit 1 personne d'appoint pliant, Fr. 80.–. Tél. 43 91 20, bureau.

Blouson cuir noir + jupe noire et violette cuir, taille 38 + anorak ski. Tél. 33 87 93.

Canapé 3 places et 2 fauteuils en velours rouge, état de neuf, Fr. 400.–. Tél. 94 55 97.

CB très bonne + ant. trans., match, coax, Fr. 350.–. Tél. 89 04 00, soir.

Chaîne stéréo Kenwood, 1 ampli KA-900 High-Speed, 1 tuner KT 1000, 1 deck KX 1000 D, 3 têtes, 1 CD Funaï CD 5503, 2 H.-P. Marantz HD 500. Tout en très bon état pour Fr. 1500.–. Tél. 29 24 72, soir après 20h.

Encyclopédie Britanica, magnifiques volumes, méthode avec microphone et lexicart sept. 88, jamais utilisée, prix à discuter. Tél. 83 09 34, dès 19h.

Vends montre chrono Aerowatch, mouvement mécanique automatique, date, lune, 3 mini cadrans. Tél. 27 92 97, bureau. Vends aussi sac de couchage Richner Nordic. État neuf.

Orgue Hammond, modéle L 222, avec Leslie Fr. 2000.–. Tél. 57 18 70.

Photocopieuse bon état Ubix 200 R (Graphax) très performante avec trieuse (15 cases). Contrat d'entretien encore valable. prix Fr. 3000.–. Tél. 21 45 28.

MODÈLE: L'avion radioguidé est le cadeau d'anniversaire dont mon fils aura envie. Il adore les jouets électroniques.

1. _____

   _____

2. _____

   _____

3. _____

   _____

4. _____

   _____

5. _____

   _____

Le monde francophone

A. France-culture. Choisissez la meilleure réponse, selon le commentaire culturel, page 385 de votre livre.

1. Beaucoup de Français considèrent *l'esprit carriériste / la qualité de la vie* plus important(e) que la réussite matérielle.

2. Pour ces Français, avoir une meilleure vie signifie *avoir plus de temps libre / poursuivre des études avancées.*

3. En France, il est normal de prendre *quatre / cinq / deux* semaines de vacances.

4. En France, on passe *plus / moins* de temps au travail que dans beaucoup de pays industrialisés.

5. Selon le commentaire culturel, cette nouvelle conception du travail peut rendre les gens *plus productifs / improductifs.*

✦• À votre avis, la qualité de la vie est-elle plus importante que la réussite matérielle pour la plupart des Américains? Commentez. _____

   _____

   _____

✦● Croyez-vous que les Américains travaillent plus que les Français? Qu'est-ce qu'on doit faire

pour améliorer la vie des Américains? _____

_____

_____

_____

_____

B. Cherchons un emploi. Voici une des petites annonces publiées par le magazine *L'Express* dans la section «Les entreprises proposent». Parcourez-la et répondez aux questions.

Créer un nouveau marché

Attaquer le marché de la bagagerie et de la papeterie fantaisie, c'est l'objectif de WONDERLAND, filiale de MATTEL, leader du jouet en France. Pour y parvenir, elle recherche son

Chef de produits sénior

Après avoir acquis sur le terrain une bonne connaissance de ce marché et grâce à un travail d'équipe il :
- développera et lancera de nouveaux produits
- sera le support de la force de vente
- établira un plan de communication
- imaginera et mettra en œuvre des opérations promotionnelles.

Agé de 25 ans environ, diplômé d'une école supérieure de commerce, il a une première expérience réussie de 2 à 3 ans dans les produits cosmétiques ou de grande distribution.
Sensibilisé par les produits de mode et de diffusion grand public, il est créatif, ouvert, a de la personnalité et aime les contacts.
De nombreux déplacements sont à prévoir essentiellement en France.
Anglais indispensable.

Ecrivez sous référence 801653/EX.

BERNARD KRIEF CONSULTANTS
115, rue du Bac - 75007 Paris
PARIS LYON STRASBOURG LILLE

a. *toy*
b. *team*

1. Quels produits fabrique la société Wonderland? Donnez des exemples. _____

_____

2. Nommez trois responsabilités du candidat qui sera choisi. Utilisez vos propres mots.

_____

_____

3. Quel diplôme devra avoir ce candidat? Combien d'années d'expérience? Dans quel domaine?

   _____

   _____

4. Donnez trois traits de caractère importants pour ce poste.

   _____

5. Le candidat aura-t-il besoin de voyager? Aura-t-il besoin d'une autre langue dans son

   travail? _____

   _____

6. Ce poste vous semble-t-il intéressant? Pourquoi (pas)?

   _____

   _____

   _____

   _____

 # Journal intime

Racontez en détail votre vie dans cinq ans.

- Où serez-vous?
- Quelle sera votre profession?
- Avec qui habiterez-vous?
- Comment passerez-vous vos journées?
- Quels seront vos loisirs (*leisure time*)?
- Serez-vous plus heureux/euse qu'aujourd'hui? Pourquoi (pas)?

CHAPITRE QUINZE
Vive les loisirs!

Étude de vocabulaire

A. Loisirs. Complétez chaque phrase en utilisant le vocabulaire du chapitre.

1. Le dimanche soir en hiver il n'y a pas beaucoup de distractions, on va donc souvent au

    _____.

2. Si on est obligé de passer l'après-midi à la maison avec trois enfants de dix ans, un

    _____ peut les amuser.

3. Lorsque le printemps arrive, il est agréable de faire du _____ pour

    avoir des légumes et des fleurs pendant tout l'été.

4. On va au bord de la rivière ou du lac quand on va à la _____. Si on

    attrape quelques poissons, on les prépare pour le dîner.

5. Le sport où on ne touche pas le ballon avec les mains s'appelle le

    _____.

6. Lorsqu'on s'ennuie, la _____ est un passe-temps idéal, surtout si on

    habite près d'une bibliothèque.

7. Les gens qui aiment le _____ construisent des meubles ou font des

    réparations. Leur travail est très utile quand ils sont propriétaires d'une maison.

B. Verbes pour parler des loisirs. Complétez le tableau avec la forme convenable.

	courir	rire
nous		
les athlètes		
tu		
la jeune fille		

C. Utilisez les verbes **courir** ou **rire.** Attention au temps du verbe.

En retard

Nous avons été obligés de _____¹ ce matin parce que le réveil n'a pas

sonné. Tout le monde _____² quand nous sommes arrivés en cours avec

dix minutes de retard. Demain nous ne _____³ pas, même si nous

sommes en retard.

✦● Quelle est votre réaction si vous savez que vous allez être en retard? _____

_____

Un film amusant

J'_____⁴ comme un fou (*crazy person*) pendant tout le dernier film de

Robin Williams. J'en ai parlé à tous mes amis, et maintenant ils vont aller le voir aussi. J'espère

qu'ils _____⁵ aussi.

✦● Que pensez-vous de Robin Williams? _____

_____

✦**D.** **Les loisirs.** Créez une carte sématique pour les catégories d'activités sur la liste ci-dessous. Sur
une autre feuille de papier, écrivez une expression de la liste au centre et les trois catégories
(**lieux**, **activités** et **actions**) autour du centre. Puis ajoutez toutes les idées que vous associez avec
les trois catégories. (Il n'est pas nécessaire de vous limiter au vocabulaire de ce chapitre.)

MODÈLE: activités en plein air →

La liste

1. les spectacles
2. les passe-temps
3. les manifestations sportives

Étude de grammaire

50. GETTING INFORMATION
Interrogative Pronouns

A. Le père de Félix veut toujours tout savoir. Complétez les questions suivantes avec une de ces expressions: **qui, qu'est-ce qui, quoi.**

MODÈLE: *Qui* a-t-on embauché dans la faculté des sciences cette année?

1. _____ enseigne le nouveau cours de biologie?

2. _____ t'intéresse le plus, la biologie ou t'amuser avec tes camardes?

3. De _____ as-tu besoin pour faire des progrès?

4. À _____ as-tu prêté ton livre de biologie?

5. _____ t'a aidé à préparer ton dernier examen?

6. _____ va se passer (*to happen*) si tu n'étudies pas?

7. À _____ penses-tu, à ton avenir ou à tes amies?

B. Cadeaux d'anniversaire. Amélie voudrait offrir un cadeau à un ami. Elle téléphone à sa sœur pour avoir des idées. Lisez les réponses de sa sœur, puis écrivez les questions d'Amélie.

1. _____

   Je crois qu'il a envie d'un compact-disc de Noir Désir.

2. _____

   Je sais qu'il a tous leurs compact-discs excepté le nouveau.

3. _____

   Il a besoin de chaussettes blanches et d'un pull chaud.

4. _____

   Il aime beaucoup dîner au restaurant le jour de son anniversaire.

5. _____

   Je te conseille de lui offrir une cassette.

C. Utilisez la forme convenable de **lequel** pour complétez la conversation suivante.

—J'ai vu un film formidable hier soir.

—_____?[1]

—*Les Diaboliques.*

—Justement. Certains de mes amis l'ont aussi aimé.

—Ah, oui? _____?[2]

—Les Péron et les Bazin. Qu'est-ce que tu en as pensé?

—Bon, d'abord il y avait ma vedette favorite.

—_____?[3]

—Simone Signoret. Dans le film elle veut commettre le crime.

—_____?[4]

—L'assassinat. Et elle veut assassiner une personne surprenante.

—_____?[5]

—Son mari, figure-toi.

✦D. Choisissez un(e) camarade de classe que vous ne connaissez pas bien et préparez-vous à l'interviewer. Sur une autre feuille de papier, écrivez au moins six questions (même indiscrètes) en utilisant les expressions suivantes le plus possible: **qui, qu'est-ce qui, que, de (à, avec) quoi** ou **qui.** Puis, téléphonez-lui et écrivez ses réponses.

51. BEING POLITE; SPECULATING
The Present Conditional

A. Que ferait-on, si on était en vacances, en ce moment?

MODÈLE: Marc / partir / ? → Marc partirait chez sa petite amie.

1. nous / être / ? _____

_____

2. les étudiants / rentrer / ? _____

_____

3. le professeur de français / aller / ? _____

_____

4. je / avoir / le temps de / ? _____

_____

5. tu / écrire / ? _____

_____

6. mes amis aventuriers / faire / ? _____

_____

✦B. **Comment passer un week-end d'été.** Donnez votre opinion, après avoir lu les cas suivants.

MODÈLE: (faire du jardinage / aller nager) →
S'il faisait moins chaud, je ferais du jardinage; je n'irais pas nager.

1. Le temps est étouffant (*stifling*). S'il faisait moins chaud, vous (faire une promenade / aller à la pêche / lire dans votre chambre / ?). Je _____

   _____

   _____

   _____

2. Si vous étiez malade, vous (faire une partie de Monopoly / dormir toute la journée / regarder des vidéoclips à la télé / ?). Je _____

   _____

   _____

   _____

3. Des amis d'une autre ville téléphonent à l'improviste (*unexpectedly*). Si vous étiez occupé(e), vous (ne pas les voir / les inviter à la maison / leur proposer de prendre un café / ?).
   Je _____

   _____

   _____

4. Toute la famille arrive chez vous dimanche après-midi. Si vous vouliez leur faire plaisir (*to please them*), vous (les encourager à découvrir le campus / leur préparer un bon repas / faire une promenade avec eux / ?). Je _____

   _____

   _____

   _____

✦C. Pour chaque cas, imaginez trois conséquences.

   MODÈLE: Si les vaches volaient (*if cows could fly*) →
   - a. les enfants boiraient moins de lait.
   - b. on ne sortirait pas sans parapluie.
   - c. les pilotes d'avion feraient très attention.

1. S'il n'y avait pas de papier,

   a. _____

   b. _____

   c. _____

2. Si tous les Français parlaient anglais,

   a. _____

   b. _____

   c. _____

3. Si j'habitais dans une voiture,

a. _____

b. _____

c. _____

D. Choix difficiles. Que feriez-vous...

1. ...si vous voyiez qu'un camarade de classe trichait (*was cheating*) à un examen? _____
_____

2. ...si vous trouviez un portefeuille avec 300$ dans la rue? _____
_____

3. ...si vous appreniez que les parents d'un ami allaient divorcer? _____
_____

4. ...si on vous faisait une invitation que vous ne vouliez pas accepter? _____
_____

5. ...si vous appreniez qu'un ami se droguait? _____
_____

6. ...si vos parents ne voulaient plus vous parler? _____
_____

7. ...si votre meilleur ami tombait malade et devait quitter l'université? _____
_____

52. EXPRESSING ACTIONS
Prepositions After Verbs

A. Quels verbes exigent l'emploi d'une préposition avant un infinitif? Cochez (✓) les cases convenables.

	à	de	—
1. aller			✓
2. refuser		✓	
3. devoir			
4. aider			
5. se mettre			
6. désirer			
7. choisir			

8. oublier		
9. rêver		
10. vouloir		
11. enseigner		
12. chercher		
13. permettre		
14. savoir		
15. aimer		
16. empêcher		
17. espérer		
18. commencer		
19. apprendre		
20. arrêter		

B. Utilisez **à** ou **de**, ou laissez un blanc, et répondez aux questions.

Les habitudes au téléphone

Marc aime _____¹ téléphoner _____² ses amis le soir quand ils ne travaillent pas. Mais

Marie croit qu'il vaut mieux _____³ leur téléphoner _____⁴ l'après-midi. Elle refuse

_____⁵ les réveiller ou _____⁶ les empêcher _____⁷ travailler.

✦• Qui est plus prévenant (*considerate*) à votre avis? _____

Tout le monde aime voyager

Ma mère rêve _____⁸ faire le tour du monde. C'est l'Afrique qu'elle a décidé _____⁹

découvrir en premier, mais elle veut aussi _____¹⁰ visiter les autres continents. Elle a

commencé _____¹¹ étudier des langues étrangères _____¹² l'école primaire pour se

préparer.

✦• Quelles régions du monde aimeriez-vous surtout visiter? _____

_____

Question de talent

Je ne réussirai jamais _____¹³ apprendre _____¹⁴ danser. J'essaie _____¹⁵ suivre un

cours de danse chaque été. Voilà ce qui arrive: je vais peut-être deux fois au cours mais je ne

continue pas _____¹⁶ danser regulièrement. «J'oublie» _____¹⁷ y aller!

✦• Dites ce que vous avez trouvé difficile à apprendre. _____

_____

D. Au stade. Que font tous ces gens? Utilisez **venir** ou **venir de** dans chaque phrase.

1. _____

2. _____

3. _____

4. _____

5. _____

6. _____

7. _____

8. _____

9. _____

10. _____

53. MAKING COMPARISONS
Adverbs and Nouns

A. Les générations. Faites des comparaisons entre votre vie et celle de vos parents.

MODÈLE: *J'ai plus d'amis que mes parents.*
ou *J'ai autant d'amis que mes parents.*
ou *J'ai moins d'amis que mes parents.*

1. _____ de problèmes que mes parents.

2. _____ de responsabilités que mes parents.

3. _____ de compact-discs que mes parents.

4. _____ de loisirs que mes parents.

5. _____ d'opinions importantes que mes parents.

6. _____ de vêtements que mes parents.

7. _____ de passe-temps que mes parents.

8. _____ de besoins que mes parents.

✦**B. Exercice de modestie.** Dans la classe de français...

1. Qui parle français plus souvent que vous? _____

_____

2. Qui écrit le mieux au tableau? _____

_____

3. Qui donne les meilleures réponses orales? _____

_____

4. Qui essaie de répondre le plus souvent? _____

_____

5. Nommez deux personnes qui parlent français aussi couramment que vous. _____

_____

6. Qui arrive en retard moins souvent que vous? _____

_____

C. Diane vise (*aims for*) la perfection. Donnez ses résolutions pour le Nouvel An.

MODÈLES: Je bavarde trop. → Je vais moins bavarder.

Je chante assez bien. → Je chanterai mieux.

1. J'ai de bonnes notes (*grades*). _____

2. J'écris mal. _____

3. Je finis beaucoup de choses. _____

_____

4. Je me trompe assez souvent. _____

_____

5. Je lis de bons livres. _____

6. Je m'ennuie quelquefois. _____

7. Je me lève tôt le matin. _____

8. Je me prépare bien aux examens. _____

Mise au point

✦A. Questionnaire. Complétez chaque phrase avec le verbe de votre choix à l'infinitif. N'oubliez pas les prépositions nécessaires.

MODÈLE: J'aime faire la cuisine.

1. Je veux _____

2. Avant la fin de l'année, je vais essayer _____

3. Depuis mon arrivée à l'université, je me suis habitué(e) _____

   _____

4. Je ne sais pas _____

5. Cet été je vais commencer _____

6. Je voudrais inviter mes amis _____

7. J'oublie parfois _____

8. Je rêve _____

9. À l'université je me prépare _____

10. Au lycée j'ai appris _____

✦B. Exercice d'imagination. Imaginez la deuxième partie de chaque phrase.

MODÈLE: Si j'avais le temps, *je lirais* L'Éducation sentimentale.

1. Si j'avais un crocodile dans ma chambre, _____

   _____

2. Ma mère serait heureuse si _____

   _____

3. Si vous collectionniez les éléphants, _____

   _____

4. Nous inviterions le professeur au cinéma si _____

5. J'achèterais un appartement sur la Côte d'Azur si _____

   _____

C. Comme les Anglais, les Français s'intéressent également aux familles royales. Dans cet article tiré d'un magazine populaire, on compare les richesses de deux reines, Élizabeth II d'Angleterre et Béatrix des Pays-Bas. Répondez à chaque question et commentez.

ELISABETH, BEATRIX :
QUELLE EST LA PLUS RICHE ?

INCROYABLE MAIS VRAI. CES DEUX REINES AUX ALLURES BOURGEOISES
SONT LES FEMMES LES PLUS RICHES D'EUROPE.
BEATRIX CIRCULE A BICYCLETTE ? EN REALITE C'EST UNE REINE
DU PETROLE. ELIZABETH FAIT DES ECONOMIES DE
CHAUFFAGE ? ELLE POSSEDE UNE IMMENSE FORTUNE FONCIERE. AVEC
NOUS, FAITES L'INVENTAIRE DE LEURS RICHESSES.

FORTUNE	BEATRIX	ELISABETH
EVALUATION DE LA FORTUNE	33 milliards[a] de francs.	23 milliards de francs.
LISTE CIVILE	7 millions de francs/an.	66 millions de francs/an.
PORTEFEUILLE ACTIONS[b] (participation au capital)	Royal Dutch Shell (dont elle possède 10 % du capital). Algemene Bank Nederland. De Beers. General Electric. Philips. K.L.M.	Non divulgué par ses financiers.
IMMEUBLES[c] ET TERRES	Six châteaux en Hollande, deux propriétés en Toscane. Immeubles disséminés en Europe. Hôtels, dont le Waldorf Astoria de New York.	Châteaux de Sandringham et de Balmoral. Immeubles en Suisse et aux U.S.A. Duché de Lancastre, les boutiques et les immeubles du Strand et de Regent Street. Des théâtres à Broadway.
ANIMAUX	Chevaux. Chiens.	Douze corgis. Une vingtaine de chevaux. Droit sur la pêche au saumon. Elevage de labradors. Droit sur la vente des yorkshires.
BIJOUX[d]	Quarante tiares en diamants. La plus grande collection de bijoux au monde.	Une trentaine de diadèmes, tiares. Diamants : Koh-I-Noor, Prince Noir, et le Cullinan, le plus gros diamant du monde (530 carats). Parures + la collection des œufs de Fabergé.
ŒUVRES[e] D'ART	Quatorze services complets en or[f] massif. Tableaux de Rembrandt, Vermeer, Rubens, maîtres flamands au Mauritshuis de La Haye et au Palais Royal du Dam, à Amsterdam.	Collection de timbres commencée par Edouard VII. Neuf cents dessins de Léonard de Vinci, Rembrandt, Vermeer, Gainsborough, Rubens, Canaletto (exposés à la Queen's Gallery de Buckingham).

a. *billion*
b. *stocks*
c. *real estate*
d. *jewels*
e. *works*
f. *gold*

MODÈLE: Qui a la plus grande quantité de bijoux? →
Béatrix. On dit qu'elle en a la plus grande collection du monde.

1. Qui a moins de châteaux? _____
_____

2. Qui possède la plus grande fortune? _____
_____

3. À votre avis, laquelle des deux a les immeubles les plus intéressants aux États-Unis? ____
_____
_____

4. Qui a le plus grand nombre d'œuvres d'art? _____
_____
_____

5. Qui reçoit le plus haut salaire? _____
_____

✦6. Faites quatre phrases dans lesquelles vous comparez les deux reines.

a. _____

b. _____

c. _____

d. _____

Le monde francophone

A. **France-culture.** Complétez selon le commentaire culturelle à la page 408 de votre livre.

1. Que fait le ministère du Temps libre? _____
_____

2. Où fait-on du bricolage? _____

3. Citez trois objets dont on peut faire collection. _____
_____

4. Quel est le sport favori des Français? _____

5. Nommez deux autres sports populaires. _____

✦Ordonnez les loisirs suivants selon vos préférences personnelles.

_____ les sorties entre amis

_____ la télévision

_____ la lecture

_____ le théâtre

_____ le sport (en tant que spectateur/spectatrice)

_____ la participation aux sports

_____ le bricolage

_____ la conversation

_____ la gymnastique aérobique

Si vous aviez plus de temps libre, que feriez-vous? _____

_____

_____

_____

B. **Nouvelles francophones.** Complétez selon le commentaire culturel à la page 426 de votre livre.

1. Le Togo est une ancienne colonie

   a. belge

   b. française

   c. suisse.

2. La capitale du Togo est

   a. La Coupe

   b. Lomé

   c. Foyissi.

3. Le sport le plus populaire au Togo est

   a. le Moto-Cross

   b. la pêche

   c. le foot.

4. Les femmes s'intéressent aux sports

   a. beaucoup

   b. peu

   c. énormément.

5. On regarde le Moto-Cross

   a. à Lomé

   b. à la télévision

   c. le dimanche soir.

6. Un exemple de la musique moderne est

    a. la Congolaise

    b. Simpa

    c. Night Club.

C. Le foot. Cherchez dans cet extrait du livre *Des Sports et des jeux* l'équivalent français des expressions données en anglais.

LE «FOOT» RESTE LE PLUS POPULAIRE

Sport collectif, le football oppose deux équipes de onze joueurs qui tapent dans un ballon, avec le pied ou avec la tête, pour le faire entrer dans le but adverse. Il est interdit de toucher le ballon avec la main ou le bras, sauf lors des remises en jeu. Seul le gardien de but peut, à tout moment, déroger à cette règle.

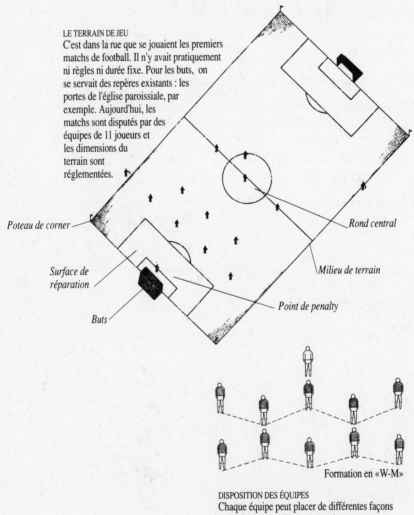

LE TERRAIN DE JEU
C'est dans la rue que se jouaient les premiers matchs de football. Il n'y avait pratiquement ni règles ni durée fixe. Pour les buts, on se servait des repères existants : les portes de l'église paroissiale, par exemple. Aujourd'hui, les matchs sont disputés par des équipes de 11 joueurs et les dimensions du terrain sont réglementées.

Poteau de corner

Surface de réparation

Buts

Rond central

Milieu de terrain

Point de penalty

Formation en «W-M»

DISPOSITION DES ÉQUIPES
Chaque équipe peut placer de différentes façons ses défenseurs, milieux de terrain et attaquants.

1. opponents' goal _____

2. forbidden _____

3. goalie _____

4. field _____

5. team _____

6. corner flag _____

7. forward _____

8. fullback _____

 # Journal intime

Décrivez vos loisirs. Commentez les questions suivantes. Qu'aimez-vous faire quand vous avez une ou deux heures de liberté? quand vous avez plusieurs semaines de vacances? Si vous aviez davantage (*more*) de temps libre, que feriez-vous? Préféreriez-vous lire davantage ou regarder plus de films? Y a-t-il une nouvelle activité ou un nouveau sport que vous avez envie d'apprendre? Commentez.

Vue d'ensemble: Chapitres 13 à 15

A. Une journée typique. Pour chaque expression en italique mettez la forme equivalente d'un verbe pronominal.

À sept heures du matin Marie-Louise (ouvre les yeux) _____.[1] Elle (sort

de son lit) _____,[2] (fait sa toilette) _____[3] et

(met ses vêtements) _____.[4] Elle (part) _____[5]

à son bureau vers huit heures et demie. À six heures du soir, Marie-Louise (finit)

_____[6] de travailler et elle (fait une promenade)

_____[7] avec une copine (nommée) qui _____[8]

Annick. (La vie de Marie-Louise n'est pas ennuyeuse) _____.[9] Le soir,

elle passe souvent (de bons moments) _____[10] avec ses copains. Elle (va

au lit) _____[11] vers onze heures et, en général, elle (trouve le sommeil)

_____[12] très vite.

Vrai ou faux? Corrigez les phrases incorrectes.

13. Marie-Louise se lève tard en semaine. _____

_____

14. Elle s'arrête de travailler vers six heures. _____

_____

15. L'amie avec qui elle aime se promener s'appelle Corinne. _____

_____

16. Marie-Louise n'a pas le temps de s'amuser le soir. _____

_____

B. Vacances de rêve. Dans une lettre à une amie, Mireille raconte son week-end au Georges V, un hôtel très élégant à Paris. Complétez ce qu'elle dit en mettant les verbes pronominaux au passé composé. Attention à l'accord du participe passé.

C'était formidable. Je _____[1] dans la chambre   s'habiller
s'endormir
samedi vers deux heures. Quel luxe! C'était évidemment trop tôt pour   s'installer
se coucher
_____[2] mais je

_____[3] sur le lit et j'ai passé une bonne demi-

heure à faire mes projets. Je _____[4] de ma plus

belle robe et je suis descendue prendre le thé au salon.

Plus tard je _____[5] pour le bal.

Je _____[6] les cheveux. Je

_____[7] très légèrement, seulement

se brosser
se maquiller
s'amuser
se préparer

un peu de mascara et du rouge à lèvres. Au bal Geoffroy et moi nous

_____[8] comme des fous. Nous avons dansé

jusqu'à deux heures du matin. J'étais crevée, mais très heureuse.

✦**C. Le surménage** (*Overwork*). Un copain (une copine) travaille trop. Il/Elle est surmené(e) (*overworked*). Complétez le mot (*note*) que vous allez laisser sur sa commode selon les indications. Après chaque paragraphe, ajoutez des conseils selon vos propres (*own*) idées.

Mon cher _____ / Ma chère _____,

(*Au passé composé*)

Tu (*se surmener*) _____[1] la semaine dernière. Tu (*se réveiller*)

_____[2] très tôt le matin. Tu (*aller*)

_____[3] à trop de réunions pendant la semaine. Tu (*retourner*)

_____[4] travailler le soir. Tu (*s'énerver* [*to get edgy*])

_____.[5] De plus, tu... _____

_____

(*À l'impératif*)

Ce week-end, (*se reposer*) _____,[6] (*s'arrêter de*)

_____[7] travailler, (*se coucher*) _____[8] tôt,

(*se lever*) _____[9] tard... _____

_____

Va (*se baigner*) _____[10] et (*faire*) _____[11] des

promenades tranquilles, (*s'amuser*) _____[12] en famille et (*se nourrir*

[*manger*]) _____[13] bien... _____

Amicalement,

_____

D. Comparaisons. Comparez les éléments de chaque paire.

MODÈLE: Mes doigts _____ mon cou. (essentiel) →
Mes doigts sont aussi essentiels que mon cou.

1. Les États-Unis _____

la France. (vieux)

2. Mes mains _____

   mes pieds. (grand)

3. L'amour _____

   l'argent. (important)

4. Le célibat _____

   le mariage. (difficile)

5. Le coup de foudre _____

   les longues fiançailles. (réaliste)

6. Le vin _____

   le champagne. (bon)

7. Le centre-ville _____

   la banlieue. (tranquille)

8. Le théâtre _____

   le cinéma. (passionnant)

E. **Tout est possible.** Que pourrait-il se passer avant vos 40 ans?

   MODÈLE: je / gagner ma vie →
   Je gagnerai ma vie.

   mes parents / faire le tour du monde →
   Mes parents ne feront pas le tour du monde.

1. Je / passer du temps en France _____

   _____

2. mes amis / m'acheter une voiture de sport _____

   _____

3. je / se marier _____

4. on / résoudre tous les problèmes écologiques _____

   _____

5. mes parents / me comprendre mieux _____

   _____

6. je / devenir riche _____

   _____

7. le monde / reconnaître mon génie _____

   _____

8. je / avoir toujours les mêmes amis _____

   _____

Name _____ Date _____ Class _____

F. Un changement bienvenu (*welcome*). Complétez le passage suivant avec le pronom relatif qui correspond (**qui, que** ou **où**).

Je travaille dans une grande société (*company*) _____¹ je suis cadre supérieur (*executive*).

J'ai récemment pris des vacances. Une amie _____² s'appelle Éliane est partie avec

moi. C'est une personne _____³ aime beaucoup les activités en plein air. Nous sommes

allés à Neufchâtel _____⁴ les parents d'Éliane ont une villa. Le père d'Éliane, à

_____⁵ elle a téléphoné avant notre départ, nous a invités chez eux. Éliane avait

évidemment envie de voir certains copains à _____⁶ elle pense souvent.

J'ai acheté une nouvelle valise _____⁷ j'ai mis des shorts, des tee-shirts et des

chaussures confortables. C'était des vacances _____⁸ je n'allais pas oublier. On passait

la journée à faire des randonnées dans les collines et près du lac _____⁹ on pouvait

faire du bateau. Nous faisions beaucoup de pique-niques avec les copains d'Éliane

_____¹⁰ habitent toujours près de la ville. Nous avons énormément ri au ciné-club

_____¹¹ on passait de vieux films comiques. Nous sommes allés à plusieurs concerts

_____¹² on nous avait vivement recommandés.

Après trois semaines, nous avons dû rentrer, prêts (*ready*) à reprendre notre travail

_____,¹³ comme vous pouvez l'imaginer, s'était (*had*) accumulé pendant notre absence!

G. Comment réagiriez-vous? Choisissez le verbe et le temps convenables pour chaque phrase.

1. conduisais / conduirais / achetais / achèterais
   a. Vous seriez nerveuse si je _____.
   b. Si nous prenions l'auto de Jeannette, je la _____.
   c. Je _____ une meilleure voiture si je gagnais plus d'argent.
   d. Si je _____ une nouvelle voiture, je serais très content.

2. étiez / seriez / donniez / donneriez
   a. Vous me _____ vos opinions si je vous les demandais.
   b. Si vous _____ ici, je n'aurais pas besoin de vous écrire.
   c. Vous n'auriez plus d'argent si vous le _____ aux pauvres.
   d. Vous _____ content si vous pouviez éliminer la pauvreté.

3. manifesterais / croyaient / croiraient / manifestaient
   a. Même s'ils _____ pendant un an, ils ne changeraient pas la loi.
   b. Vos amis vous aideraient s'ils _____ aux mêmes choses que vous.
   c. Je _____ devant la capitale si je ne vivais pas si loin de la ville.
   d. Mes parents _____ à ma cause s'ils considéraient avec soin toute l'évidence.

◆**H. Bilan** (évaluation) **du cours.** Utilisez un infinitif pour créer des commentaires personnels.

MODÈLE: Nous apprenons *à utiliser un vocabulaire plus riche.*

1. Les étudiants dans notre cours ne refusent jamais _____

   _____

2. Dans le chapitre suivant, nous commençons _____

3. Je sais _____

4. Mon professeur de français n'accepte pas souvent _____

   _____

5. Le professeur devrait continuer _____

6. Mes camarades viennent tous les jours _____

7. La plupart des étudiants veulent _____

8. Nous demandons parfois au professeur _____

CHAPITRE **SEIZE**

Opinions et points de vue

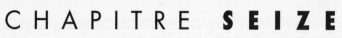

Étude de vocabulaire

A. Problèmes et solutions. Voici sept problèmes du monde contemporain:

1. _____ le développement de l'énergie nucléaire
2. _____ la pollution de l'environnement
3. _____ la destruction des espaces verts
4. _____ le gaspillage des ressources naturelles
5. _____ l'augmentation de la violence
6. _____ le stress de la vie moderne
7. _____ l'utilisation de l'automobile

Lisez les solutions ci-dessous et choisissez celle qui vous paraît être la plus adaptée au problème.

B. Ménaces sur la terre. Que pensez-vous des graves problèmes de l'environnement? Donnez votre avis en utilisant les listes de mots suivants.

MODÈLE: Il est indispensable d'encourager le recyclage.

encourager	le chômage
empêcher	les animaux
développer	les forêts
protéger	la pollution
conserver	le recyclage
recycler	le plastique
arrêter	le gaspillage
etc.	des sources d'énergie
	l'engagement politique

1. Il est indispensable _____

2. Il est essentiel _____

3. Il est urgent _____

4. Il est important _____

5. Il est possible _____

6. Il est nécessaire _____

7. Il est inutile _____

✦ **C. Controverses.** Qui a raison? Qui a tort? Justifiez vos réponses en utilisant la section «Mots-clés» à la page 437 de votre livre.

MODÈLE: Le président croit qu'il ne faut pas maintenir un grand nombre d'armes nucléaires. →
Je pense qu'il a raison parce que l'utilisation des armes nucléaires peut être très dangereuse pour l'humanité.

1. Les conservateurs pensent que nous payons trop d'impôts. _____

_____

2. Les industriels croient qu'il est important de développer des réacteurs nucléaires. _____

_____

3. Les écologistes croient qu'il est difficile d'éviter (*to avoid*) les accidents nucléaires. _____

_____

4. Les écologistes estiment que nous gaspillons nos ressources naturelles. _____

_____

5. Les pessimistes disent que les gens sont trop paresseux pour faire recycler leurs déchets. _____

_____

Étude de grammaire

54. EXPRESSING ATTITUDES
Regular Subjunctive Verbs

A. Mettez chacun de ces verbes réguliers au subjonctif.

1. (écrire) que j'_____ plus clairement

2. (voir) que tu _____ cette exposition

3. (diriger) qu'il _____ cette entreprise

4. (se lever) que nous _____ plus tôt

5. (tomber) que vous _____ amoureux

6. (conduire) que tu _____ prudemment

7. (lire) que Jacques _____ un peu plus vite

8. (s'arrêter) que vous _____ de fumer

9. (sortir) que tu _____ avec tes amis

10. (connaître) que ma mère _____ mes copains

11. (dire) que vous _____ la vérité

12. (vivre) que le roi _____ longtemps

13. (rentrer) que les enfants _____ après les cours

14. (partir) que Solange _____ avant minuit

15. (s'endormir) que je _____ de bonne heure

16. (suivre) que Martin _____ un régime

17. (sonner) que l'heure _____

18. (croire) que vous ne _____ pas tout

19. (se marier) qu'ils _____ en juin

20. (mettre) que je _____ un jean propre

B. Engagement politique. Vous faites tout ce que les écologistes vous proposent. Répondez aux questions selon les modèles.

MODÈLES: Faites-vous des efforts pour recycler? →
          Oui, parce que les écologistes veulent que nous en fassions.

          Mangez-vous beaucoup de viande? →
          Non, parce qu'ils ne veulent pas que nous en mangions.

1. Écoutez-vous attentivement les publicités vertes? _____

_____

2. Gaspillez-vous du papier? _____

_____

3. Êtes-vous engagé(e) dans le mouvement vert? _____

_____

4. Exigez-vous la conservation des sources d'énergie? _____

_____

5. Connaissez-vous l'histoire du mouvement vert? _____

_____

6. Manifestez-vous contre le développement des transports publics? _____

_____

7. Soutenez-vous la conservation des ressources naturelles? _____

_____

8. Protégez-vous la nature? _____

_____

55. EXPRESSING ATTITUDES
Irregular Subjunctive Verbs

A. Indiquez si chaque verbe est au subjonctif (S), à l'indicatif (I), ou s'il est impossible de voir la différence (?).

1. _____ alliez	8. _____ agissions	15. _____ as
2. _____ sais	9. _____ croyions	16. _____ dise
3. _____ fassent	10. _____ voulons	17. _____ vende
4. _____ lisons	11. _____ aient	18. _____ choisisse
5. _____ descends	12. _____ parlions	19. _____ écrivent
6. _____ faites	13. _____ veuillent	20. _____ achètes
7. _____ saches	14. _____ puissent	

B. Une grand-mère soucieuse. Que souhaite la grand-mère d'Alix et de Nicolas? Faites des phrases négatives ou affirmatives en employant les verbes suivants au subjonctif: aller, avoir, écrire, être, faire, pouvoir, prendre, revenir, savoir.

MODÈLE: *Elle ne veut pas qu'ils soient* malheureux.

1. _____ faim.

2. _____ des vitamines.

3. _____ finir leurs études.

4. _____ souvent des lettres.

5. _____ tout seuls de l'école.

6. _____ chez le dentiste deux fois par an.

7. _____ des promenades quand il pleut.

8. _____ qu'ils l'aiment.

Cochez (✓) les désirs qui vous semblent raisonnables.

✦**C. La vie est dure.** Parfois il semble que tout le monde attende (*expects*) quelque chose de vous. Complétez les phrases suivantes. Donnez libre cours à votre imagination.

Quelques suggestions: aller au lit à neuf heures, prendre trois repas par jour, leur écrire, faire toutes sortes de devoirs, sortir plus souvent avec lui (elle), leur rendre leur argent, comprendre le subjonctif, lire le journal, choisir leur parti.

MODÈLE: Le professeur de français *veut que je comprenne le subjonctif.*

1. Mes grand-parents _____

_____

2. Les politiciens _____

_____

3. Les journalistes _____

_____

4. Mon ami(e) _____

_____

5. Le médecin _____

_____

6. Mes professeurs _____

_____

7. Le président des États-Unis _____

_____

8. Mes parents _____

_____

56. EXPRESSING WISHES, NECESSITY, AND POSSIBILITY
The Subjunctive

A. L'année dernière, les étudiants se sont organisés pour avoir quelques changements sur le campus. Qu'est-ce qu'on voulait changer?

MODÈLE: (servir des steaks) Geoffroy voulait que la cantine... →
          Geoffroy voulait que la cantine *serve des steaks.*

1. (être plus longues) Tout le monde voulait que les vacances _____

    _____

2. (avoir plus de pouvoir [*power*]) Un journaliste insistait que le Conseil d'étudiants _____

    _____

3. (avoir plus de sports) Les sportifs préféraient _____

    _____

4. (pouvoir visiter leur résidence) Certaines femmes ne voulaient plus que les hommes _____

    _____

5. (leur faire plus attention) Les étudiants médiocres demandaient que les professeurs _____

    _____

6. (avoir moins de sports) Les intellectuels désiraient _____

    _____

B. Deux personnalités différentes. Mme Juillard est optimiste, mais M. Figuier est anxieux et pessimiste. Lisez le commentaire de Mme Juillard puis donnez la réponse de M. Figuier.

> MODÈLE: MME JUILLARD: Il est certain que le gouvernement fera des changements importants. →
> M. FIGUIER: Il est douteux *qu'il fasse des changements.*

1. MME JUILLARD: Il est sûr que nous avons raison.

    M. FIGUIER: Il n'est pas sûr _____

2. MME JUILLARD: Il est probable que la plupart des Américains comprendront notre point de vue.

    M. FIGUIER: Il est peu probable _____

3. MME JUILLARD: Il est évident que les États-Unis ont des difficultés économiques.

    M. FIGUIER: Il est dommage que _____

    _____

4. MME JUILLARD: Si nous écrivons des pétitions, les sénateurs écouteront.

    M. FIGUIER: Il est inutile que _____

5. MME JUILLARD: Il est certain qu'on obtiendra des résultats.

    M. FIGUIER: Il est impossible que _____

C. Ces prévisions sont-elles possibles ou non?

> MODÈLE: Vous passerez Noël à Paris. →
> Il est peu probable que j'y passe Noël.
> *ou* Il est probable que j'y passerai Noël.

1. Le professeur de français ne viendra pas au prochain cours. _____
   _____

2. Votre camarade de chambre visitera un jour la planète Vénus. _____
   _____

3. Votre mari/femme sera français(e). _____
   _____

4. Les étudiants de cette université manifesteront avant la fin de l'année. _____
   _____

5. Vous regretterez un jour de ne pas parler russe. _____
   _____

6. Vous vivrez jusqu'à 190 ans. _____
   _____

57. EXPRESSING EMOTION
The Subjunctive

A. Comment réagir? Laurent est écologiste. Imaginez ses réactions devant les événements suivants. Créez des phrases en utilisant un infinitif si possible.

> MODÈLES: Laurent reçoit un prix de conservation. →
> Il est content de le recevoir.
>
> Le gouvernement construit de nouvelles autoroutes. →
> Laurent n'est pas heureux que le gouvernement construise de nouvelles autoroutes.

1. Les conservateurs sont au pouvoir.
   _____

2. La plupart des gens sont indifférents au problème de la pollution.
   _____

3. Laurent entre en communication avec des écologistes d'Amérique latine.
   _____
   _____

4. Il obtient la majorité des voix aux élections.
   _____

5. Les politiciens font un effort de coopération.
   _____

6. L'entretien (*maintenance*) et l'achat de deux ou trois voitures sont trop chers pour la majorité
   des familles. _____
   _____

B. Oui ou non? UNICEF a proposé à des restaurants français célèbres de soliciter leurs clients pendant une semaine, c'est-à-dire de leur demander de l'argent pour des enfants qui ont faim. Voici les réponses. Classez chacune sous la rubrique OUI ou NON.

UNICEF

J'AI FAIM,
LES ENFANTS SOMALIENS AUSSI.

Du 11 au 17 octobre, environ 5.000 restaurants dans le monde vont distribuer, avec l'addition, un bulletin de souscription qui portera la mention: <<Des millions d'enfants ont faim... Ces enfants sont aussi les nôtres!>>. Donnez, et les fonds seront reversés à l'UNICEF et, en France, à l'association Enfants Réfugiés du Monde.

_____

_____

_____

_____

LE GRAND VÉFOUR, Paris. 2 étoiles.
Repas à 750 F.

Guy Martin, directeur : *<<Nous n'avons pas voulu participer à cette semaine. Mais nous allons, en notre nom, donner un chèque à l'UNICEF en fin d'année. Anonymement - cela n'aurait jamais dû être publié. C'est aussi une forme de respect que de ne pas s'afficher sur ces causes, histoire de se donner une bonne image. C'est même pervers de se dégager sur nos clients, qui sont assez informés par ailleurs, pour ne pas avoir à les agresser.>>*

a.

LA TOUR D'ARGENT, Paris. 3 étoiles
Repas à 1000 F.

Pierre Leconte, directeur (par fax): *<<Nous n'avons jamais été contactés (...) Notre participation aux actions humanitaires ne s'effectue jamais sous cette forme mais d'une manière plus discrète.>>*

c.

MOULINS DE MOUGINS,
près de Cannes.
3 étoiles. Repas à 700 F.

Roger Vergé, chef: *<<Il y a des actions qui méritent le respect. J'ai soutenu Elisabeth Taylor lorsqu'elle est venue à Cannes pour défendre sa fondation contre le Sida. On est trop informé sur ces malheurs pour rester insensibles. Et puis nous n'obligeons personne.>>*

b.

JACQUES CAGNA
chef du restaurant du même nom,
à Paris. 2 étoiles. Repas: 700 F.

<<Impossible de refuser. J'ai une clientèle haut de gamme, et je pense qu'elle aussi ne pourra pas refuser de donner. Il n'y a rien de choquant à rapprocher famine et gastronomie.>>

d.

LE RITZ, Paris:
restaurant l'Espandon. 2 étoiles.
Repas à 800 F.

Denise Cuet, attachée de presse: «*Si le Ritz est devenu ce qu'il est, c'est grâce à une intimité préservée jalousement pour nos clients depuis cent ans. Nous préférons ne pas les solliciter et donner directement, en tant qu'institution, pour des causes humanitaires. Je pense à la myopathie, aux enfants handicapés, la recherche contre le Sida, la Croix-Rouge.*»

GRAND HOTEL INTERCONTINENTAL, à Paris.
Trois restos: Café de la Paix (repas moyen: 200 F), la Verrière (350 F), l'Opéra (450F).

Jean-Pierre Ginoux, directeur: «*Nous sommes sollicités toute l'année pour aider des œuvres. Nous donnons régulièrement. Je suis persuadé que nos clients le verront d'un bon œil, qu'ils donnent 15, 50 ou 100 francs.*»

e.   f.

Maintenant, vous êtes restaurateur. Que dites-vous? Soyez logique, et complétez chaque réponse avec une de ces explications.

être extrêmement discrets	les solliciter	donner régulièrement
agresser nos clients	participer aux actions humanitaires	sacrifier l'intimité
n'obliger personne	refuser de donner	contacter UNICEF

1. Il serait pervers que nous _____

2. Nos clients auraient peur que nous _____

3. Il est ridicule que nous _____

4. UNICEF serait étonné que nous _____

5. Nos clients ne seraient pas contents que nous _____

6. Nos clients regretteraient que nous _____

7. Il serait triste que nous _____

✦**C. Solutions.** Comment vous et vos compatriotes américains réagissez-vous face aux problèmes contemporains? Devriez-vous changer de mode de vie? Utilisez **il (ne) faut (pas) que** et un verbe au subjonctif pour exprimer vos idées.

MODÈLE: la pollution de l'atmosphère →
Il faut que je conduise (que nous conduisions) moins et que je prenne (que nous prenions) plus souvent l'autobus.

1. la pollution de l'eau _____

_____

2. la disparition des forêts _____

_____

3. la multiplication des produits chimiques _____

_____

4. l'augmentation du bruit _____

_____

5. la surpopulation _____

_____

6. la distribution des biens (la pauvreté / la faim) _____

_____

Mise au point

A. Vos opinions politiques. Faites précéder chaque phrase par une des expressions suivantes: **je doute que, j'ai peur que, je suis sûr(e) que.** Puis expliquez vos réponses. Attention au mode du deuxième verbe.

1. Les personnes âgées sont plutôt conservatrices. _____

_____

_____

2. Nous avons besoin de changer complètement de système politique aux États-Unis. _____

_____

_____

3. En général la démocratie est la meilleure forme de gouvernement. _____

_____

_____

4. Le gouvernement américain est trop centralisé et a trop de pouvoir._____

_____

_____

5. Le gouvernement américain perd de son influence politique dans le monde. _____

_____

6. L'avortement (*abortion*) devrait être un choix personnel. _____

_____

_____

B. Confrontation. Vous avez l'occasion de parler avec le sénateur de votre état. Complétez la première et la deuxième phrase afin de lui exprimer vos opinions. Puis complétez la troisième et la quatrième phrase pour exprimer les idées du sénateur.

Vous

1. D'une façon générale, nous voulons que nos représentants au congrès...

(avoir le sens des responsabilités / savoir écouter les opinions des autres / être honnêtes)

_____

_____

2. En particulier, Monsieur (Madame) _____, nous voulons que vous...

(faire respecter nos traditions / pouvoir souvent rencontrer vos électeurs / aller à Washington défendre nos intérêts)

_____

_____

_____

Le sénateur

3. Je voudrais que vous, les électeurs, ...

(avoir confiance en moi / connaître mieux mes idées sur les problèmes de notre société)

_____

_____

_____

4. Je voudrais aussi que nous...

(savoir travailler ensemble / faire un effort pour rester en contact)

_____

_____

_____

C. Comment devenir pilote. Dominique a lu cet article dans *Femme Actuelle* et aimerait apprendre à piloter un avion, mais elle n'est pas sûre d'avoir bien compris. Aidez-la à trouver les réponses à ses questions. Vous n'avez pas besoin de tout comprendre pour compléter les phrases suivantes.

L'EXPERT REPOND
Apprendre à piloter un avion dès quinze ans

S'initier au vol est possible dès l'âge de quinze ans. A condition de s'inscrire dans un aéroclub, de suivre une formation appropriée et de ne pas avoir le mal de l'air !

Comment procéder pour passer son brevet de base ?

Pour se présenter au brevet de pilote, il faut être âgé de quinze ans, satisfaire à un examen médical auprès d'un médecin agréé[a] et suivre une formation[b] dans un aéroclub affilié à la Fédération nationale aéronautique. Le candidat doit cumuler au moins six heures de formation en vol en double commande (en général dix à quinze heures sont nécessaires), ainsi qu'[c]une instruction théorique au sol. En effet, il est indispensable de bien connaître la réglementation, la navigation, la mécanique de vol, et posséder des notions de technique radio.

DES BOURSES[d]
Des bourses peuvent être accordées par l'Etat aux apprentis-pilotes. Il suffit[e] d'être âgé de moins de vingt cinq ans, être titulaire[f] d'une licence fédérale et avoir cinq heures de vol minimum au moment de la demande. Celle-ci[g] doit être déposée[h] auprès de l'aéroclub qui transmet ensuite à la fédération.

a. *qualified*
b. *course of training*
c. *as well as*
d. *scholarships*
e. *is enough*
f. *holder*
g. *the latter*
h. *filed*

1. Pour te présenter au brevet de pilote, il faut...

   que tu _____

   que tu _____

   que tu _____

2. Tu auras besoin de voler en double commande pour un minimum de

   _____ heures.

3. Il est aussi indispensable que tu _____

   et que _____ utiliser la radio.

4. Si tu veux demander une bourse, il est nécessaire...

   que tu _____

   que tu _____

   que tu _____

   Avez-vous envie de devenir pilote? Pourquoi ou pourquoi pas? _____

   _____

✦ **D. La litanie éternelle.** Sur une autre feuille, faites une liste des conseils que vous entendez le plus souvent, de vos parents, de vos professeurs, de vos frères et sœurs, de vos amis.

> MODÈLE: Nous voulons que tu économises ton argent. (mes parents)
>
> Je préfère que tu ne prennes pas ma moto ce week-end. (ma sœur)
>
> Il faut que tu passes moins de temps au gymnase et plus de temps à la bibliothèque. (ma mère)

Maintenant dites quels conseils vous appréciez et lesquels vous n'appréciez pas du tout. Commentez.

Le monde francophone

A. Nouvelles francophones. Complétez selon le commentaire culturel, page 438 de votre livre.

1. Le Maghreb comprend l'Algérie, le Maroc et

   a. la Côte-d'Ivoire.

   b. la Tunisie.

   c. l'Égypte.

2. Beaucoup d'immigrants maghrébins sont venus en France pour

   a. profiter du système de services sociaux français.

   b. étudier.

   c. faire les travaux que les Français ne voulaient pas faire.

3. Les Français qui veulent arrêter l'immigration ont peur

    a. qu'il n'y ait pas assez de travail pour tout le monde.

    b. d'empêcher l'arrivée des nouveaux immigrants.

    c. que la France perde son identité culturelle.

4. La France a une tradition de respect

    a. des droits de tous les êtres humains.

    b. de la frontière fermée.

    c. des partis politiques aux propos racistes.

✦Pensez-vous que l'immigration pose un problème aux États-Unis? _____

Justifiez votre opinion. _____

_____

_____

_____

_____

B. France-culture. Complétez selon le commentaire culturel à la page 451 de votre livre.

1. La CEE est la _____

2. Il y a _____ pays de la CEE maintenant.

3. Certains Européens sont contre l'Europe unie parce qu'ils ont peur de perdre

    a. leur identité nationale.

    b. leur gouvernement centralisé.

    c. leurs traditions anciennes.

4. Les avantages d'une Europe unie sont surtout

    a. culturels.

    b. historiques.

    c. économiques.

5. À partir de 1995, dans les pays de la CEE, il *n'y* aura *pas*

    a. une langue commune pour tous les pays.

    b. une monnaie commune.

    c. une politique de défense commune.

C. L'immigration en France. Voici un tableau de *Francoscopie* que montre comment l'origine des immigrés en France a changé.

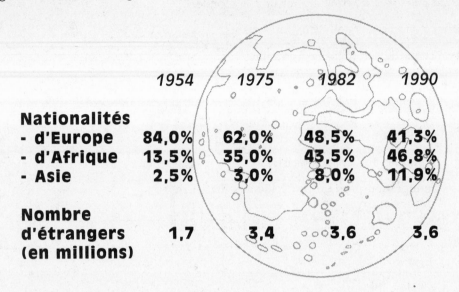

	1954	1975	1982	1990
Nationalités				
- d'Europe	84,0%	62,0%	48,5%	41,3%
- d'Afrique	13,5%	35,0%	43,5%	46,8%
- Asie	2,5%	3,0%	8,0%	11,9%
Nombre d'étrangers (en millions)	1,7	3,4	3,6	3,6

1. Quel continent procure moins d'immigrés à la France? _____

2. Quels continents en procurent plus? _____

3. Y a-t-il une différence dans le nombre d'immigrés en 1982 et en 1990? _____

4. Il y a des Français qui croient qu'il y a chaque année un nombre croissant (*growing*) d'immigrés. Ont-ils raison ou tort? _____
   _____

 Journal intime

Que pensez-vous du mouvement écologique? Y a-t-il une véritable crise écologique? Depuis cinquante ans le développement technologique a amélioré le confort des êtres humains. Mais on dit qu'il a aussi bouleversé (*disrupted*) les grands équilibres planétaires. Regardez la liste des risques ci-dessous et cochez (✓) ceux qui vous semblent les plus graves. Ensuite dites ce que vous pouvez faire, personnellement, pour résoudre quelques-uns de ces problèmes.

_____ la surpopulation

_____ le réchauffement de la planète

_____ la disparition des espèces animales

_____ la destruction des forêts et des autres types d'habitat

_____ la pluie acide

_____ les ordures et les déchets industriels toxiques

_____ le trou dans la couche d'ozone

_____ ?

CHAPITRE DIX-SEPT
Le monde francophone

Étude de vocabulaire

A. La géographie du monde francophone. Nommez chacun des lieux francophones suivants et décrivez sa situation géographique.

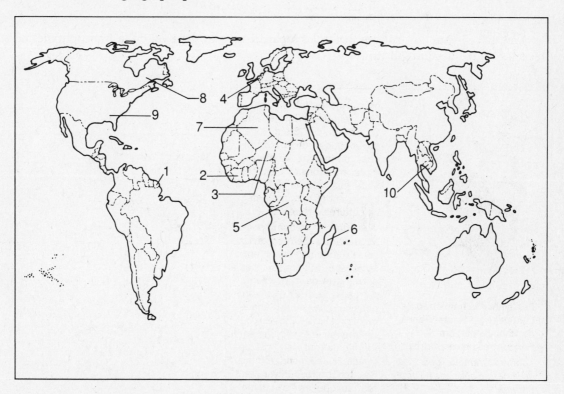

1. *La Guyane française se trouve près du Brésil en Amérique du sud.*
2. _____
3. _____
4. _____
5. _____

6. _____

7. _____

8. _____

9. _____

10. _____

B. Quiz. On parle français dans certaines régions de l'Amérique du Nord et de l'Afrique. Dans quelles autres régions du monde le parle-t-on? Référez-vous à la carte du début de votre livre.

1. En Europe, le français se parle en _____, en

   _____ et au _____.

2. Le français est encore présent en Indochine; par exemple, au _____.

3. Certaines îles de l'océan Pacifique sont francophones; par exemple, les

   _____, la _____, les

   _____ et _____.

4. En Amérique du Sud, il y a un département français d'outre-mer—la

   _____.

C. Cette annonce invite des troupes théâtrales à participer à un Festival de la francophonie. Lisez-la, puis répondez aux questions suivantes.

Festival de la francophonie Limoges et Haute-Vienne, du 15 au 28 octobre Rencontres universitaires

Thème : *Dialogue des arts de la parole[a] des pays francophones*

Ces rencontres, organisées par l'Université de Limoges dans le cadre[b] du Festival de la francophonie, seront l'occasion pour les différentes troupes dramatiques invitées d'échanger leurs méthodes et leurs expériences lors de stages[c] prévus[d] à cet effet. Cinq troupes venues d'Europe, du Cameroun, de Côte d'Ivoire, du Québec et de la Martinique, donneront vingt-cinq représentations. L'accent sera mis sur le français parlé par des communautés de cultures différentes.

Malgré[e] la prédominance accordée[f] au théâtre autour de la compagnie Pierre Debauche (Limoges), les autres arts de la parole ou du geste (conte,[g] chanson, poésie, etc.) seront également présents. Cinq lieux[h] de théâtre et d'enseignement fonctionneront en même temps, indépendamment des rencontres universitaires auxquelles les comédiens, les auteurs et le public seront associés.

Pour tous renseignements, s'adresser à l'Association « Festival de la francophonie », 15 rue du Faubourg Montmartre, 75009 Paris. Tél. : 33 (1) 770.18.17. Directrice : Monique Blin.

a. *speech*
b. *framework*
c. *workshops*
d. *planned*
e. *in spite of*
f. *granted*
g. *story*
h. *sites*

1. De quels continents viendront les comédiens (*actors*)? _____
   _____

2. Combien de pays seront représentés? _____

3. Donnez trois exemples des arts de la parole. _____
   _____
   _____

4. Qu'est-ce que les participants feront pendant leurs stages? _____
   _____
   _____

5. Combien de représentations seront offertes? _____

Étude de grammaire

58. TALKING ABOUT QUANTITY
Indefinite Adjectives and Pronouns

A. Suzie se plaint à sa mère de l'appétit de son oncle Jules, qui est en visite chez eux. Complétez ses propos avec les différentes formes du mot **tout**.

Maman, c'est incroyable ce qu'Oncle Jules peut dévorer! Pendant que tu étais au bureau, il a

mangé _____[1] ma pizza et _____[2] mes raisins secs. Il y avait quatre

bouteilles de soda et il les a _____[3] bues. Au dîner, il a fini _____[4] les

légumes et _____[5] le rôti. Il a mis _____[6] la crème au chocolat sur son

dessert et puis il a bu _____[7] le café. Il y a une douzaine d'œufs au frigo. S'il les mange

_____[8] demain matin, je m'en vais.

Devinez comment la visite va se terminer: _____

_____

B. Tristes histoires universitaires. Complétez les phrases suivantes en utilisant des pronoms ou des adjectifs indéfinis.

1. Robert se demande pourquoi il est toujours le dernier à rendre ses examens. Utilisez
   plusieurs, quelques, quelqu'un, chaque, autres, tout.

   Quand nous passons un examen, le professeur distribue une copie à _____[a]

   étudiant de la classe. _____[b] le monde travaille bien, mais il y a toujours

   _____[c] étudiants, deux ou trois au maximum, qui finissent avant les

_____.^d Il y en a _____,^e quinze ou seize, qui rendent

leur copie au bout de (*at the end of*) quarante minutes. Peut-être qu'un jour

_____^f s'endormira pendant un examen et moi, je ne serai pas le dernier

à partir.

2. Une cuisine dangereuse? Utilisez **tout, mêmes, tous, quelques-uns, quelque chose, d'autres.**

Hier soir au restaurant universitaire, _____^a les étudiants qui ont pris du

gâteau comme dessert ont trouvé qu'il y avait _____^b de bizarre dedans.

_____,^c peut-être trois ou quatre, ont refusé d'en manger, mais

_____^d avaient si faim qu'ils ont _____^e mangé. Ce sont

les _____^f étudiants qui sont aujourd'hui à l'infirmerie.

3. Lucie a quelquefois des difficultés avec les livres de classe. Utilisez **même, d'autres, plusieurs, tous.**

Les livres du cours d'économie sont _____^a mauvais.

_____^b les étudiants et _____^c professeurs (une douzaine,

peut-être) disent la _____^d chose. M. Morin m'a dit qu'il cherchait

_____^e livres moins difficiles, et qu'heureusement, il en aurait

_____^f le semestre prochain.

59. EXPRESSING DOUBT AND UNCERTAINTY
The Subjunctive

A. L'Afrique de l'avenir. Complétez les phrases avec le subjonctif ou l'indicatif (au présent ou au futur) selon le verbe principal.

1. Il est probable que la France et le Sénégal _____ (*faire*) plus

   d'échanges commerciaux pendant les années 90 que pendant les années 80.

2. Pensez-vous que les pays en voie de développement _____ (*devoir*)

   imiter les pays industrialisés?

3. Je ne crois pas que la dictature _____ (*être*) jamais la meilleure

   forme de gouvernement.

4. Il est certain que plusieurs pays d'Afrique _____ (*devenir*)

   industrialisés dans un avenir proche.

5. Mais pensez-vous qu'ils _____ (*pouvoir*) éviter les problèmes

   écologiques qui accompagnent l'industrialisation?

B. Que pensez-vous de la politique aux États-Unis? Exprimez votre opinion en utilisant **j'espère que, il est clair que** ou **je doute que.**

MODÈLE: On choisit toujours les meilleurs candidats. →
Je doute qu'on choisisse toujours les meilleurs candidats.

1. Les candidats sont honnêtes et raisonnables.

   _____

   _____

2. Il y a des candidats de toutes les classes sociales.

   _____

   _____

3. Les Américains peuvent exprimer leurs opinions librement.

   _____

   _____

4. L'argent joue un rôle important dans les élections.

   _____

   _____

5. Les Démocrates ont plus de pouvoir que les Républicains.

   _____

   _____

6. L'économie américaine devient plus forte.

   _____

   _____

7. Les États-Unis doivent aider les pays en voie de développement.

   _____

   _____

C. Dans *Le Figaro*, un reporter interviewe Noam Chomsky, professeur célèbre à MIT. C'est un linguiste connu aussi pour sa politique engagée. Lisez l'extrait et essayez de dégager (découvrir) les opinions de Chomsky. Commencez vos phrases avec une des expressions de la liste ci-dessous et un verbe au subjonctif.

Les vrais penseurs du XXᵉ siècle

Mais pourquoi Chomsky est-il lui-même un intellectuel de gauche ?

– *Je ne suis pas*, me répond-il, *un intellectuel, mais un savant*[a] *et un homme ; c'est en tant qu'homme*[b] *et non en tant que linguiste que je prends des positions personnelles sur le Nicaragua ou la Palestine. Rien ne me choque plus*, ajoute Chomsky, *que ces intellectuels français qui jouent de*[c] *leur compétence dans un domaine scientifique pour prendre position sur des sujets qu'ils ignorent. Mes travaux sur la linguistique en eux-mêmes n'ont pas de conséquences idéologiques ; leur caractère est purement scientifique. Le seul but*[d] *de la linguistique est la connaissance de la nature humaine au même titre que l'archéologie, la biologie ou l'ethnologie. Au mieux, les linguistes se préoccupent de sauver des langues perdues ou en voie de disparition*[e] *et de préserver la variété de nos civilisations. Mais la linguistique ne permet pas de changer le monde.*

Là-dessus, Chomsky me met à la porte, dévale[f] les escaliers et court rejoindre ses étudiants à une manifestation contre l'impérialisme américain en Amérique latine.

J'en reste tout ébloui[g]: Chomsky, quel spectacle ! ■

GUY SORMAN

a. scientifique
b. en tant... *as a*
c. jouent... *utilize*
d. *goal*
e. en voie... *disappearing*
f. *hurtles down*
g. *dazzled*

Il est choqué que	Il ne croit pas que
Il est convaincu que	Il doute que
Il n'est pas sûr que	Il n'est pas heureux que

1. On le prend pour un intellectuel. _____

_____

2. Les intellectuels français ont tendance à confondre (*to confuse*) la science et la politique. _____

_____

_____

3. Le rôle de la science est d'influencer la politique. _____

_____

4. Les linguistes peuvent préserver des langues. _____

_____

5. Les États-Unis ont le droit d'intervenir au Nicaragua. _____

_____

6. La linguistique peut sauver le monde. _____

_____

60. EXPRESSING SUBJECTIVE VIEWPOINTS
Alternatives to the Subjunctive

Bon voyage! Benoît et Pauline vont visiter la ville de Québec. Transformez les phrases afin d'éviter l'emploi du subjonctif. Utilisez un infinitif ou le verbe espérer + indicatif.

MODÈLE: Il faut que nous partions. → Nous devons partir.

1. Il faut que nous y restions quinze jours. _____

_____

2. Je souhaite que tu puisses prendre quatre semaines de vacances. _____

_____

3. Est-il possible que nous prenions le train? _____

_____

4. Non, il vaut mieux que nous y allions en avion. _____

_____

5. Est-il nécessaire que nous emportions nos passeports? _____

_____

6. Non, mais il faut que tu aies ton permis de conduire. _____

_____

7. Je souhaite que nous visitions aussi quelques villages de la région. _____

_____

8. Je suis bien contente que nous ayons trois mois de vacances chaque été! _____

_____

■ ◆ **Mise au point**

A. Aidez Mariane à faire ses devoirs. Vos connaissances en maths vous aideront à comprendre les mots que vous ne connaissez pas.

Activités logiques

Vrai ou faux?

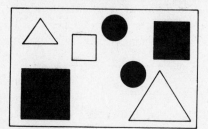

Entoure la bonne réponse.

Tous les carrés sont noirs	**VRAI**	**FAUX**
Aucun[a] carré n'est rond	**VRAI**	**FAUX**
Aucun dessin[b] blanc n'est rond	**VRAI**	**FAUX**
Seuls les triangles sont blancs	**VRAI**	**FAUX**
Tous les dessins blancs sont des triangles	**VRAI**	**FAUX**
Si un dessin est noir, alors, il est carré	**VRAI**	**FAUX**
Si un dessin est rond, alors, il est noir	**VRAI**	**FAUX**

a. *no*
b. *drawing*

✦Maintenant, faites deux phrases originales qui décrivent le dessin ci-dessus et qui sont vraies:

1. _____

2. _____

B. Un jour vous visiterez le Canada. Connaissez-vous sa géographie?

1. La province située à l'ouest du Québec s'appelle _____

2. La capitale de l'Alberta s'appelle _____

3. Les montagnes du Yukon s'appellent les _____

4. Laquelle de ces provinces a une frontière commune avec les États-Unis: le Manitoba, Terre-Neuve ou la Nouvelle-Écosse? _____

5. Quelles montagnes trouve-t-on aux États-Unis tout comme au Canada?

   _____

6. Lesquels de ces noms de lieux canadiens sont français: Vancouver, Trois-Rivières, Montréal, Chicoutimi, Sault-Sainte-Marie? _____

   _____

7. Quelle est la capitale du Nouveau-Brunswick? _____

8. Quel territoire a la plus grande superficie (*the largest area*), le Québec ou la France?

   _____

9. Six millions et demi d'habitants; cinquante-cinq millions d'habitants.

   Quelle est la population de la France? _____

   Quelle est celle du Québec? _____

10. Lequel est le plus peuplé, le Saskatchewan ou le Yukon?

   _____

C. Cochez (✓) les expressions qui exigent l'emploi du subjonctif.

   MODÈLE: _____ Vous verrez que...

         ✓ Nous souhaitons que...

1. _____ Je suis sûr que...
2. _____ Ils voulaient que...
3. _____ Il n'est pas certain que...
4. _____ Ils craignent que...
5. _____ Vous souhaitez que...
6. _____ Il semble que...
7. _____ Il voudrait que...
8. _____ Nous croyons que...
9. _____ Il se peut que...
10. _____ Il est dommage que...
11. _____ Je regrette que...
12. _____ Il vaut mieux que...
13. _____ Tu espères que...
14. _____ Avant de...
15. _____ Nous exigeons que...
16. _____ Pendant que...
17. _____ Nous devons...
18. _____ Ils trouveront que...
19. _____ Je doute que...
20. _____ Il sera préférable que...
21. _____ Parce que...
22. _____ Nous sommes heureux que...
23. _____ On dit que...
24. _____ Il n'est pas sûr que...
25. _____ Il est évident que...
26. _____ Il est probable que...
27. _____ Il est important que...
28. _____ Il est clair que...
29. _____ Vous oubliez que...
30. _____ Je sais que...

✦**D. Questionnaire personnel.** Complétez les phrases suivantes de façon originale.

1. Je suis content(e) de _____

2. Je suis content(e) que mes professeurs _____

   _____

3. J'ai peur de _____

4. Avant la fin du semestre, j'espère _____

   _____

5. Je souhaite que mes vacances d'été _____

   _____

6. Je me brosse toujours les dents avant de _____

_____

7. Je regrette que ma famille _____

8. Je regrette parfois de _____

E. Circonlocutions. Dans *Jour de France* une série d'interviews a paru où on pose la question, «Faut-il moderniser l'écriture du français?» Voici deux réponses par des gens qui ont appris, le français comme deuxième langue. Lisez-les, puis faites l'exercice qui suit.

YA DING

Chinois. A appris le français à l'université, à vingt ans. « J'ai vraiment appris le français en écoutant toujours la même cassette de cours. Ce qui m'a posé le plus de problèmes au début,[a] c'est le temps des verbes. Cette notion n'existe pas en chinois. J'écris en français pour en conserver l'usage et éviter d'être traduit.[b] Mais c'est très fatigant. Je serais très heureux qu'on simplifie l'orthographe.[c] Je ne suis pas sensible[d] comme vous à l'aspect[e] des mots. C'est leur sens qui m'intéresse. Evidemment, si vous me parliez de simplifier le chinois, je réagirais comme vous. »   V.H.

a. *beginning*
b. *éviter... to avoid being translated*
c. *spelling*
d. *sensitive*
e. *appearance*

FERNANDO ARRABAL

Espagnol. A appris le français à l'école, à dix ans.

Pour un étranger, il n'est pas évident de savoir s'il faut écrire esbroufe[a] avec un seul f ou chausse-trape[b] avec un seul p. Pour un Espagnol il n'est pas facile non plus de se rappeler quels verbes se conjuguent avec l'auxiliaire être ou avoir aux temps composés, et encore moins comment faire l'accord du participe, surtout lorsqu'il s'agit des[c] verbes pronominaux. La langue n'est pas un corps mort. Elle évolue constamment grâce,[d] entre autres, à l'apport[e] des gens venus d'ailleurs.[f] La moderniser arbitrairement serait frustrant pour tous ceux[g] qui l'ont apprise avec ténacité. »   V.H.

a. *bluffing*
b. *trap*
c. *il... it's a question of*
d. *thanks*
e. *contribution*
f. *elsewhere*
g. *those*

Corrigez les fautes dans les énoncés suivants et essayez d'éviter (*to avoid*) l'emploi du subjonctif.

1. Ya Ding écrit en français parce qu'il préfère qu'on ne le comprenne pas. _____

_____

2. Il souhaite qu'un jour le français soit plus difficile à écrire. _____

_____

3. Il voudrait qu'on rende le chinois plus simple. _____

_____

4. Fernando Arrabal a peur que ses verbes à l'imparfait soient mal écrits. _____

_____

5. Il trouve qu'il est essentiel que l'orthographe soit modernisée. _____

_____

Name _____ Date _____ Class _____

◆Où trouvez-vous des difficultés en français? _____

_____

Voudriez-vous voir des simplifications? Lesquelles? Pourquoi? _____

_____

_____

_____

Le monde francophone

A. Nouvelles francophones. Consultez les pages 467 et 477 de votre livre et choisissez les meilleures réponses ci-dessous.

Le français en Afrique

1. Le français est la langue officielle de *treize / dix-huit* pays d'Afrique noire.

2. Les trois pays qui constituent le Maghreb sont les suivants: *le Maroc / l'Algérie / l'Égypte / la Tunisie / la Côte-d'Ivoire.*

3. L'Afrique a été colonisée au *XVIIème / XIXème* siècle par les Français et les *Belges / Hollandais.*

4. Il est surprenant que les Africains aient voulu garder le français comme langue dominante même après leur *colonisation / indépendance.*

5. Les deux raisons pour lesquelles beaucoup d'Africains parlent aujourd'hui le français sont *l'universalité de la langue en Afrique / le besoin de communiquer avec le reste du monde / le désir de lire de la littérature française.*

Le français en Amérique du Nord

6. *Joliet / Champlain / Des Moines / Baton Rouge* sont deux noms d'explorateurs français.

7. C'est au *XVIIIème / XVIIème* siècle que la France a pris possession du territoire de la Louisiane.

8. Les Cajuns émigrés en Louisiane venaient *de France / du Canada.*

9. Au Canada, à peu près *un quart / cinquante pour cent* de la population parle français.

10. *Montréal / Québec* est la plus grande ville francophone après Paris.

◆Quels pays ou régions francophones avez-vous envie de visiter? Pourquoi? _____

_____

_____

_____

_____

B. En savoir plus. Lisez le commentaire qui suit, puis répondez aux questions.

Un peu de québécois

Le français parlé dans la province de Québec, le québécois, est sensiblement différent du français parlé en France. Isolé, le québécois n'a pas suivi la même évolution linguistique que le français d'Europe. Voici quelques exemples d'expressions québécoises.

MOTS QUÉBÉCOIS	FORME FRANÇAISE	FORME ANGLAISE
une station-wagon	une familiale, un break	*a station wagon*
un locker	une armoire, un casier	*a locker*
les annonces classées	les petites annonces	*classified ads*
un tapis mur à mur	une moquette	*wall-to-wall carpet*

Associez ces mots québécois avec leur équivalent anglais. (Écrivez **a**, **b**, etc.) Puis donnez leur équivalent français.

Équivalents français: relâche, des tennis, une voiture, un réservoir, gâcher (= ruiner)

1. des sniques (*f. pl.*) _____ _____

2. un char _____ _____

3. botcher _____ _____

4. un tinque _____ _____

5. lousse _____ _____

   a. a tank
   b. to ruin, botch
   c. sneakers
   d. loose
   e. car

• À quelle autre langue ressemble le français parlé au Québec? _____

Journal intime

Tout le monde a des conflits. Quelles sont les causes principales de vos conflits? Des disputes avec vos parents, vos amis, vos frères ou vos sœurs? Vous pouvez commencer par: «Je ne m'entends pas toujours avec... »

CHAPITRE **DIX-HUIT**

La société contemporaine: Lectures et activités

Première partie

A. Des conversations entendues à la banque. Complétez les phrases suivantes avec un verbe au subjonctif ou à l'indicatif.

> MODÈLE: (avoir plus d'argent) Ma mère regrette que je *n'aie pas plus d'argent.*

1. (être obligés de toucher un chèque) Il est possible que nous _____

   _____

2. (faire des économies) Je sais que vous _____

   _____

3. (ouvrir un compte en banque) J'aimerais que mon fils _____

   _____

4. (connaître le cours du franc) M. Fédeau était surpris que vous _____

   _____

5. (gagner un salaire intéressant) Il est sûr que tes amis _____

   _____

6. (les mettre sur son compte d'épargne) Quand j'ai donné 6.000 F à mon neveu, je voulais qu'il

_____

_____

7. (pouvoir retirer son argent à ce guichet) Es-tu sûre qu'on_____

_____

8. (endosser nos chèques) L'employé a demandé que nous _____

_____

B. Séjour à Tahiti. Complétez les phrases suivantes en conjugant les verbes suggérés. Utilisez l'indicatif, le subjonctif, le futur ou l'infinitif.

Verbes: aller, s'amuser, apprendre, arriver, coûter, être, étudier, se parler, se passer, pouvoir, prendre, vouloir.

1. Il est essentiel que nous _____ le français.

2. Je veux _____ la langue avant d'aller à Tahiti.

3. Il vaudra mieux que nous _____ en français quand nous

   _____ à Papeete.

4. Est-ce vrai que la langue locale _____ difficile à apprendre?

5. Il est probable que nous _____ le bateau; je sais que le voyage en

   avion _____ plus cher.

6. J'espère que nous _____ passer plusieurs semaines en Polynésie

   française.

7. Je suis ravi que ton oncle _____ nous y accueillir (*to welcome*).

8. Je suis sûre que notre séjour _____ très bien et que nous

   _____ beaucoup.

C. Voici une réclame d'un organisme catholique tirée du magazine *GaultMillau*. Trouvez les meilleures fins de phrases pour les phrases qui la suivent.

TERRE D'AVENIR

UN NOUVEAU MONDE DE SOLIDARITE

La faim, la misère, la détresse... voilà aujourd'hui les choses les mieux partagées[a] du monde. Elles existent partout. Même dans les pays riches, qui ne parlent plus que de récession, chômage, individualisme, crise mondiale et préférence nationale ! Alors, chacun y va de sa solution : interdisons les importations, stoppons les délocalisations, boutons[b] l'étranger hors de nos frontières ! Chacun pour soi, chacun chez soi et les devises[c] seront bien gardées... Non, mille fois non !

Les problèmes sont trop interdépendants pour leur apporter des solutions isolées, des réponses fragmentaires ou simplistes. Le développement séparé, le "chacun pour soi", sont des voies sans issue[d]. Pour que tout le monde s'en sorte, il faut une véritable stratégie planétaire, fondée sur le développement solidaire. Oui, il nous faut bâtir un nouveau monde de partage et d'entraide, un nouveau monde de fraternité. Oui, cette Terre d'Avenir est possible. Construisons-la ensemble.

Espace offert par le support

GARNIER PARISOT Consultants

MAINTENANT, C'EST CHACUN POUR TOUS.

 COMITE CATHOLIQUE CONTRE LA FAIM ET POUR LE DEVELOPPEMENT
"Grande Cause Nationale 1993" — CCFD 4, rue Jean Lantier 75001 PARIS

a. *shared*   c. *currencies*
b. *let's push* d. voies... cul-de-sacs

Selon la réclame

1. La faim et la misère sont des problèmes

   a. africains.

   b. européens.

   c. universels.

2. La bonne solution est

   a. de fermer les frontières aux immigrés.

   b. de créer une stratégie planétaire de

      partage.

   c. d'arrêter le commerce international.

3. Le comité catholique est pour

   a. la fraternité entre les nations.

   b. l'isolement économique et social.

4. La devise (*motto*) du comité est

   a. «Chacun pour tous».

   b. «Chacun pour soi».

✦Maintenant donnez vos opinions personnelles de cette situation.

   • Je crains que _____

   • Je suis certain(e) que _____

   • Il est probable que _____

- Je suis heureux/euse que_____

- Il n'est pas juste que _____

Deuxième partie

Maintenant que vous étudiez le français depuis presque un an, vous commencez peut-être à vous rendre compte des progrès que vous avez faits. Vous avez appris à faire une description détaillée et à raconter certains événements. Vous êtes maintenant capable de vous exprimer au présent, au passé et au futur. Vous commencez à pouvoir parler de vos opinions et de vos sentiments et à pouvoir formuler des hypothèses. Dans la deuxième partie de ce chapitre, vous pouvez faire preuve de ce que vous avez appris.

✦ **A. Décrire et raconter au présent.** Regardez bien les portraits stéréotypés de ces jeunes Français. Sur une autre feuille, décrivez-les physiquement et imaginez la façon dont ils passent leurs journées. Vous pouvez également créer un court dialogue entre eux.

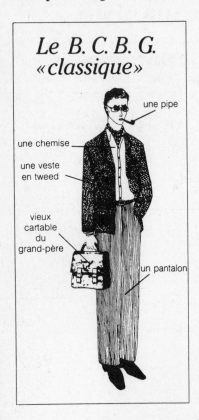

Le B. C. B. G.
«classique»

une pipe
une chemise
une veste en tweed
vieux cartable du grand-père
un pantalon

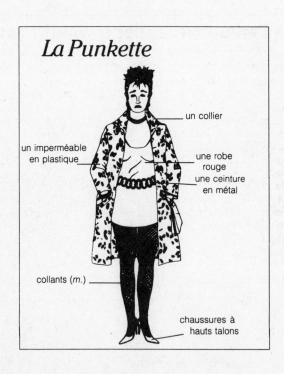

La Punkette

un collier
un imperméable en plastique
une robe rouge
une ceinture en métal
collants (*m.*)
chaussures à hauts talons

✦ **B. Décrire et raconter au passé.** Voici une description d'un personnage historique célèbre, tirée d'une encyclopédie française, *Le Petit Larousse*. Après l'avoir lue, racontez l'histoire d'un personnage historique qui vous intéresse particulièrement, comme par exemple la vie de Marie-Antoinette. NOTEZ BIEN: Cet extrait est raconté au passé simple, un temps littéraire, mais dans votre récit, il vaut mieux utiliser **le passé composé** ou **l'imparfait** selon le cas.

MARIE-ANTOINETTE DE LORRAINE, archiduchesse d'Autriche, née à Vienne (1755-1793), fille de François Ier, empereur germanique, et de Marie-Thérèse. Elle épousa en 1770 le futur roi de France Louis XVI. Imprudente, prodigue et ennemie des réformes, elle se rendit promptement impopulaire. Elle poussa Louis XVI à résister à la Révolution. On lui reprocha ses rapports avec l'étranger, et, après le 10-Août, elle fut enfermée au Temple. Pendant sa captivité et devant le tribunal révolutionnaire, elle eut une attitude très courageuse. Elle mourut sur l'échafaud.

MARIE-ANTOINETTE
par Drouais

✦**C. Décrire et raconter au futur.** Comment sera le monde de vos petits-enfants? Dans quarante ans, la vie d'une personne de vingt ans aura certainement beaucoup changé. Racontez sa journée en l'an 2035. Parlez du logement, du travail, de la communication, du transport et des rapports entre individus.

✦**D. Donner son avis.** Voici un extrait d'article paru dans *Le Journal Français d'Amérique* dans lequel les Français donnent leur avis sur l'argent.

Qu'est-ce qui est plus vulgaire que l'argent ?

De fait, l'argent est un tabou traditionnel en France où annoncer son salaire est du plus parfait mauvais goût.[a] Lors[b] de l'affaire Ockrent, toute une chaîne de télévision et la moitié[c] du monde audiovisuel se sont retrouvées paralysées par les grèves[d] à la suite de publication du salaire de la star du journal télévisé. Même si le président de la République affirmait sans ambiguïté que le travail et le mérite devaient être récompensés[e] à leur juste valeur, l'opinion publique était partagée[f] entre l'indignation et une admiration honteuse.[g] La principale concernée déclarait alors que « les Français ont un rapport très ambigu et inconfortable avec l'argent », mettant le doigt sur une vieille douleur.[h] Elle ajoutait,[i] retournant sans merci le fer[j] dans la plaie.[k] « La France est par-dessus tout une nation de bureaucrates sous-payés, qui ont oublié qu'ils bénéficient de la sécurité de l'emploi ».

Christine Ockrent « aurait beaucoup moins choqué si elle s'était montrée nue,[l] plutôt que de révéler son salaire » remarque le publiciste Daniel Robert, soulignant[m] que les Français trouvent l'argent indécent alors qu'ils sont assez blasés en ce qui concerne le sexe. A l'inverse, précise-t-il, « les Américains sont choqués par le sexe et très prudes — ils ont transféré leur passion sexuelle sur la passion financière ».

Le sociologue Emmanuel Todd estime que la déchristianisation de la France pourrait avoir un effet d'érosion sur le masque négatif de l'argent[n] (relique fortement entretenue[n] par l'Eglise catholique romaine), mais que jamais en France, on ne le considèrera comme « une valeur positive, à l'américaine[o] ». Le succès réside dans des vertus plus traditionnelles, sinon conservatrices — un patrimoine transmis de génération en génération. « Le succès pour un Français, ajoute Emmanuel Todd, n'est pas de faire de l'argent, mais de faire *Apostrophes* ! » (en référence à la très appréciée émission[p] littéraire de Bernard Pivot, où les auteurs en vue[q] parlent de leur dernier ouvrage).

a. *taste*
b. *during*
c. *half*
d. *strikes*
e. *compensated*
f. divisé
g. *uneasy*
h. *wound*
i. *added*
j. *knife*
k. *wound*
l. *naked*
m. *stressing*
n. *maintained*
o. *American style*
p. *progam*
q. *in the public's eye*

1. Complétez les phrases suivantes selon l'article.

   a. Christine Ockrent, une journaliste à la télévision, a provoqué *une manifestation / une grève* quand elle a annoncé son salaire.

   b. Les Français qui travaillent pour le gouvernement ne sont pas extrêmement bien payés, mais ils sont assurés *de garder leur place / d'avoir des assurances*.

   c. Les Français parlent plus facilement *de l'argent / des relations sexuelles*.

   d. Les Américains parlent plus facilement *de l'argent / des relations sexuelles*.

   e. L'Église en France *perd / gagne* des adhérents.

   f. Les Américains trouvent que l'argent est *une valeur positive / une source d'érosion morale*.

   g. Les Français admirent davantage le succès *intellectuel / financier*.

✦2. Maintenant, analysez vos propres valeurs en répondant aux questions ci-dessous.

   a. Jusqu'à quel point acceptez-vous le jugement de Daniel Robert qui trouve que les Américains ont démystifié tout ce qui concerne l'argent, mais restent très prudes en ce qui concerne la sexualité? Commentez votre réponse. _____

   _____

   _____

   _____

   _____

   _____

   _____

   b. Comment réagissez-vous devant la révélation des salaires des joueurs de base-ball ou des chanteurs de rock? Pourquoi? _____

   _____

   _____

   _____

   _____

   c. Que veut dire «succès» pour vos parents? pour vous? _____

   _____

   _____

   _____

   _____

   _____

Réponses aux exercices

This section provides answers to all exercises with predictable responses. Certain exercises in the workbook have answers that are only partly predictable; for example, if you are asked "Que regardez-vous à la télévision?" (*What do you watch on TV?*), the subject and verb of your answer will be predictable (**Je regarde...**) but the rest of your answer will not. We have included answers for this kind of exercise, marked with an asterisk (*), to let you know that your answers may differ from the models given.

CHAPITRE 1

Première partie   Les bonnes manières   A. 1. Pardon! Excusez-moi! 2. Comment? Répétez, s'il vous plaît. 3. Comment vous appelez-vous? 4. Salut, ça va? 5. Bonjour, Monsieur. 6. Je m'appelle _____. 7. Au revoir! À bientôt! 8. De rien.   **B.** —Bonjour, Madame, Comment allez-vous? —Très bien, merci. Et vous? Ça va? —Oui. Ça va bien, merci. —Au revoir, Jeremy. À bientôt. —Au revoir, Madame.   **Les nombres de 0 à 20   A.** 1. huit 2. dix-neuf 3. onze 4. seize 5. sept 6. quinze 7. cinq 8. quatorze 9. trois 10. treize   **La communication en classe A.** 1. Comment dit-on "Dear John" en français? 2. À bas les examens 3. Non, ce n'est pas exact. 4. Je ne comprends pas. 5. J'ai une question à poser. 6. Écoutez et répétez.   **B.** 1. e 2. d 3. f 4. g 5. c 6. a 7. b   **Deuxième partie   Dans la salle de classe** 1. neuf stylos 2. quatre étudiants 3. deux chaises 4. cinq professeurs 5. un bureau 6. dix fenêtres 7. une table 8. un tableau noir 9. sept crayons   **Les nombres de 20 à 60   A.** 1. douze 2. vingt et un 3. quarante 4. soixante-six 5. cinquante 6. quarante-quatre 7. douze   **Quel jour sommes nous? A.** 1. Le vingt et un décembre, c'est un dimanche. 2. Le onze décembre, c'est un jeudi. 3. Le huit décembre, c'est un lundi. 4. Le vingt-quatre décembre, c'est un mercredi. 5. Le deux décembre, c'est un mardi. 6. Le six décembre, c'est un samedi. 7. Le dix-neuf décembre, c'est un vendredi.   **B.** 1. samedi, le treize décembre. 2. lundi, le premier décembre. 3. jeudi, le quatre décembre. 4. dimanche, le vingt-huit décembre. 5. mardi, le trente décembre. 6. mardi, le vingt-trois décembre. 7. mercredi, le dix-sept décembre.   **Troisième partie The French Alphabet** 1. bureau 2. mademoiselle 3. aujourd'hui 4. je comprends 5. monsieur 6. Quel jour sommes-nous? 7. Comment vous appelez-vous? 8. étudiant 9. quatorze   ***F.** 1. 9 exact cognates, 12 close cognates 2. condominiums 3. near the beach, fully equipped kitchen   ***Le monde francophone** Use the map in *Rendez-vous* to check your answers.

CHAPITRE 2

Étude de vocabulaire   *A. 1. Dans la cité universitaire. 2. Dans l'amphithéâtre. 3. Dans le restaurant universitaire. 4. Dans la bibliothèque. 5. Dans la cité universitaire.   **B.** 1. les mathématiques 2. la biologie 3. l'histoire 4. les langues étrangères 5. la littérature   ***C.** 1. les maths, la physique, la chimie et les sciences naturelles. 2. la littérature, la linguistique, et les langues étrangères. 3. l'histoire, la géographie, la philosophie et la sociologie. 4. le français, la psychologie, la linguistique, la littérature et l'histoire. 5. Moi j'étudie le français. **D.** 1. mexicain 2. japonais 3. russe 4. allemand 5. zaïrois 6. suisse 7. espagnol   ***E.** 1. l'Espagne, Le Chili, l'Argentine, les États-Unis, le Brésil 2. la France, la Belgique, le Canada, le Zaïre, la Côte d'ivoire 3. l'Angleterre, les États-Unis, le Canada 4. l'Italie 5. la Chine   ***F.** J'aime la musique classique et le rock, et je n'aime pas beaucoup le heavy metal. J'adore le tennis, et je n'aime pas le football. J'aime beaucoup les films d'amour et je n'aime pas les films d'horreur. J'aime beaucoup le cinéma, et je n'aime pas les sports.   **Étude de grammaire 1. Identifying People and Things: Articles and Nouns.   *A.** J'aime bien le ski. 2. Je n'aime pas beaucoup la télévision. 3. J'aime bien le baseball. 4. Je n'aime pas le lundi. 5. J'aime beaucoup le français. 6. Je n'aime pas beaucoup l'histoire. 7. J'aime beaucoup le cinéma. 8. J'aime beaucoup le café.   **B.** 1. un 2. un 3. une 4. un 5. une 6. une 7. une 8. une 9. un 10. une 11. un 12. un 13. une 14. un 15. une 16. une 17. une 18. une 19. un 20. un 21. une 22. une 23. un 24. une   **C.** 1. la femme 2. le ski 3. un cinéma 4. un tableau noir 5. un cahier 6. l'université

7. un restaurant 8. la salle de classe. 9. une nationalité 10. la télévision 11. le bureau 12. la radio 13. une radio 14. la vie   **D.** 1. une 2. une 3. le 4. la 5. la 6. un 7. la 8. un 9. un 10. le 11. un 12. l'   **E.** 1. La 2. la 3. une 4. la 5. une 6. le   **2. Expressing Quantity: Plural Articles and Nouns   A.** 1. un ami 2. le choix 3. un hôpital 4. un bureau 5. le cours de français 6. le lieu 7. la femme 8. une question 9. l'examen 10. un Américain   *B. 1. Dans les bureaux il y a des crayons. 2. Dans les universités il y a des étudiants. 3. Dans les hôpitaux il y a des docteurs. 4. Dans les cinémas il y a des films. 5. Dans les bibliothèques il y a des livres. 6. Dans les librairies il y a des étudiants. 7. Dans les universités il y a des facultés. 8. Dans les hôpitaux il y a des tables.   **C.** 1. une 2. des 3. des 4. l' 5. La 6. la 7. des 8. un 9. Le 10. la 11. un 12. la 13. Les 14. un 15. le 16. des 17. une 18. L'
3. Expressing Actions: -er Verbs   A. 1. parle 2. regardent 3. cherchent 4. écoute 5. rêve 6. téléphone 7. travaille   **B.** 1. visitent 2. écoutent 3. parlent 4. skient 5. dansent 6. travaillons 7. aimons mieux 8. écoutons 9. dansons 10. trouvons 11. écoute 12. rêve 13. regarde 14. déteste 15. aime mieux   **C.** Une étudiante canadienne proteste contre les programmes de la radio universitaire. Elle trouve qu'il y a trop de musique anglaise. «Le Canada est un pays bilingue. Nous aimons mieux écouter de la musique française ou québécoise.» *J'écoute très souvent la radio. J'aime mieux la musique classique ou le country.   **4. Expressing Disagreement: Négation Using ne... pas   A.** 1. Les éléphants ne parlent pas français. 2. On ne danse pas à la bibliothèque. 3. On n'étudie pas à la librairie. 4. Je parle anglais. 5. Les étudiants n'adorent pas les examens. 6. Nous n'écoutons pas la radio en classe. 7. Maintenant je regarde un exercice de français. 8. Je n'habite pas un appartement.   *B. 1. J'adore les films français, mais mon ami Paul trouve les films français bizarres. 2. Ma mère n'aime pas la politique, et je n'aime pas la politique. 3. Mes camarades de classe n'aiment pas le travail, mais je trouve le travail très intéressant. 4. Mes professeurs trouvent la biologie intéressante, mais moi je trouve la biologie difficile.
Prononciation 1. b/f 2. c 3. e 4. a 5. b/f 6. d   **Mise au point   A.** 1. villes 2. lieux 3. hommes 4. femmes 5. sports 6. amis   **B.** 1. sept / salle 2. un / histoire 3. étudiant / l'histoire 4. trouve 5. rêvent 6. La / une 7. donne 8. regardent (écoutent)   *C. J'habite une maison. 2. Je préfère la musique classique. 3. J'aime mieux le café. 4. J'aime mieux aller au cinéma. 5. Non, je n'aime pas étudier. 6. J'étudie le français avec un dictionnaire.
Le monde francophone   A. 1. b 2. a 3. b   **B.** 1. faux 2. vrai 3. faux 4. vrai 5. vrai   *C. 1. Paris 2. «plus de 150 millions de personnes» 3. media library where students can work with audio and video texts / lending library / lectures on the arts / film club showing French films / service to find housing for students / club to facilitate meeting French people / ad service for jobs and housing / travel service offering excursions / cafeteria

CHAPITRE 3

Étude de vocabulaire *A. 1. idéaliste 2. excentrique 3. sérieuse 4. calme 5. drôle 6. raisonnable 7. dynamique 8. hypocrite 9. individualiste 10. sociable   *B. avril: 1. un imperméable 2. un blouson 3. une veste   juin: 1. un short 2. un maillot de bain 3. des sandales   septembre: 1. un pantalon 2. une jupe 3. une robe   décembre: 1. un manteau 2. des bottes 3. un pull-over   *C. 1. un tailleur ou une jupe et une veste ou une robe. 2. un complet, une cravate et une chemise blanche. 3. un jean, un pull et des tennis. 4. un blouson, un pantalon, un pull et des bottes. 5. un tee-shirt, un short, et des tennis.   **E.** 1. vert 2. gris 3. orange 4. violet 5. marron 6. rouge   **F.** 1. rouge, blanc et bleu 2. jaune 3. noir 4. verte   **G.** 1. Le livre est sur le bureau. 2. La question est sous la réponse. 3. Le professeur est derrière la table. 4. Thierry est à côté de la porte. 5. Paul est devant le tableau. From left to right: Thierry, Paul, le professeur, Marc.   **Étude de grammaire   5. Identifying People and Things: The Verb être** *A. 1. Je suis (Je ne suis pas) idéaliste. 2. Maman n'est pas (est) très sociable. 3. Je suis (ne suis pas) fier (fière) d'elle. 4. Papa n'est pas (est) sportif. 5. Mes parents sont (ne sont pas) très sympathiques. 6. Les amis de la famille trouvent que nous ne sommes pas (sommes) drôles. 7. Bill Clinton and Robert Dole ne sont pas amis. 8. Les Démocrates ne sont pas (sont) idéalistes. 9. Les Républicains ne sont pas (sont) réalistes. 10. Je ne suis pas pessimiste, mais, à mon avis, la condition de la politique américaine est sérieuse.   **B.** 1. Il est 2. Il est 3. C'est 4. Il est 5. il est 6. Elle est 7. Elle est 8. elle est 9. c'est 10. Fatima 11. Moussa 12. Fatima 13. Fatima   **C.** 1. blouson / Et Vous 2. tee-shirt / 69 F 3. 470F / Kenzo Jeans 4. ceinture / Hermès 5. Hamilton 6. tennis / 3 Suisses 7. est 8. sont 9. sont 10. est (ceinture=belt)   **6. Describing People and Things: Descriptive Adjectives   A.** 1. française 2. américaine 3. anglais 4. espagnoles 5. français 6. russe   *B. 1. est intelligente et travailleuse. 2. belle et fière. 3. belle et intéressante. 4. sportive et persévérante. 5. petit et drôle.   *C. 1. Peut-être, mais ils sont aussi intéressants. 2. Mais non, elles sont calmes. 3. Quelquefois peut-être, et ils sont aussi intelligents. 4. Souvent, et elles sont aussi individualistes. 5. Peut-être, et ils sont aussi travailleurs. 6. Mais non, ils sont raisonnables et réalistes. Les Américains sont optimistes. Les Japonais sont conformistes. Les Anglais sont snobs.   **D.** Simone n'hésite pas. C'est une étudiante courageuse et ambitieuse. À cause d'une bourse généreuse, elle quitte la France mardi pour étudier à New York. Bordeaux est agréable, mais Simone est travailleuse et aventureuse. C'est une jeune femme sérieuse qui cherche une expérience profitable. 1. Elle habite Bordeaux. 2. Elle est ambitieuse.
7. Getting Information: Yes/No Questions   A. 1. Est-ce que tu es français? 2. Est-ce que tu parles anglais? 3. Est-ce que tu aimes les États-Unis? 4. Aimes-tu le jazz? 5. Es-tu sociable? 6. Études-tu aussi les maths?   **B.** 1. Marianne est-elle française? 2. Marianne est-ce une amie de Mlle Duval? 3. Marianne travaille-t-elle à

l'université? 4. Marianne aime-t-elle beaucoup le football américain? 5. Paul est-il français? 6. Paul parle-t-il français? 7. Paul et Marianne visitent-ils souvent la France? *Elle est française et elle travaille à l'université. *C. 1. Georges est-il (au restau-U?) 2. Sophie est-elle (à la librairie?) 3. Claire et Simone sont-elles (à la bibliothèque?) 4. M. Martin est-il (avec Mlle Dupont?) 5. Philippe et Odile sont-ils (à la discothèque?) 6. Henri est-il (à l'université?) **8. Mentioning a Specific Place or Person: The Prepositions** *à* **and** *de* **A.** 1. de 2. du 3. de la 4. de l' 5. des 6. de l' **B.** 1. Les jeunes filles arrivent à la bibliothèque. Les jeunes filles arrivent de la bibliothèque. 2. Le jeune homme est de New York. Le jeune homme est à New York. 3. La femme parle du monsieur. La femme parle au monsieur. 4. Jean téléphone du cinéma. Jean téléphone au cinéma. 5. Claire joue au basket-ball. Claire joue du piano. **C.** 1. Elton John joue du piano. 2. Charles Goren joue au bridge. 3. Jean-Pierre Rampal joue de la flûte. 4. Steffi Graf joue au tennis. 5. Midori joue du violon. 6. Wynton Marsalis joue de la trompette. 7. Joe Montana joue au football américain. 8. Bo Jackson joue au baseball. **Prononciation** You should have circled: flanc / faim / quinze / sincère / danser / imposer / longue / hein **Mise au point** *A.** 1. J'aime les pantalons gris. 2. J'aime les chemises blanches. 3. J'aime les shorts noirs. 4. J'aime les chaussettes blanches. 5. J'aime les manteaux rouges. 6. J'aime les chaussures marron. 7. J'aime les tennis blancs. **B.** 1. Les amis de M. Baladur rêvent-ils de voyager? / Est-ce que les amis de M. Baladur rêvent de voyager? 2. M. Baladur travaille-t-il beaucoup? / Est-ce que M. Baladur travaille beaucoup? 3. Les employés de M. Baladur détestent-ils Paris? / Est-ce que les employés de M. Baladur détestent Paris? 4. La femme actuelle de M. Baladur aime-t-elle danser? / Est-ce que la femme actuelle de M. Baladur aime danser? 5. Les secrétaires de M. Baladur cherchent-ils un autre travail? / Est-ce que les secrétaires de M. Baladur cherchent un autre travail? **Le monde francophone** **A.** 1. individualistes 2. la création d'idées originales 3. aggressifs 4. qui ont des opinions fortes 5. indépendants **B.** 1. d 2. b 3. a 4. c **Vue d'ensemble: Chapitres 1 à 3** **A.** 1. suis 2. étudie 3. sommes 4. n'étudions pas 5. passons 6. écoutons 7. dansons 8. regardons 9. discute 10. sont 11. aime mieux 12. écoute 13. rêve 14. n'aime pas **B.** 1. une 2. blanche 3. une 4. bleue 5. des 6. violettes 7. un 8. italien 9. une 10. élégante 11. les 12. élégants 13. les 14. les 15. américains 16. un 17. des 18. marron 19. des 20. vertes 21. rouges 22. violettes **C.** 1. Tom Sawyer est paresseux. 2. Lucy Van Pelt est arrogante. 3. Les étudiants qui passent un examen sont nerveux. 4. Les livres de classe sont chers. 5. Nancy Kerrigan est sportive. 6. Sandra Day O'Connor est sérieuse. 7. Le vice-président et sa femme sont sociables. 8. Mel Gibson est beau. 9. Reba MacIntire est rousse. 10. Les cours de maths avancés sont difficiles. 11. David Letterman et Jay Leno sont drôles. 12. Un cours de 25 minutes est court.

CHAPITRE 4

Étude de vocabulaire **A.** 1. dans 2. à côté des 3. sur 4. mur 5. dans 6. la commode 7. la fenêtre 8. le mur 9. du magnétophone 10. le bureau **D.** 1. c 2. a 3. b 4. d 5. e *E. (modèle) 1. Bill Clinton / dynamique / cheveux courts / américain / parler **F.** 1. le vingt-cinq décembre / Noël 2. le quatre juillet / la fête de l'Indépendance 3. le premier janvier / le Nouvel An 4. le quatorze février / la Saint-Valentin 5. le cinq septembre / la fête du travail 6. le vingt février / l'anniversaire de George Washington 7. le onze novembre / la fête des anciens combattants **Étude de grammaire** **9. Expressing Actions: -*ir* Verbs** **A.** agissent (2) / réussissent (3) j'agis (2) / je réussis (3) agissons (3) / réussissons (4) agis (2) / réussis (3) agissez (3) / réussissez (4) agit (2) / réussit (3) **B.** 1. réfléchissent 2. agis 3. choisis 4. finis 5. réfléchissons 6. choisissons 7. choisit 8. finissons **10. Expressing Possession and Sensations: The Verb** *avoir* **A.** 1. est 2. a 3. a 4. est 5. a 6. est 7. est 8. a 9. a 10. a 11. a 12. est **B.** 1. e 2. c 3. a 4. b 5. g 6. f 7. i 8. d 9. h *C. 1. On a envie de danser. 2. Vous avez soif. 3. J'ai raison. 4. Il a faim. 5. Nous avons de la chance. 6. Vous avez besoin d'étudier. 7. J'ai l'air content. 8. Elle a trois ans. 9. Ils ont chaud et elles ont froid. 10. J'ai sommeil. **11. Expressing the Absence of Something: Indefinite Articles in Negative Sentences.** **A.** 1. Le professeur a une voiture, mais il n'a pas de Porsche. 2. Dans ma chambre j'ai un lit, mais je n'ai pas de lavabo. 3. Nous avons des examens, mais nous n'avons pas d'aventures. 4. Mes amis ont des compacts-discs, mais ils n'ont pas de disques. 5. La bibliothèque a des magazines, mais elle n'a pas de voitures. 6. Le restaurant universitaire a des sandwichs, mais il n'a pas de crêpes Suzette. 7. L'université a une bibliothèque, mais elle n'a pas de discothèque. 8. Les salles de classe ont des fenêtres, mais elles n'ont pas de canapé. *B. 1. M. Louis n'a pas de pantalon. 2. Mlle Roland n'a pas de papier dans sa machine. 3. Elle ne porte pas de chaussures. 4. Il n'y a pas de travail à l'ordinateur. 5. Il y a un lavabo dans le bureau. 6. La fenêtre de la porte a des rideaux. **12. Getting Information:** *où, quand, comment, pourquoi,* **etc.** **A.** 1. b. 2. e. 3. d 4. f 5. i 6. g 7. c 8. j 9. a 10. h 11. k **B.** 1. D'où 2. Où 3. Qu'est-ce que 4. Pourquoi 5. Combien de 6. Comment **C.** 1. Comment est Solange? 2. Combien de langues Solange parle-t-elle / Combien de langues est-ce qu'elle parle? 3. Quelles langues parle-t-elle? / Quelles langues est-ce qu'elle parle? 4. Où étudie-t-elle / Où est-ce qu'elle étudie? 5. Qu'est-ce qu'elle étudie? 6. Pourquoi va-t-elle souvent à New York? / Pourquoi est-ce qu'elle va souvent à New York? 7. Quand est-ce que Solange et son ami sont ensemble? / Quand Solange et son ami sont-ils ensemble? **Prononciation** **A.** 1. Joël / Noël 2. dès, très, près de 3. mât / plâtre / forêt 4. façade / commençons / Français 5. dés / pré / créer **B.** Habiter à la ville est agréable et intéressant. À côté de l'immeuble de mon ami Joël il y a un théâtre superbe. Derrière, il y a un restaurant italien. On téléphone et dans 20 minutes un garçon arrive à la maison avec une lasagne. Super! / C'est pratique, intéressant et agréable. **Mise au point** *A. 1. Quand est-ce que tu choisis un canapé pour l'appartement? 2. Comment est le professeur de français? 3. Pourquoi est-ce que ta famille va en France? 4. Combien êtes-vous dans le cours d'anglais. 5. Pourquoi Lori a-t-elle un C en espagnol? 6. Quand est-ce que vous finissez le cours de biologie? 7. Est-ce que tu habites sur le campus? 8. Qu'est-ce que tu portes à la soirée des Smith? *C. 1. Où est-ce que tu étudies normalement? 2. Fumes-tu? 3. Est-ce que tu écoutes de la musique quand tu étudies? 4. As-tu un ordinateur? **Le monde francophone** A. 1. Centre régional des œuvres universitaires et scolaires (C.R.O.U.S.). 2. J'aimerais mieux une chambre de bonne parce que j'aime habiter au centre de la ville. 3. Il est difficile. 4. Ils habitent avec leurs parents. **B.** a. cour délabrée b. qui nous coûte à chacun c. un an de déprime plus tard d. sans douche ni eau chaude e. ma situation professionnelle s'étant améliorée. 1. a shared apartment 2. yes 3. Paris 4. 3000F / 545$

CHAPITRE 5

Étude de vocabulaire A. 1. le fils 2. la femme 3. la petite-fille 4. la sœur 5. la tante 6. le mari 7. le neveu 8. le père B. 1. grand-père 2. petit-fils 3. mère 4. cousin 5. cousine 6. frère 7. fils 8. tante D. 1. 1. la salle de bains 2. la cuisine 3. la chambre 4. la salle de séjour 5. la terrasse 2. a. grande et confortable. b. un canapé, un tapis oriental, une lampe et un poste de télévision, mais il n'y a pas d'armoire. c. il y a une table et quatre chaises. d. un petit lavabo. e. une chambre avec deux lits à une personne, une commode et des étagères pour les livres et les collections. *E. Pour les Tropafaire: la villa à Antibes. Pour M. Ricard: le 3 pièces à Cannes. Pour Mme Auban: la villa entre Nice et Rimiez. 1. une maison près du centre-ville. Avec les trois enfants vous avez besoin de quatre chambres. La maison a un beau jardin. 2. un appartement en ville. Il y a une piscine et un court de tennis avec l'appartement. L'opéra est en ville, près de la bibliothèque. C'est parfait! 3. une villa près de la mer. Avec des amis et des chiens, vous avez besoin de trois chambres. **Étude de grammaire** **13. Expressing Possession:** *mon,* *ton,* **etc.** 1. C'est leur 2. C'est son 3. Ce sont ses 4. Ce sont leurs 5. C'est son 6. Ce sont leurs 7. C'est leur 8. Ce sont ses 9. C'est son 10. C'est leur B. 1. Ta 2. sa 3. Ma 4. ta 5. notre 6. notre 7. leur fille 8. leur fille *C. 1. *See model.* 2. Nous partageons notre maison, nos cassettes et nos pulls, mais nous ne partageons pas nos bureaux, nos chaussures ou nos tennis. 3. Mon camarade de chambre partage ses projets, son temps et ses vacances, mais il ne partage pas ses coups de téléphone, sa commode ou sa lampe. **14. Talking About Your Plans and Destinations: The Verb** *aller* A. 1. Quand les jeunes ont envie de danser ils vont (à la discothèque). 2. Quand les étudiants ont envie d'étudier ils vont (à la bibliothèque). 3. Quand nous avons besoin de stylos nous allons (à la librairie). 4. Quand on a faim, on va (au restaurant). 5. Quand tu as envie de regarder la télé tu vas (à la salle de récréation) B. 1. ne va pas parler anglais / va parler français. 2. vais utiliser / ne vais pas utiliser mon livre. 3. n'allons pas avoir / allons avoir sommeil. 4. n'allons pas / allons regarder la télévision française. 5. Certains étudiants ne vont pas finir / vont finir le livre de français. *D. Après mes études, je vais chercher un travail, je vais acheter une voiture et des vêtements, je vais aller danser, je vais voyager en Europe ou au Japon, et je vais aller au cinéma tous les mardis. **15. Expressing What You Are Doing or Making: The Verb** *faire.* A. 1. fais 2. font 3. fait 4. faisons 5. faisons 6. faire 7. faire 8. fait 9. fait 10. font 11. Oui. 12. Les enfants. B. 1. fait une promenade 2. fait la connaissance de M. Henri. 3. fait le marché. 4. fait un voyage. 5. fait ses devoirs. 6. fait la cuisine. 7. fait la vaisselle. **16. Expressing Actions:** *-re* **Verbs** A. mon neveu perd / rend / attend / vend // mes cousines perdent / rendent / attendent / vendent // je perds / rends / attends / vends // nous perdons / rendons / attendons / vendons B. 1. attendent 2. rend 3. entendent 4. descendent 5. perdre 6. répond 7. rendent 8. Geoffroy 9. près *C. Une dame et un jeune homme attendent l'autobus. La dame va perdre son sac. Elle dit bonjour et il répond. Un garçon dans le bus entend de la musique. Le conducteur d'autobus attend. Un monsieur descend de l'autobus. **Prononciation** Nous trouvons un gentil hôtel au bord du lac Léman à Genève. Dans le guide Michelin, son restaurant a une étoile. Ce soir le chef propose du bœuf bourguignon et, comme dessert, une tarte aux pommes. J'ai faim. **Mise au point** A. a. Arthur b. Catherine Morin c. Rémi d. Marie-France e. Geoffroy f. Mathilde g. Marie-Christine *B. 1. Quand nous faisons les devoirs, nous sommes (travailleurs). 2. Quand je fais des courses, je suis (fatigué[e]). 3. Quand je fais la connaissance d'un professeur, je suis (timide). 4. Quand mon père fait la cuisine, il est (courageux). 5. Quand mes amis font une promenade, ils sont (paresseux). E. 1. Elle s'appelle Francis. 2. Guyanne / Amérique du Sud 3. 6 (quatre filles et deux parents) 4. Elle finit ses études. 5. D'être mannequin. **Le monde francophone** A. 1. b. 2. a 3. c B. 1. F 2. V 3. V 4. F C. 1. Daniel et Marie-Claude Adam 2. quatre filles et deux garçons 3. Saint-Pierre-les-Elbeuf 4. le quatorze janvier 5. «en parfaite santé. Ils grandissent bien. Et ils ont bon appétit.» 6. Avec les adjectifs possessifs, j'en trouve quinze.

CHAPITRE 6

Étude de vocabulaire A. 1. une pomme, une banane, une poire, une fraise 2. le lait, la bière, le vin, le thé, le café 3. des haricots verts, des pommes de terre 4. une cuillère, un couteau, une fourchette 5. le porc, le poulet, le bifteck, le jambon 6. une mousse, un gâteau, une tarte B. 1. je n'ai pas de fourchette. 2. je n'ai pas de serviette.

3. je n'ai pas de couteau ou de verre. 4. je n'ai pas de cuillère.   ***C.** Je choisis souvent de la pizza, une salade verte, des spaghetti, un sandwich et des frites. Je mange rarement des pommes, des bananes, du foie (*liver*), de la salade de fruits, des pommes de terre en purée (*mashed*).   **D.** 1. Il est une heure moins le quart de l'après-midi. Mme Roget travaille à son bureau. 2. Il est huit heures moins dix du soir. Geneviève écoute la radio. 3. Il est huit heures du soir. Mme Rénaud rend visite à des amis. 4. Il est une heure et quart de l'après-midi. Pierre joue du violon. 5. Il est huit heures moins six du matin. M. Falot et M. Termin parlent dans le parc. 6. Il est huit heures et demie du soir. Les Dupin regardent la télévision. 7. Il est onze heures moins le quart du matin. Les copains jouent au football.   **E.** 1. quatorze heures / deux heures de l'après-midi / le mercredi, le samedi et le dimanche 2. vingt heures trente (huit heures et demie du soir) / quarante ou trente francs 3. *Against All Odds, The Piano, Ninja Kids* 4. *Chute Libre* 5. 64-34-00-17 et 36-65-70-09   **F.** 1. Il fait chaud. Il fait du soleil. 2. Il fait froid. Il neige. 3. Il fait beau. Il fait du vent. 4. Il fait frais, mais il fait beau.   **Étude de grammaire   17. Talking About Food and Drink: -re Verbs *prendre* and *boire*   A.** Les Français prennent / boivent // je prends / bois // vous prénez / buvez // Jean et moi prenons / buvons // mon père prend / boit   **B.** 1. Nous prenons une bière. 2. Ils prennent le petit déjeuner. 3. Ils prennent l'avion. 4. Je prends l'autobus. 5. Il prend ma valise.   **C.** 1. apprend 2. comprendre 3. prend 4. prend 5. apprend 6. boivent 7. comprend 8. comprennent 9. boit 10. buvons ***D.** 1. bois beaucoup de boissons froides parce qu'il fait chaud et j'ai soif. 2. buvons du café parce que nous avons sommeil. 3. boivent du champagne parce que c'est une fête. 4. boivent du chocolat chaud parce qu'ils ont froid. 5. boit du vin parce que c'est un repas de fête.   **18. Expressing Quantity: Partitive Articles   *A.** Au dîner, je préfère prendre de la viande et des carottes avec une petite salade verte. Au déjeuner, je prends souvent un sandwich et une pomme. Au petit déjeuner le dimanche je prends des œufs ou un soufflé au fromage et du café. **B.** 1. des pommes de terre, du poivron et des haricots verts. Je n'utilise pas d'œufs. 2. des œufs, du fromage et des oignons. Je ne prends pas de fraises. 3. un croissant, du jambon et du fromage. Je ne prends pas de poires. 4. du beurre, du sucre et des œufs. Je n'utilise pas de légumes.   **C.** 1. je préfère prendre du fromage / un sandwich. 2. je préfère prendre du steak / un sandwich. 3. je préfère de l'eau / du lait. 4. je prends une pomme / de la tarte. 5. je préfère prendre un œuf / du pain.   **D.** 1. a. du b. le c. le d. le 2. a. du b. du c. du d. le e. du 3. a du b. le c. des d. du   **E.** 1 trop de / beaucoup de 2. beaucoup de 3. peu de 4. beaucoup d' 5. trop de / beaucoup de 6. trop de / beaucoup de 7. assez de 8. beaucoup de   **19. Giving Commands: The Imperative A.** 1. Jouons au tennis. 2. Faisons une promenade. 3. Achetons une voiture. 4. Allons au cinéma.   ***B.** 1. Ne dînez pas à la cafétéria. Choisissez un restaurant français. N'allez pas à McDonald's. 2. N'achète pas de Honda. Choisis une Volkswagon décapotable. Ne prends pas le bus. Demande de l'argent à tes parents. 3. Ne changez pas de logement. Ne choisissez pas de tapis rouge. Utilisez beaucoup de blanc. Soyez sympathiques.

Prononciation   Comment est-ce qu'on trouve un appartement dans une ville universitaire? Ce n'est pas facile! Quelques mois à l'avance, on commence à parler à tout le monde, aux amis, aux parents, aux amis des amis. On cherche dans les petites annonces des journaux et des magazines. On visite les agences. Si on a de la chance, on finit par trouver une chambre. Sinon, on demande gentiment à papa et maman, «Est-ce que vous acceptez que je reste à la maison?»

Mise au point   *A. 1. il fait très chaud. Je porte un maillot de bain. 2. il fait frais. Je porte une veste ou un pull. 3. il fait froid. Je porte un manteau et des bottes. 4. il fait un peu frais. Je porte une chemise et un jean. 5. il fait très froid. Je porte un pull, un manteau, un chapeau, des bottes, un pantalon, etc.   **B.** du pain, des œufs, du lait, du sucre, du beurre, de la confiture. // dorer / ajouter / fondre // au petit déjeuner / du sirop d'érable   **Le monde francophone   A.** 1. V 2. F La qualité est plus importante. 3. F C'est du pain avec du beurre. 4. V 5. F entre 7 heures et demie et 8 heures 6. F On prend un café.   **B.** 1. centre / Auvergne et Midi / ouest 2. (Answers will vary.) / plus 3. «La France est le premier producteur mondial de fromage.» «...le plus connu de tous nos fromages.»   **Vue d'ensemble: Chapitres 4 à 6   A.** 1. fais la vaisselle. 2. font une promenade. 3. fais les courses. 4. faire le ménage 5. font leurs devoirs. 6. faire la cuisine. 7. font un voyage. 8. fait la connaissance.   **B.** 1. réfléchis 2. va 3. choisis 4. vas 5. aller 6. attends 7. rends 8. fais 9. restons 10. apprend 11. prend 12. comprend 13. Reste   **C.** 1. leurs 2. son 3. leur 4. sa 5. leur 6. son 7. leur 8. leurs 9. leur 10. ses   **D.** 1. ton 2. ta 3. mes 4. mon 5. leurs 6. leurs 7. notre 8. mon   **E.** 1. Quand est la soirée? 2. Où est la soirée? 3. Pourquoi y a-t-il (est-ce qu'il y a) une soirée? 4. Quel âge a-t-il? 5. Qui est-ce qu'ils invitent (invitent-ils)? 6. Combien de personnes invitent-ils? 7. Qu'est-ce qu'on porte? 8. Où est leur appartement? (Où est-ce qu'ils habitent?)   **F.** 1. la 2. la 3. des 4. une 5. du 6. de 7. de 8. de 9. du 10. du 11. Le 12. le   **G.** 1. du bruit 2. de la vaisselle 3. des légumes et des fruits 4. un gâteau 5. du jambon 6. du chocolat 7. du beurre 8. des boissons 9. du poulet 10. de la musique   ***H.** 1. avons des tableaux noirs, des cahiers, une bibliothèque excellente et des revues, mais nous n'avons pas de cigares ou de serpents. 2. a une radio, une auto japonaise et une cravate verte, mais il n'a pas de livres en russe. 3. ont des stylos violets, des lettres et des chiens, mais ils n'ont pas de chambres magnifiques. 4. a une lettre et un stylo violet, mais elle n'a pas de chien. 5. j'ai un appartement et une chambre magnifique, mais je n'ai pas de films intéressants ou de cigares.

CHAPITRE 7

Étude de vocabulaire   A. 1. à l'épicerie 2. à la boulangerie 3. à la boucherie 4. à l'épicerie 5. à la poissonnerie 6. à la charcuterie   **B.** 1. la boulangerie 2. la pâtisserie 3. le fromage 4. les légumes 5. la boisson 6. la boisson 7. la soif 8. la cuillère   **C.** Entrées: pâte de campagne / sardines à l'huile Plats Garnis: poulet à la crême / rôti de porc / sôle meunière / sôle bonne femme / steak-frites / bœuf en daube Fromages: camembert / brie / roquefort Desserts: mousse au chocolat / crêpes Suzette / tarte aux fraises / crème caramel / glace maison Boissons: vin rouge, rosé, blanc / eau minérale   **E.** 1. seize francs cinquante 2. deux francs soixante-dix 3. deux francs soixante-dix 4. trente francs 5. six francs trente   **Étude de grammaire   20. Pointing out People and Things: Demonstrative Adjectives   A.** 1. ces 2. ce 3. cette 4. cet 5. ce 6. ces 7. ce 8. ces 9. ce 10. cette ***B.** Jeanne: Moi je préfère ce consommé. Je n'aime pas beaucoup les tomates. Sylvie: Je pense que cette truite aux amandes a l'air vraiment délicieux. Claudette: Je n'aime pas le poisson, donc je vais prendre ce rôti de bœuf garni de riz. Jeanne: Que voulez-vous après? Cette salade verte ne donne pas trop de calories. Sylvie: Non, mais je préfère un dessert. Claudette: Je prends cette glace. J'adore le chocolat. Jeanne: Pas de dessert pour moi. Seulement ce fruit. Sylvie: Cette tarte aux pommes est irrésistible. Claudette: Tu as raison. Je vais prendre aussi de la tarte.   **21. Expressing Desire, Ability, and Obligation: The Verbs** *vouloir*, *pouvoir*, **and** *devoir*   **A.** je dois / veux / peux // nous devons / voulons / pouvons // il ou elle doit / veut / peut // vous devez / voulez / pouvez // mes cousins doivent / veulent / peuvent   **B.** 1. doit / veut 2. devons / voulons 3. veulent / doivent 4. dois / veux 5. devons / voulons 6. doivent / veulent 7. doit / veut   **C.** 1. ne peut pas manger de pain 2. ne pouvons pas faire du jogging. 3. ne peut pas faire du ski. 4. ne peux pas inviter un ami au restaurant. 5. ne peuvent pas boire de café. 6. ne pouvez pas prendre de dessert.   **22. Asking About Choices: The Interrogative Adjective** *quel*   **A.** 1. Quels légumes 2. Quelle viande 3. Quel dessert 4. Quel fromage 5. Quelle boisson 6. Quel repas   *Je préfère les haricots, le bœuf, la tarte, le roquefort, le vin et le dîner.   ***B.** 1. Quelles sont tes chansons préférées? 2. Quels sont tes disques préférés? 3. Quel est ton livre favori? 4. Quel est ton repas préféré? 5. Quel est ton cours favori? 6. Quels sont tes films favoris?   **23. Describing People and Things: The Placement of Adjectives   A.** un vieux restaurant célèbre / un jeune chef parisien / jolies pâtisseries imaginatives / une grande école prestigieuse / notre petit village / vieux nom respecté // 1. À cause de ses gâteaux. 2. Elle se trouve dans un village.

Prononciation   Il est évident que lorsqu'il y a un éléphant dans une salle de classe avec huit petits étudiants et un crocodile, l'action est intéressante.

Mise au point   A. 1. Cette voiture-ci / cette voiture-là 2. Cette cravate-ci / cette cravate-là 3. Ces tableaux-ci / Ces tableaux-là 4. Cet hôtel-ci // cet hôtel-là   **B.** 55 / 52 / 46 / 38 / 60 / 55 / 55 / 40 1. vieux 2. sciences 3. 5% *4. J'ai l'impression que la situation est similaire aux États-Unis. Il y a beaucoup de sécurité dans les universités, et les professeurs restent longtemps.   ***C.** 1. une plante verte 2. une voiture élégante 3. un vieux jean 4. des chaussures confortables 5. des prix raisonnables 6. de jolis vêtements 7. un artiste excentrique 8. un médecin arrogant 9. une grand-mère sympathique   **Le monde francophone   *A.** 1. F Il y a de plus en plus de supermarchés. 2. V 3. F Il vend des plats prêts à manger. 4. V 5. V 6. F Ils sont typiques de la Provence. 7. F La cuisine de l'Afrique de l'ouest est à la mode.   **B.** 1. Boursin 2. flavored 3. non 4. roquefort / brie / camembert / gruyère / La Vache qui rit

CHAPITRE 8

Étude de vocabulaire   *A. 1. le ski de piste, le ski de fond 2. nager, la planche à voile, faire de la bicyclette, camper, pêcher 3. la voile, la planche à voile, nager, bronzer, la plongée sous-marine 4. la bicyclette, le football, le basket 5. une randonnée, nager, le jogging 6. l'alpinisme, la randonnée, le ski   ***B.** faire du camping. 2. prendre des vacances. 3. faire de l'alpinisme ou de la bicyclette ou une randonnée. 4. faire de la plongée sous-marine. 5. faire de la planche à voile. 6. faire du ski. 7. faire une randonnée. 8. aller à la pêche   **C.** 1. dix-neuf cent dix-huit 2. dix-sept cent quatre-vingt-neuf 3. douze cent cinquante-sept 4. dix-huit cent trois 5. dix-huit cent soixante et un 6. quatorze cent trente-six   **Étude de grammaire   24. Expressing Actions:** *dormir* **and Similar Verbs;** *venir*   **A.** sortent / sors / sortons / sort // viennent / viens / venons / vient // sentent / sens / sentons / sent // dorment / dors / dormons / dort // servent / sers / servons / sert   **B.** 1. dort 2. sortir 3. sert 4. sent // manger 5. dormons 6. sert 7. sentons 8. part // à sept heures et quart   ***C.** 1. Je viens de prendre un thé. 2. Je viens de danser le twist. 3. Elles viennent de visiter le Mexique. 4. Il vient de vendre sa société à une multinationale. *5. (Je viens de finir cet exercice.)   **25. Talking About the Past: The** *passé composé* **with** *avoir*   **A.** j'ai travaille / j'ai réussi / j'ai vendu // on a travaillé / on a réussi / on a vendu // les copains ont travaillé / les copains ont réussi / les copains ont vendu // vous avez travaillé / vous avez réussi / vous avez vendu // nous avons travaillé / nous avons réussi / nous avons vendu // tu as travaillé / tu as réussi / tu as vendu **B.** 1. agi 2. tenu 3. perdu 4. voulu 5. descendu 6. reçu 7. eu 8. dû 9. obtenu 10. bu 11. plu 12. pu **C.** 1. avons passé 2. a choisi 3. ont trouvé 4. ont loué 5. ai décidé 6. a pris 7. a appris 8. avons rendu 9. ont été 10. As-tu vu ***D.** 1. Il a dormi jusqu'à dix heures du matin le seize juillet. 2. Gilles et des amis ont dîné au restaurant le soir du dix-huit juillet. 3. Le dix-neuf juillet Gilles a acheté des souvenirs et des cadeaux pour ses amis à Paris. 4. Le vingt juillet Gilles a nagé avec son amie. 5. Il a visité une galerie d'art le vingt et un juillet. 6. Il a quitté La Baule pour Paris le vingt-deux juillet avec ses nouveaux amis. ***E.** 1. Je n'ai pas dormi (J'ai dormi) dix heures par nuit. 2. Je n'ai pas bu de champagne. / J'ai bu du champagne. 3. Je n'ai pas pris d'aspirine. / J'ai pris de l'aspirine. 4. Je n'ai pas eu (J'ai eu) peur. 5. Je n'ai pas porté de maillot de bain. / J'ai porté un maillot de bain. 6. Je n'ai pas reçu de lettre. / J'ai reçu des lettres. 7. J'ai regardé la télé / Je n'ai pas regardé la télé. 8. J'ai accepté deux invitations / Je n'ai pas accepté d'invitations. **26. Expressing How Long or How Long Ago:** *depuis, pendant, il y a* ***A.** 1. deux ans. 2. Je joue de la flûte depuis sept ans. 3. Des Moines / dix-neuf ans 4. la connaissance de Mary Ann 5. un an 6. la Caroline du Sud 7. des provisions **B.** 1. Depuis 2. depuis 3. pendant 4. depuis 5. il y a 6. Depuis 7. depuis 8. pendant 9. il y a // *On peut visiter les curiosités, faire de l'alpinisme et goûter aux plats savoyards. **27. Expressing Location: Using Prepositions with Geographical Names** ***A.** 1. en Amérique du Nord. 2. en Allemagne. 3. du Japon. 4. en Chine et au Japon. 5. à Moscou. 6. à Madrid. 7. d'Amérique du Sud. 8. en Virginie. 9. en Afrique. 10. de Californie **B.** 1. Des voyages. 2. Au Maroc. 3. $2890 4. La Chine, le Tibet, le Népal et Hong Kong. 5. Porticcio. 6. En Angleterre. ***C.** 1. Mardi le douze il est à Marseille. 2. Mercredi le treize il visite l'Italie. 3. Jeudi le quatorze il part en Allemagne. 4. Mercredi le vingt il arrive au Japon. Mardi le vingt-six il rentre. 5. Vendredi le vingt-neuf il va en Angle-terre. **28. Expressing Observations and Beliefs:** *voir and croire* **A.** tu vois / crois / as vu / as cru // mes amis voient / croient / ont vu / ont cru // tout le monde voit / croit / a vu / a cru // Paul et moi voyons / croyons / avons vu / avons cru // ton frère et toi voyez / croyez / avez vu / avez cru // je vois / crois / ai vu / ai cru **B.** 1. crois 2. Vois 3. crois. 4. vois 5. crois 6. voit 7. croire **C.** 1. vois 2. vois 3. croyons 4. croit 5. croit 6. as vu 7. ai vu 8. crois 9. Croyez **Mise au point** **B.** 1. 1793—mort de Louis XVI / 1804 Napoléon devient empereur / 1815—Waterloo / 1830—départ de Charles X / 1848—Seconde République / 1851—Louis-Napoléon / 1870—Troisième République / 1940—Deuxième Guerre mondiale / 1958—Cinquième République 2. trois / une 3. six **Le monde francophone** **A.** 1. d 2. a 3. c 4. e 5. b 6. f **B.** 1. Montréal. 2. la Suisse. 3. le Sénégal. 4. Le Viêt-nam. / la Guyanne Française. 5. Madagascar.

CHAPITRE 9

Étude de vocabulaire **A.** 1. vol 2. gare 3. passagère 4. bateau 5. pilote 6. Allemagne 7. Asie 8. guichet ***B.** 1. Thierry et Serge sont à la gare devant le guichet. Ils portent des skis. Ils vont probablement faire du ski. 2. Le train arrive dans la gare. Thierry et Serge sont sur le quai. Il est huit heures quarante-huit. 3. Maintenant Thiery et Serge sont dans un compartiment d'un wagon non-fumeurs. Quelle surprise! Devant les jeunes gens il y a une famille sympathique qui parle français. **C.** 1. Le Mexique est au sud des États-Unis. 2. La Colombie est à l'ouest du Brésil. 3. Le Portugal est à l'ouest de l'Espagne. 4. L'Allemagne est à l'est de la Belgique. 5. L'Italie est à l'ouest de la Grèce. 6. L'Algérie est à l'est du Maroc. ***D.** 1. aime les grosses voitures américaines. Elle conduit une Chevrolet. 2. aime les voitures italiennes. Il conduit une Mazeratti. 3. aiment les voitures anglaises. Ils conduisent une Rolls Royce. 4. aime les voitures françaises. Il conduit une Peugeot. 5. aiment les voitures américaines. Ils conduisent une Buick. 6. je conduis une Dodge. **Étude de grammaire** **29. Talking About the Past: The** *passé composé* **with** *être* **A.** mes grand-parents sont arrivés / sont partis / sont rentrés // Jacques et moi sommes arrivés / sommes partis / sommes rentrés // Angèle et Sophie sont arrivées / sont parties / sont rentrées // toi, Marie-Anne, tu es arrivée / es partie / es rentrée ***B.** 1. Elles ne sont pas allées à la piscine. Elles ne sont pas sorties dans le jardin. Elles ne sont pas montées à cheval. 2. Elle est passée par Dakar. Elle est restée une semaine à Marrakech. Elle n'est pas partie de Moscou. Elle n'est pas rentrée à cheval. 3. Il est né en 1757. Il n'est pas mort en 1752. Il n'est pas parti pour l'Amérique en avion. Il est devenu général à vingt ans. 4. (Answers will vary.) **C.** est né / est parti / est revenu / a mené / est parti / a enrichi / a permis / a fini / est mort / ont survécu **D.** est devenu / est partie / est venue / est née / est rentrée // la Martinique, la France, les États-Unis / deux // 4 / 2 / 5 / 1 / 3 **30. Expressing Wishes and Polite Requests: The Present Conditional** **A.** 1. Voudriez 2. Pourriez 3. Auriez 4. voudrais **B.** auriez / pourriez / aimeriez / voudrais **31. Expressing Negation: Affirmative and Negative Adverbs** ***A.** 1. J'ai déjà fait la connaissance de beaucoup de Français. 2. Je n'ai pas encore campé dans la Forêt Noire. 3. Je ne vais jamais dormir sur un lit de clous. 4. Je suis déjà partie en vacances avec des amis. 5. Je n'ai pas encore quitté ma famille pour toute une année. 6. J'ai déjà nagé dans le golfe du Mexique. 7. Je ne vais jamais nager dans l'Océan Antarctique. 8. Je n'ai pas encore conduit de Mercédès. 9. Je suis déjà tombée amoureuse. 10. Je n'ai pas encore fait le tour du monde. ***B.** 1. Moi, je n'ai que deux semaines de vacances. Il n'y a qu'un endroit que je vais visiter. Je ne peux choisir qu'entre deux petits hôtels dans un village américain. Je ne vais partir que pour deux jours de temps couvert. **32. Expressing**

Negation: Affirmative and Negative Pronouns   A. 1. Personne n' 2. Rien n' 3. Rien ne 4. Personne n' 5. Personne n' 6. Rien ne   **B.** 1. Non, je n'ai rien à faire. 2. Non, je n'ai personne à voir. 3. Non, il n'y a rien de bon. 4. Non, personne ne comprend mes problèmes. 5. Non, je n'ai pas encore consulté de psychologue. 6. Non, je ne suis plus satisfait.   **Mise au point   A.** 1. avons quitté 2. sommes allés 3. avons trouvé 4. sommes partis 5. est parti 6. a passé 7. ai fait 8. ont bronzé 9. a vu 10. a tant aimé 11. ai décidé 12. sont restés 13. sommes rentrés 14. sommes descendus   ***B.** 1. quelqu'un de calme 2. quelque chose de sucré 3. quelque chose de nouveau. 4. quelqu'un de différent. 5. quelqu'un de charmant. 6. quelque chose de français.   **C.** 1. IT 5615 2. Orly Ouest 3. deux heures dix de l'après-midi 4. une heure dix minutes   **Le monde francophone   A.** 1. a 2. b. 3. a 4. b 5. b   **B.** 1. Vérone (Verona) 2. à voyager 3. en avion 4. 1550F / bon marché 5. Roméo et Juliette 6. l'histoire, l'art et la musique 7. Paris   **Vue d'ensemble: Chapitres 7 à 9   A.** Cette 2. ces 3. cette 4. ces 5. ce 6. cette 7. ces 8. ce / Arnauld ***B.** 1. Elles doivent faire la vaisselle. 2. Je peux faire une promenade. 3. Ils veulent faire sa connaissance. 4. Je dois faire mes devoirs, mais je veux dormir. 5. Je peux aller à la police. Je vais attendre.   ***C.** 1. Brian est un jeune homme sympathique. 2. Liz est une petite femme enthousiaste. 3. Daniel est un nouvel étudiant intéressant. 4. Scott est un jeune homme sociable. 5. Wendy est une étudiante gentille et intelligente.   **D.** 1. Depuis 2. il y a 3. depuis 4. depuis 5. depuis 6. pendant / Depuis trois ans.   **E.** 1. à / matin 2. À / neige 3. À / en / chaud 4. trois 5. À / bien 6. En / mauvais / à 7. En / nuageux 8. En / ne peut pas 9. Au / frais 10. En / pleuvoir **F.** 1. sont tombés / ont grandi 2. sont sortis / ont vu 3. a loué / sont entrés 4. ont fait / sont partis 5. sont restés / sont descendus 6. sont passés / ont nagé   **G.** 1. Vous n'êtes pas sorti au restaurant. Vous avez essayé de manger beaucoup de légumes. Vous avez bu de l'eau. Vous avez pris de l'exercice. 2. Elle n'a pas dormi. Elle a pris de l'aspirine. Elle a perdu patience. Elle n'est pas allée au cinéma. 3. Elles sont arrivées à l'heure. Elles n'ont pas pris de whisky. Elles n'ont pas essayé les escargots. Elles ne sont pas restées après minuit.

CHAPITRE 10

Étude de vocabulaire   A. 1. g 2. e 3. b 4. h 5. c 6. f 7. d 8. a   **B.** nous disons, lisons, écrivons, mettons, décrivons / tu dis, lis, écris, mets, décris / on dit, lit, écrit, met, décrit / vous dites, lisez, écrivez, mettez, décrivez / les petits disent, lisent, écrivent, mettent, décrivent / je dis, lis, écris, mets, décris   **C.** 1. lire 2. lire 3. mettons 4. lis 5. lit 6. décrit / 1. écrire 2. décrit 3. écrivent 4. écrivent 5. écrivons 6. mettent   **D.** 1. 31 2. 42–43 3. 35 4. 8 5. 14–17 6. 30 / les bandes dessinées, les sports   **E.** 1. un magnétoscope 2. l'annuaire 3. un ordinateur 4. un répondeur téléphonique 5. un timbre 6. une cabine téléphonique 7. un photocopieur 8. un caméscope   **Étude de grammaire   33. Describing the Past: The *imparfait*   A.** 1. finissait ses devoirs. 2. dormait. 3. mettait ses affaires sous sa chaise. 4. lisaient le journal 5. sortait. 6. Nous pensions partir. 7. prenait sa place. 8. écrivaient au tableau. 9. étais à côté de la porte.   **B.** 1. Mon père travaillait douze heures par jour. 2. Ma mère commençait le ménage à sept heures du matin. 3. Nous n'avions pas beaucoup d'argent, 4. ...mais nous étions heureux. 5. On allait à pied à l'école.   **C.** huit heures du matin. De ma fenêtre, je voyais le kiosque de la rue de la République. Les rues étaient pleines de gens qui allaient au travail. Un groupe d'hommes attendait l'autobus. Un autre groupe descendait dans la station de métro. Près d'une cabine téléphonique un homme lisait le journal et une jeune femme mettait des enveloppes dans une boîte aux lettres. À la terrasse du café, les garçons servaient du café et des croissants. Il faisait chaud. J'étais content(e).   **34. Speaking Succinctly: Direct Object Pronouns *A.** 1. Je les donne à M. Bové parce que les hommes ont besoin de faire la cuisine aussi bien que les femmes. 2. Je le donne à Étienne parce que les étudiants ont toujours besoin d'argent. 3. Je les donne à Mme Bové parce qu'elle a l'air d'adorer le chocolat. 4. Je la donne à Étienne parce qu'il a besoin de rentrer chez lui pour les vacances. 5. Je les donne aux enfants pour étudier. 6. Je la donne à M. Bové, mais il ne va pas la fumer. 7. Je les donne à Étienne, mais il ne va pas les regarder. 8. Je le donne à Wolfgang parce que les chiens ont toujours faim.   **B.** 1. ses parents / ses amis 2. cet exercice / notre ménage 3. les tee-shirts / tes pyjamas 4. Laurent / ce nouveau film / Guy 5. la nouvelle étudiante / la pièce de théâtre 6. Laurent / mon livre de grammaire / Guy / ce nouveau film / cet exercice   **C.** 1. le 2. m' 3. me 4. le 5. le 6. me 7. le 8. nous 9. vous 10. l' 11. la   **35. Talking About the Past: Agreement of the Past Participle** 1. Il les a bus. 2. Il les a lues. 3. Il l'a louée. 4. Il les a mises. 5. Il les a écoutés. 6. Il les a regardées.   **36. Speaking Succinctly: Indirect Object Pronouns   A.** 1. a 2. e 3. g 4. h 5. c 6. j 7. i 8. d 9. f 10. b   ***B.** 1. Je leur donne des skis. 2. Je lui donne un gros poste de télé. 3. Je lui donne 50 millions de dollars. 4. Je lui donne un livre de cuisine diététique. 5. Je lui donne un roman d'aventure. 6. Je leur donne une douzaine d'huîtres. 7. Je lui donne une semaine de vacances. 8. Je leur donne un voyage en Sibérie.   ***C.** 1. Je vais leur demander si (elles vont continuer à jouer des rôles intéressants.) 2. Je vais lui dire (que je l'admire beaucoup.) 3. Je vais lui expliquer pourquoi (je n'ai pas préparé mes devoirs.) 4. Je vais leur demander (de gagner un match.) 5. Je vais lui confesser (que je ne comprends pas la physique.)   **Mise au point   A.** 1. étais 2. avais 3. habitait 4. était 5. écrivait 6. attendais 7. allait 8. était 9. avait 10. achetions 11. commençaient 12. avions 13. travaillaient 14. fabriquaient 15. avaient 16. gagnaient 17. pouvions 18. faisions 19. jouions   **B.** 1. m' / nous / nous / te / t' / me / y / m' / nous / te / t' / t' // 12 2. Elle fait du sport. Elle va en France cet été.   **C.** 1. quatorze francs trente 2. le cinq novembre dix-neuf cent quatre-vingt-treize 3. 60¢

4. Général Pershing 5. Les forces américaines sont entrées en guerre. **Le monde francophone** **A.** 1. FR3 2. M 6 3. Canal Plus **B.** 1. à 20 heures 2. TF1 3. les séries / les films 4. L'Instit

CHAPITRE 11

Étude de vocabulaire **A.** 1. coin 2. gauche 3. traverse 4. face 5. droite **B.** 1. banque 2. piscine 3. mairie 4. pharmacie 5. syndicat d'initiative 6. commissariat **C.** 1. habitent au troisième étage. 2. habite au premier étage. 3. habite au quatrième étage. 4. habitent au huitième étage. 5. habite au septième étage. 6. habitent au deuxième étage. 7. habite au rez-de-chaussée. 8. habitent au cinquième étage. 9. habitent au neuvième étage. 10. habite au dixième étage. **Étude de grammaire** **37. Describing Past Events: The *passé composé* versus the *imparfait*** **A.** 1. on parlait 2. il est entré 3. il a posé 4. je pensais 5. je parlais 6. j'ai perdu 7. je conduisais 8. un agent m'a arrêté(e) 9. nous sommes arrivés 10. ils sortaient 11. servait 12. je suis tombé(e) **B.** 1. étais 2. j'avais 3. j'aimais 4. a quitté 5. suis revenu(e) 6. n'était pas 7. ai appelé 8. suis allé(e) 9. a téléphoné 10. n'avons pas réussi 11. j'étais 12. j'ai refusé 13. a entendu 14. sommes allés 15. avons vu 16. attendait 17. avons été / *ou* étions / Il n'avait pas son chien. **C.** 1. habitaient 2. a préparé 3. était 4. ont décidé 5. appelait 6. faisait 7. a vu 8. est entrée 9. était 10. a essayé 11. avait 12. a goûté 13. était 14. a dévoré 15. avait 16. est montée 17. a essayé 18. était 19. a fermé 20. dormait 21. sont rentrés 22. a vu 23. a dit 24. sont montés 25. dormait / *Quand Boucles d'or a vu les trois ours, elle a quitté la maison à toute vitesse et elle n'est jamais retournée dans la forêt. *D. Il était tard et il pleuvait. Il n'y avait personne dans les rues. Jacques et moi rentrions le long du Boulevard Saint-Michel. Soudain nous avons entendu un bruit sur notre droite. Quelqu'un arrivait. Nous ne pouvions rien voir. J'ai eu peur. Puis j'ai vu Christophe, un ami du bureau. Il m'apportait mes clés. Nous étions tellement heureux que nous l'avons invité à dîner avec nous. **E.** 1. D'abord nous avons choisi la pâtisserie la plus appétissante. Puis/Ensuite nous avons payé la boulangère. Ensuite/Puis elle nous a donné notre paquet. Enfin nous sommes rentrés chez nous aussi vite que possible. 2. D'abord Gilles a lu lentement la question sans la comprendre. Puis/Ensuite il l'a relue trois ou quatre fois. Puis/Ensuite il a compris le sens. Enfin il a écrit sa réponse. **38. Speaking Succinctly: The Pronouns *y* and *en*** **A.** You should have underlined *en* 5 times (*en* devant *partant* n'est pas un pronom) / no. 3 1. 133 billes 2. 107 bonbons 3. 37 francs *B. 1. Non, je n'y ai pas dîné hier soir. 2. Oui, j'y suis déjà allé(e) une fois, au Québec. 3. J'y fais mes devoirs et j'y dors. 4. Non, je n'y réponds pas immédiatement. 5. Oui, j'y pense toujours. 6. J'y mets des papiers et des livres. 7. En général, j'y passe cinq ou six heures par semaine. *C. 1. Non, ils n'en ont pas envie. 2. Oui, j'en ai besoin. 3. Non, je n'en prends jamais. 4. Non, je n'en écris pas. 5. Bien sûr, on va encore en passer. **D.** 1. y 2. en 3. en 4. y 5. en 6. y 7. en 8. en 9. en 10. y **39. Saying What and Whom You Know: *savoir* and *connaître*** **A.** 1. sait 2. connaissons 3. connaît 4. Savez 5. connaît 6. connaît 7. sait 8. connaissons *B. 1. Je le sais. 2. Je le sais. 3. Je ne la connais pas. 4. Je les connais. 5. Je la sais. 6. Je ne sais pas. 7. Je ne la connais pas bien. 8. Je la connais. 9. Je le sais. 10. Je ne les connais pas. **Mise au point** **A.** 1. j'ai visité 2. j'avais 3. j'étais 4. je voulais 5. J'ai fait 6. Il m'a invité(e) 7. nous sommes allé(e)s 8. il a suggéré 9. il a dit 10. nous devions 11. J'ai hésité 12. je ne le connaissais pas 13. j'ai accepté 14. Nous avons fait 15. parlait 16. chantait 17. C'était 18. Il m'a conduit(e) 19. a dit 20. il est parti 21. Je ne l'ai jamais revu *B. sont sortis à huit heures. 2. il pleuvait. Ils ont fait une promenade sous la pluie. 3. ont décidé de prendre quelque chose dans un café. Ils sont entrés Chez Louise. 4. Ils ont choisi une place devant la fenêtre. Quand le serveur est arrivé, ils ont commandé deux cafés. 5. Jacques et Maryvonne ont regardé des gens dans la rue 6. Dans le café, des gens parlaient ou regardaient la télévision. Ils jouaient aux cartes. **Le monde francophone** **A.** 1. a. Hôtel Vogue b. Le Château Frontenac c. Hôtel Vogue 2. huit heures 3. un passeport 4. Non, elle est fermée jusqu'à deux heures de l'après-midi. **B.** 1. 1642 2. cosmopolite, bilingue, vieille, animée 3. son architecture, ses maisons de mode / *J'aimerais visiter Montréal pour ses bons restaurants français. J'adore manger. **C.** 1. soixante-quinze 2. Lille, Strasbourg et Paris se trouvent dans le nord. 3. du Moyen Âge 4. Beaucoup de gens habitent au centre.* Elles sont moins anciennes. Les transports en commun n'existent presque pas.

CHAPITRE 12

Étude de vocabulaire **A.** 1. La Madeleine / Premier Empire / dix-neuvième 2. Vaux-le-vicomte / classique / dix-septième 3. Chambord / Renaissance / seizième 4. L'Église de Beauvais / médiévale / treizième **B.** Artistes: actrice, écrivain, sculpteur, peintre, compositeur, cinéaste / Œuvres: roman, tableau, poème, sculpture, pièce de théâtre **C.** je poursuis / vis / ai suivi // on poursuit / vit / a suivi // nous poursuivons / vivons / avons suivi // les gens poursuivent / vivent / ont suivi **D.** 1. Tu as vécu 2. poursuivre 3. vivre 4. poursuivre 5. suis // 1990 / le génie civil *E. (modèle) **Le cinéma** GENRES: d'aventure, comique, d'amour, d'épouvante, dessin animé; CRÉATEUR: cinéaste, acteur, actrice; PRODUITS: film; ACTIONS: tourner un film, jouer un rôle, aller au cinéma, regarder un film **Étude de grammaire** **40. Emphasizing and Clarifying: Stressed Pronouns** *A. 1. Avec vous? (Mais vous ne parlez pas français.) 2. Avant lui? (Mais il est arrivé à six heures.) 3. Sans elle? (Est-elle malade?) 4. A côté d'elle? (Mais elle ne parle que russe.) 5. A gauche de lui? (Mais il ne l'aime pas du tout.) 6. Auprès d'eux? (Ah, c'est vrai. Il parle russe, lui aussi.) 7. Entre elles? (Il en était très

content sans doute.) ***B.** 1. Moi non plus. / Moi si. 2. Lui (Elle) non plus. / Lui (Elle) si. 3. Elles (Eux) si. 4. Lui non plus. 5. Eux non plus. 6. Elles si. 7. Lui (Elle) non plus. 8. Moi si. **41. Expressing Actions: Pronominal Verbs A.** 1. s'installent 2. me demande 3. nous dépêcher 4. nous nous arrêtons 5. nous reposer 6. me demande 7. m'entends 8. me souviens 9. me rappelle 10. nous entendre **B.** 1. se trompe 2. s'excuse 3. s'entend 4. nous trompons 5. s'amuser 6. se rappelle (se souvient de) 7. nous détendre 8. nous dépêchons 9. nous amusons ***C.** 1. Cette vieille dame se souvient de son mari. 2. Des chiens s'amusent à jouer à la balle. 3. Deux femmes se reposent un moment pendant leur travail. 4. Ce jeune homme se demande où est le musée. 5. Ce jeune homme s'excuse mais il ne s'arrête pas. 6. Cette voiture s'arrête. **42. Speaking Succinctly: Double Object Pronouns A.** 1. le leur 2. le-leur 3. nous la 4. les 5. leur en **B.** 1. Ne la visite pas. (Visite-la.) 2. Ne la lui empruntez pas (Empruntez-la-lui.) 3. Ne la leur montre pas. (Montre-la-leur.) 4. Ne le lui enseigne pas. (Enseigne-le-lui.) 5. Ne lui écrivez pas. (Ecrivez-lui.) ***C.** 1. Ne la lui prête pas. / Prête-la-lui. 2. Envoie-le-lui. / Ne le lui envoie pas. 3. Ne nous les montre pas. / Montre-les-nous. 5. N'en fume pas. 6. Ne m'en donnes pas. / Donnez-m'en un.
43. Saying How to Do Something: Adverbs *A. 1. Moi, j'ai peu dormi hier soir. 2. Moi aussi, j'ai peu étudié à l'école secondaire. 3. Moi, j'ai trop travaillé l'été passé. 4. Moi, j'ai peu mangé ce matin. 5. Moi non, je n'ai pas du tout pensé aux cours que je vais suivre. 6. Moi non, je n'ai pas du tout compris ce chapitre. **B.** 1. violemment 2. vainement 3. finalement 4. rapidement 5. immédiatement 6. lentement 7. poliment 8. brièvement 9. gentiment ***C.** 1. (Paul) décide parfois mal. 2. (Mary) a fait un voyage récemment. 3. (Dan) répond brièvement. 4. (Ma mère) parle poliment. 5. (Mon mari) pense lucidement. 6. (Judy) refuse rapidement. 7. (Ted) joue activement.
Mise au point A. —Qu'est-ce que tu as fait de mon livre de chimie? —Moi? Je l'ai prêté à Robert. —Mais pourquoi? —Il en avait besoin pour un examen. Il va me le rendre cet après-midi. —Malheureusement, moi, j'en ai besoin aussi. Je dois étudier pour le même examen. S'il ne le rend pas avant trois heures, je vais y échouer (*ou* le rater). —Tu ne vas pas y échouer (*ou* le rater). La chimie est facile pour toi! **Le monde francophone *A.** 1. F REMPART organise des groupes de jeunes qui aident à la restauration de sites historiques en ruine. 2. F C'est surtout les étudiants en architecture qui désirent ces stages. 3. F On utilise les éléments naturels de la région. 4. F C'est le ministère de la culture qui joue ce rôle. **B.** 1. Centre National d'Art et de Culture Georges Pompidou 2. des œuvres impressionnistes 3. Centre National d'Art et de Culture Georges Pompidou 4. non 5. le musée d'Orsay **Vue d'ensemble: Chapitres 10 à 12 *A.** 1. Autrefois nous descendions dans les meilleurs hôtels. 2. Autrefois nous sortions tous les soirs danser et aller au théâtre. 3. Autrefois nous laissions au moins 20% de l'addition. 4. Autrefois nous dînions à la Tour d'Argent et aux autres restaurants de luxe. 5. Autrefois j'achetais de grands cadeaux très chers. 6. Autrefois je dépensais sans réfléchir. **B.** Il faisait mauvais et le ciel était noir. Ma sœur et moi nous nous promenions dans la rue. C'était le 31 octobre mais nous étions trop grands pour demander des bonbons aux voisins. Nous accompagnions notre petit frère Joël. Il était huit heures et nous étions sur le point de rentrer quand Joël est arrivé vers nous, sans sac, le visage couvert de larmes. Il était difficile de comprendre ce qu'il disait parce qu'il parlait entre ses dents. Quand nous avons enfin compris qu'il s'agissait d'un vol, nous sommes vite rentrés à la maison. Maman a téléphoné à la police, qui a trouvé rapidement les malfaiteurs et a rendu les bonbons à Joël. Joël les a mangés et est tombé malade. Il n'y a pas de justice. ***C.** Mireille et Max sont partis en voiture une belle journée de juillet. Ils ont emporté leurs planches à voile et trois valises, donc il n'y avait pas beaucoup de place dans la voiture. Ils ont conduit pendant quatre heures pour arriver à Biarritz, dans le sud-ouest de la France. Ils sont descendus dans un petit hôtel pas trop cher et près des plages. Tous les jours il se sont réveillés tard, ont fait leur toilette et sont partis à la plage. Il faisait un temps magnifique et toute la journée ils ont fait de la planche à voile ou ont dormi au soleil. Le soir ils se sont habillés et sont sortis dans des restaurants intimes où la cuisine était délicieuse. Un soir ils ont fini de dîner seulement à minuit. Ces deux semaines de repos ont été des vacances de rêves. **D.** 1. On lui offre des cadeaux. 2. On lui prête de l'argent. 3. On l'écoute avec patience. 4. On lui téléphone souvent. 5. On lui raconte sa journée. 6. On lui écrit à Noël. 7. On ne lui montre pas son journal intime. 8. On le présente à ses amis. 9. On ne l'oublie pas. **E.** 1. Parle-lui. 2. Assiste-y. 3. Ne le repasse pas. 4. Ne les lui raconte pas. 5. Mange-les. 6. Ne les mange pas. ***F.** 1. Un enfant demande à son père: Ne me donne plus de légumes. 2. Deux clients demandent à la vendeuse dans une pâtisserie: Donnez-nous trois ou quatre de ces petits gâteaux. 3. Un étudiant demande à un ami: Explique ce mot (je ne le comprends pas.) 4. Une mère ordonne à son enfant de dix ans: Ne dis pas à ton petit frère que le Père Noël n'existe pas. 5. Une étudiante demande à sa copine: Ne montre pas ces photos à tes parents. 6. Une hôtesse de l'air demande à un passager: Installez-vous dans ce siège. ***G.** 1. J'y (lis). 2. J'en écris (rarement à mes sœurs.) 3. J'y vais (dix fois par semaine.) 4. J'en ai (trois.) 5. Je n'y ai pas étudié récemment. / J'y ai étudié (l'histoire.) 6. Je vais y rentrer (dans un mois.) ***H.** 1. ne connaissent pas 2. ne sais pas 3. ne savez pas 4. ne connaissons pas 5. connaissent 6. connais 7. connaissons 8. ne savent pas 9. sais **I.** 1. souvent. 2. Naturellement 3. très bien 4. beaucoup/aussi 5. couramment 6. donc 7. facilement 8. ensuite 9. probablement 10. aussi ***J.** 1. Je me détends bien avec elle. 2. Je ne me dispute pas avec elles. 3. Je m'entends assez bien avec elle. 4. Je m'amuse avec lui. 5. Je me souviens d'eux. 6. Je ne me souviens pas d'elle.

CHAPITRE 13

Étude de vocabulaire A. 1. précède 2. à l'église 3. ne se marient pas 4. se disputent 5. les fiançailles 6. de meubles **B.** 1. Ils ont mal aux oreilles. 2. J'ai mal aux dents. 3. Nous avons mal au dos. 4. Il a mal aux pieds. 5. Vous avez mal aux doigts. 6. Elle a mal aux yeux. 7. Il a mal aux oreilles. 8. Elle a mal aux pieds, aux jambes, au dos, partout! ***C.** 7, 1, 5, 4, 6, 3, 2 **Étude de grammaire 44. Reporting Everyday Events: Pronominal Verbs (continued) A.** 1. c 2. g 3. i 4, h 5. b 6. e 7. d 8. f 9. a ***B.** 1. Marcel se réveille tôt le lundi matin parce qu'(il va en cours.) 2. Tu te lèves à midi le jeudi parce que (c'est un jour où tu ne travailles pas.) 3. M. Dupont se couche à cinq heures parce qu'(il se lève à une heure.) 4. Je m'habille bien cet après-midi parce que (j'ai rendez-vous avec mon psychologue.) 5. Les enfants s'ennuient le week-end parce qu'(ils ne trouvent rien à faire.) 6. Laure se regarde dans le miroir à minuit parce qu'(elle espère rêver de Laurent.) **C.** 1. habille 2. t'habilles 3. couche 4. te couches 5. couches 6. te lever 7. nous promenons **D.** 1. se réveille 2. se lève 3. se lave 4. s'habille 5. s'en va 6. se met à 7. s'arrête 8. se promène 9. se baigner 10. se couche et s'endort **45. Expressing Reciprocal Actions: Pronominal Verbs *A.** 1. s'adorent 2. Béatrice déteste Yves. / Yves déteste Béatrice 3. Gérard parle à Marthe. / Marthe écoute Gérard. 4. Marcel et Eugénie se parlent. 5. Véronique et Denis se disputent. ***B.** 1. Dans la classe d'histoire Jules et Juliette se regardent souvent quand le professeur ne les regarde pas. 2. Ils se parlent chaque fois qu'ils en ont le temps. 3. Ils se rencontrent d'habitude au café. 4. Il se téléphonent quand ils ne peuvent pas sortir ensemble 5. Quand ils s'embarassent, c'est magnifique. 6. Ils s'entendent, ils s'aiment et ils vont se marier. **46. Talking About the Past and Giving Commands: Pronominal Verbs A.** Francine s'est levée la première et Julien s'est réveillé une demi-heure plus tard. Ils se sont habillés. Ils ont pris leur petit déjeuner dans la cuisine. Ensuite Francine est partie en cours, pendant que Julien lisait le journal. À midi Francine et Julien se sont retrouvés au café. Après le déjeuner ils se sont promenés pendant un moment, puis ils sont retournés à leurs activités. Le soir Julien s'est reposé après le dîner devant la télévision, mais sa femme a étudié. Quand Francine s'est endormie sur ses livres, Julien l'a réveillée. Ils se sont couchés vers onze heures. Ils se sont plaints de ne pas avoir assez d'énergie. ***B.** 1. Yves: Excusez-vous. Paul: Ne vous excusez pas. 2. Yves: Couche-toi. Paul: Ne te couche pas. 3. Yves: Marie-toi. Paul: Ne te marie pas. 4. Yves: Brosse-toi les dents. Paul: Ne te brosse pas les dents. 5. Yves: Amusez-vous bien. Paul: Ne vous amusez pas. **47. Making Comparisons: The Comparative and Superlative of Adjectives *A.** 1. Mon professeur de français est plus intelligent que mon professeur d'anglais. 2. Mes grands-parents sont aussi conservateurs que mes parents. 3. Les étudiants dans ce cours sont moins ennuyeux que les étudiants de maths. 4. Les femmes sont aussi heureuses que les hommes. 5. Les politiciens sont aussi vieux que les professeurs. 6. Les enfants sont moins occupés que les grandes personnes. 7. Je suis plus énergique que mes amis. **B.** 1. Marseille est le port le plus important. 2. La Loire est la plus longue rivière. 3. Lyon est la ville la plus peuplée. 4. L'Alsace est la province la plus au nord. 5. Le Texas a le territoire le plus étendu. 6. La Guadeloupe est le plus petit département d'outre-mer. 7. La Provence a le climat le moins froid. ***C.** 1. Les jeunes étaient moins paresseux pendant ma jeunesse. 2. Les gens sont plus égoïstes qu'autrefois. 3. Les écoles étaient meilleures autrefois. 4. La vie est moins intéressante. 5. Les gens sont plus malheureux. 6. Le gouvernement est pire que pendant les années vingt. 7. En général la vie n'est pas aussi bonne qu'autrefois. ***D.** 1. Katherine Hepburn est la femme la plus intelligente du cinéma américain. 2. Neil Smith est le politicien le

plus honnête de l'administration d'aujourd'hui 3. Mariah Carey est la meilleure chanteuse des États-Unis. 4. M. Miller est le meilleur professeur de la Faculté des Lettres. 5. Le président est la personne la plus respectée des États-Unis. 6. Mes grands-mères sont les femmes les plus dynamiques de ma famille. **Mise au point A.** (see art at left) **B.** 1. —Tu t'endors (T'endors-tu) facilement? —Si je ne me couche pas trop tôt. —Je ne m'endors jamais avant minuit. 2. —Combien de fois par jour vous brossez-vous les dents? —J'essaie de me brosser les dents trois fois par jour. Mais il m'est souvent difficile de me brosser les dents à midi. 3. —Comment vous appelez-vous? Pierre? —Non, vous vous trompez. Maintenant, je m'appelle Napoléon. —Eh, bien, Napoléon. Installez-vous sur le divan et parlez-moi. ***C.** 1. se sont rencontrés 2. se sont téléphoné 3. se sont parlé 4. se sont promenés 5. se sont regardés 6. se sont pris 7. se sont dit 8. se sont embrassés 9. ne se sont plus quittés 10. se sont mariés 11. s'entendent 12. ne se sont jamais disputés ***E.** 1. est une des plus grandes villes du monde. 2. sont les montagnes les plus hautes de l'Europe. 3. est un des plus longs fleuves du monde. 4. est la voiture la plus élégante d'Angleterre. 5. est le joueur de baseball le plus célèbre des États-Unis. 6. est la femme la plus célèbre d'Angleterre. **Le monde francophone A.** 1. une consultation à domicile 2. rembourser 3. une ordonnance 4. la Sécurité Sociale / En France les médecins continuent à faire des visites à domicile. Les médicaments achetés sans ordonnance sont remboursés par la Sécurité Sociale. **B.** 1. musulman 2. les cinq obligations majeures des pratiquants 3. très important 4. publique 5. une somme importante **C.** 1. c 2. b 3. a 4. c

CHAPITRE 14

Étude de vocabulaire **A.** 1. ouvriers 2. une maîtresse d'école 3. agriculteur 4. médecin 5. boucher 6. chèques 7. montant 8. d'épargne 9. carnet 10. distributeur **B.** Écrivez le chèque pour 1076 francs (mille soixante-seize). *C. 1. Tu prends un repas au restaurant quatre ou cinq fois par semaine. Si tu prépares tes repas à la maison, tu peux épargner quinze dollars par semaine. 2. Tu partages ton appartement avec deux amis. Prends encore un autre camarade de chambre et tu peux économiser cent cinquante dollars par mois. 3. Tu vas au cinéma toutes les semaines. Si tu loues des vidéoclips, tu vas dépenser dix dollars de moins, et tu peux inviter une amie. 4. Habille-toi à Sears pendant un semestre et tu économises peut-être trois cents dollars. **D.** je découvre / souffre // Christophe Colomb découvre / souffre // vous découvrez / souffrez // les malades découvrent / souffrent **E.** 1. Ouvrez 2. couvrez 3. souffrir 4. avons offert 5. souffrait 6. ouvrir 7. a offert 8. a ouverte 9. a souffert **Étude de grammaire** **48. Talking About the Future: The Future Tense** **A.** tu viendras / les gens viendront / je viendrai / nous viendrons // tu auras / les gens auront / j'aurai / nous aurons // tu verras / les gens verront / je verrai / nous verrons // tu enverras / les gens enverront / j'enverrai / nous enverrons // tu seras / les gens seront / je serai / nous serons // tu feras / les gens feront / je ferai / nous ferons // tu pourras / les gens pourront / je pourrai / nous pourrons // tu sauras / les gens sauront / je saurai / nous saurons // tu iras / les gens iront / j'irai / nous irons // tu achèteras / les gens achèteront / j'achèterai / nous achèterons *B. 1. Pas encore. J'en achèterai une (demain.) 2. Pas encore. Elle le fera (dimanche.) 3. Pas encore. Il lui en enverra (ce soir.) 4. Pas encore. Nous la verrons (la semaine prochaine.) 5. Pas encore. Ils les achèteront (après l'arrivée de Mémé.) 6. Pas encore. Je le leur dirai (pendant le week-end.) *C. 1. Mes parents ne vendront pas leur maison parce qu'ils l'aiment. 2. Ils n'achèteront pas de château en Espagne parce que Charlie déteste voyager. 3. Ma meilleure amie ne se mariera pas parce qu'elle est déjà mariée. 4. Je n'habiterai pas seule parce que j'aurai mon mari avec moi. 5. Ils ne me rendront pas visite parce qu'ils seront très occupés. **D.** 1. croiras 2. dis 3. serai 4. montrerai 5. verrai 6. téléphones 7. viendrai 8. appellerai 9. arriverai **49. Linking Ideas: Relative Pronouns** **A.** J'en ai noté l'adresse qui était dans le journal ce matin. / L'immeuble a une piscine qui est ouverte toute l'année. / J'aime ce quartier qui me rappelle l'Espagne. // Les voisins sont les Allemands que j'ai rencontrés à la plage. / Habitent-ils dans un des studios que ton amie Georgette a visités? / Non, je crois qu'ils ont un des trois pièces que je n'ai jamais vus. **C.** 1. que 2. qui 3. dont 4. qu' 5. qui 6. qui 7. dont 8. que 9. dont 10. dont *D. Florence est employée dans une banque où elle est très heureuse. Elle gagne un salaire modeste qui lui donne une vie confortable mais pas luxueuse. Son chèque, qu'elle reçoit toutes les deux semaines, est déposé sur un compte courant. Elle a aussi un compte d'épargne où elle dépose une petite somme tous les mois. Elle s'intéresse à un autre employé qui travaille dans le même bureau. Il lui fait des compliments sur son travail dont elle est très contente. **Mise au point** **A.** 1. Vous, vous recevrez / Toi, tu reçois 2. Les Feydeau, eux, viennent toucher / Toi, tu es venu(e) toucher 3. Georges, lui, s'est présenté / Nous, nous présenterons 4. Nous aurons / M. Pruneau a eu 5. Je déposerai / Mon ami dépose *C. —Quand auras-tu (est-ce que tu auras) ton interview avec ce bureau agricole? —Le dix mai. Penses-tu qu'ils m'embaucheront? —Pourquoi pas? Dès (Aussitôt) qu'ils sauront combien de langues tu parles, ils t'offriront le poste. —J'espère que tu as raison. Je te téléphonerai quand je saurai. **Le monde francophone** **A.** 1. la qualité de la vie 2. avoir plus de temps libre 3. cinq 4. moins 5. plus productifs *B. 1. bagagerie et papeterie fantaisie / des exemples de bagagerie: valises, sacs-à-main, serviettes / des exemples de papeterie: blocs-notes, cahiers, papier à lettres. 2. Le candidat participera à la création de nouveaux produits. Il aidera les gens qui vendent les produits. Il assurera la communication dans la société. Il trouvera des idées pour mieux vendre les produits. 3. Il doit avoir un diplôme d'une école supérieure de commerce. Il doit avoir 2–3 ans d'expérience dans les produits cosmétiques ou la grande distribution. 4. Traits de caractère: créatif, ouvert, a de la personnalité et aime les contacts. 5. Oui, il voyagera. Il aura besoin de l'anglais.

CHAPITRE 15

Étude de vocabulaire **A.** 1. cinéma 2. jeu de société 3. jardinage 4. pêche 5. football 6. lecture 7. bricolage **B.** nous courons / rions // les athlètes courent / rient // tu cours / ris // la jeune fille court / rit **C.** 1. courir 2. a ri 3. courrons 4. ai ri 5. riront *D. (modèle) **Les spectacles** le cinéma, le théâtre, les concerts, la danse, l'opéra; ACTIONS: regarder, écouter, sourire, applaudir; LIEUX: théâtre, salle de cinéma, salle; ACTIVITÉS: danser, jouer un rôle, jouer d'un instrument, chanter **Étude de grammaire** **50. Getting Information: Interrogative Pronouns** **A.** 1. Qui 2. Qu'est-ce qui 3. quoi 4. qui 5. Qui 6. Qu'est-ce qui 7. quoi *B. 1. De quoi a-t-il envie? 2. Quels compact-discs a-t-il déjà? 3. De quoi a-t-il besoin? 4. Qu'est-ce qu'il aime faire? 4. Qu'est-ce que tu me conseilles de lui offrir? **C.** 1. Lequel? 2. Lesquels? 3. Laquelle? 4. Lequel? 5. Laquelle? **51. Being Polite; Speculating: The Present Conditional** *A. 1. Nous serions (heureux.) 2. Les étudiants rentreraient (chez eux.) 3. Le professeur de français irait (à la maison.) 4. J'aurais le temps de (faire tout mon travail.) 5. Tu écrirais (ton roman.) 6. Mes amis aventuriers feraient (le tour du monde.) *B. 1. Je ne ferais pas de promenade; je n'irais pas à la pêche; je lirais dans ma chambre. 2. Je ferais une partie de Monopolie; je dormirais toute la journée; je ne regarderais pas de vidéoclips à la télé. 3. Je les verrais; je ne les inviterais pas à la maison; je leur proposerais de prendre un café quelque part. 4. Je les encouragerais à découvrir le campus; je leur préparerais un bon repas; je ferais une promenade avec eux. *D. 1. Je lui en parlerais. 2. Je mettrais une annonce dans le journal. 3. Je demanderais à mon ami de m'en parler. 4. Je refuserais poliment de le faire. 5. Je lui dirais d'aller voir un médecin. 6. Je ne leur parlerais plus. 7. Je lui écrirais souvent et je lui parlerais au téléphone.

52. Expressing Actions: Prepositions After Verbs A. 1. aller - 2. refuser de 3. devoir - 4. aider à 5. se metttre à 6. désirer - 7. choisir de 8. oublier de 9. rêver de 10. vouloir - 11. enseigner à 12. chercher à 13. permettre de 14. savoir - 15. aimer - 16. empêcher de 17. espérer - 18. commencer à 19. apprendre à 20. arrêter de **B.** 1. - 2. à 3. - 4. - 5. de 6. de 7. de 2. 8. de 9. de 10. - 11. à 12. à 13. à 14. à 15. de 16. à 17. d' **D.** 1. Jean-Claude et René viennent de nager. 2. Anne vient nager. 3. Hélène vient manger. 4. Paul vient de manger. 5. Yves vient jouer au tennis. 6. Suzanne et Patricia viennent de jouer au tennis. 7. Julia vient courir. 8. Daniel vient de courir. 9. Serge vient danser. 10. Béatrice vient de danser. **53. Making Comparisons: Adverbs and Nouns *A.** 1. J'ai autant de problèmes que mes parents. 2. J'ai plus de responsabilités que mes parents. 3. J'ai plus de compact-discs que mes parents. 4. J'ai moins de loisirs que mes parents. 5. J'ai autant d'opinions importantes que mes parents. 6. J'ai plus de vêtements que mes parents. 7. J'ai plus de passe-temps que mes parents. 8. J'ai moins de besoins que mes parents. *C. 1. Je vais avoir de meilleures notes. 2. Je vais mieux écrire. 3. Je vais finir plus de choses. 4. Je vais me tromper moins souvent. 5. Je vais lire de meilleurs livres. 6. Je vais m'ennuyer moins souvent. 7. Je vais me lever plus tôt le matin. 8. Je vais me préparer mieux aux examens. **Mise au point *C.** 1. Elisabeth. Elle n'en a que deux. 2. Béatrix. Elle est beaucoup plus riche. 3. Elisabeth. Elle a des théâtres à Broadway. 4. Elisabeth. On dit qu'Edouard VII a commencé sa collection. 5. Elisabeth. Elle reçoit 66 millions de francs par an. **Le monde francophone A.** 1. Il aide les Français à organiser leurs activités. 2. On fait du bricolage dans sa maison ou dans son jardin. 3. On peut collectionner des timbres, des objets d'art ou des bandes dessinées. 4. Leur sport favori est le football. 5. Le ski et le cyclisme sont populaires. **B.** 1. b 2. b 3. c 4. b 5. a 6. a **C.** 1. le but adversaire 2. interdit 3. le gardien de but 4. le terrain de jeu 5. une équipe 6. poteau de corner 7. un attaquant 8. un défenseur **Vue d'ensemble: Chapitres 13 à 15 A.** 1. se réveille 2. se lève 3. se lave 4. s'habille 5. s'en va 6. s'arrête 7. se promène 8. s'appelle 9. Elle ne s'ennuie pas. 10 s'amuse 11. se couche 12. s'endort 13. Non, elle se lève tôt. 14. correcte 15. Non, elle s'appelle Annick. 16. Non, elle s'amuse avec ses copains. **B.** 1. me suis installée 2. m'endormir 3. me suis couchée 4. me suis habillée 5. me suis préparée 6. me suis brossé 7. me suis maquillée 8. nous sommes amusés **C.** Ma chère Denise, 1. Tu t'es surmenée 2. Tu t'es réveillée 3. Tu es allée 4. Tu es retournée 5. Tu t'es énervée *De plus, tu ne t'es pas promenée à midi et tu as déjeuné à ton bureau. 6. repose-toi 7. arrête-toi 8. couche-toi 9. lève-toi *va voir tes enfants. 10. te baigner 11. fais 12. amuse-toi 13. nourris-toi *Puis, reviens la semaine prochaine prête à recommencer. **D.** 1. sont moins vieux que 2. sont moins grandes que 3. est plus important que 4. est moins difficile que 5. est moins réaliste que 6. est meilleur que 7. est moins tranquille que 8. est plus passionnant que *E. 1. Je passerai du temps en France. 2. Mes amis ne m'achèteront pas de voiture de sport. 3. Je ne me marierai pas 4. On ne résoudra pas tous les problèmes écologiques. 5. Mes parents me comprendront mieux. 6. Je ne deviendrai pas riche. 7. Le monde ne reconnaîtra pas mon génie. 8. J'aurai toujours les mêmes amis. **F.** 1. où 2. qui 3. qui 4. où 5. qui 6. qui 7. où 8. que 9. où 10. qui 11. où 12. qu' 13. qui **G.** 1. a. conduisais b. conduirais c. achèterais d. achetais 2. a. donneriez b. étiez c. donniez d. seriez 3. a. manifestaient b. croyaient c. manifesterais d. croiraient

CHAPITRE 16

Étude de vocabulaire A. 1. e 2. d 3. f 4. a 5. b 6. g 7. c *B. 1. Il est indispensable de recycler le plastique. 2. Il est essentiel de développer des sources d'énergie. 3. Il est urgent d'encourager le recyclage. 4. Il est important de protéger les forêts. 5. Il est possible d'arrêter la pollution. 6. Il est nécessaire de protéger les animaux. 7. Il est inutile de continuer le gaspillage. **Étude de grammaire 54. Expressing Attitudes: Regular Subjunctive Verbs A.** 1. écrive 2. voies 3. dirige 4. nous levions 5. tombiez 6. conduises 7. lise 8. vous arrêtiez 9. sortes 10. connaisse 11. disiez 12. vive 13. rentrent 14. parte 15. m'endorme 16. suive 17. sonne 18. croyiez 19. se marient 20. mette **B.** 1. Oui, parce que les écologistes veulent que nous les écoutions attentivement. 2. Non, parce qu'ils ne veulent pas que nous en gaspillions. 3. Oui, parce qu'ils veulent que nous y soyons engagés. 4. Oui, parce qu'ils veulent que nous exigions leur conservation. 5. Oui, parce qu'ils veulent que nous la connaissions. 6. Non parce qu'ils ne veulent pas que nous manifestions contre leur développement 7. Oui, parce qu'ils veulent que nous soutenions leur conservation. 8. Oui, parce qu'ils veulent que nous la protégions. **55. Expressing Attitudes: Irregular Subjunctive Verbs A.** 1. S 2. I 3. S 4. I 5. I 6. I 7. S 8. S 9. S 10. I 11. S 12. S 13. S 14. S 15. I 16. S 17. S 18. S 19. ? 20. ? **B.** 1. Elle ne veut pas qu'ils aient faim. 2. Elle veut qu'ils prennent des vitamines. 3. Elle veut qu'ils puissent finir leurs études. 4. Elle veut qu'ils lui écrivent souvent des lettres. 5. Elle ne veut pas qu'ils reviennent tout seuls de l'école. 6. Elle veut qu'ils aillent chez le dentiste deux fois par an. 7. Elle ne veut pas qu'ils fassent de promenades quand il pleut. 8. Elle veut qu'ils l'aiment. **56. Expressing Wishes, Necessity, and Possibility: The Subjunctive A.** 1. Tout le monde voulait que les vacances soient plus longues. 2. Un journaliste insistait que le Conseil des Étudiants ait plus de pouvoir. 3. Les sportifs préféraient qu'il y ait plus de sports. 4. Certaines femmes ne voulaient plus que les hommes puissent visiter leur résidence. 5. Les étudiants médiocres demandaient que les professeurs leur fassent plus attention. 6. Les intellectuels désiraient qu'il y ait moins de sports. **B.** 1. nous ayons raison. 2. la plupart des Américains comprennent notre point de vue. 3. les États-Unis aient des difficultés économiques. 4. nous écrivions des pétitions. 5. qu'on obtienne des résultats. ***C.** 1. Il est douteux que le professeur de français ne vienne pas au prochain cours. 2. Il est impossible que ma camarade de chambre visite un jour la planète Vénus. 3. Il est peu probable que mon mari soit français. 4. Il est douteux que les étudiants de cette université manifestent avant la fin de l'année. 5. Il est possible que je regrette un jour de ne pas parler russe. 6. Il n'est pas possible que je vive jusqu'à 190 ans. **57. Expressing Emotion: The Subjunctive** ***A.** 1. Il est désolé que les conservateurs soient au pouvoir. 2. Il est malheureux que la plupart des gens soient indifférents au problème de la pollution. 3. Il est content d'entrer en communication avec eux. 4. Il est ravi d'obtenir la majorité des voix aux élections. 5. Il est très heureux que les politiciens fassent un effort de coopération. 6. Il est soulagé que l'entretien et l'achat de deux ou trois voitures soient trop chers pour la majorité des familles. **B.** OUI: b, d, e NON: a, c, f ***1.** agressions nos clients. 2. sacrifions l'intimité. 3. les sollicitions. 4. n'obligions personne. 5. contactions l'UNICEF. 6. refusions de donner. 7. ne participions pas aux actions humanitaires. **Mise au point** ***A.** 1. J'ai peur que les personnes âgées soient plutôt conservatrices. On prend ses habitudes. 2. Je doute que nous ayons besoin de changer complètement de système politique. Il y a du bon et du mauvais dans tous les systèmes. 3. Je suis sûr(e) qu'en général la démocratie est la meilleure forme de gouvernement. Nous avons bien vécu pendant 200 ans sous cette forme. 4. Je suis sûr(e) que le gouvernement américain est trop centralisé et a trop de pouvoir. Nous refusons notre responsabilité personnelle. 5. J'ai peur que le gouvernement américain perde de son influence politique dans le monde. L'influence politique va de pair avec l'influence économique. 6. Je suis sûr(e) que l'avortement devrait être un choix personnel, autrement on peut forcer une femme à avoir un bébé. **B.** 1. aient le sens des responsabilités, sachent écouter les opinions des autres, et soient honnêtes. 2. fassiez respecter nos traditions, puissiez souvent rencontrer vos électeurs, alliez à Washington défendre nos intérêts. 3. ayez confiance en moi, connaissiez mieux mes idées sur les problèmes de notre société. 4. sachions travailler ensemble, fassions un effort pour rester en contact. **C.** 1. aies 15 ans / sois en bonne santé / étudies dans un aéroclub 2. six 3. connaisses la réglementation, la navigation et la mécanique de vol / tu saches 4. 5. aies moins de 25 ans / aies une licence fédérale / aies 5 heures de vol **Le monde francophone** **A.** 1. b 2. c 3. a & c 4. a **B.** 1. Communauté Économique Européenne 2. 12 3. a. 4. c 5. a **C.** 1. L'Europe 2. L'Asie et l'Afrique 3. non *4. Depuis 1954 il y a un nombre croissant d'immigrés, mais récemment on dirait que cette tendance diminue.

CHAPITRE 17

Étude de vocabulaire ***A.** 1. La Guyane se trouve en Amérique du Sud. 2. La Côte d'Ivoire se trouve en Afrique occidentale. 3. Le Niger est entre le Tchad et le Mali. 4. La Belgique est au nord de la France. 5. Le Zaïre se trouve en Afrique centrale, à l'ouest du Congo. 6. La République de Madagascar est à l'est de l'Afrique, dans l'Océan Indien. 7. L'Algérie se trouve en Afrique du nord. 8. Le Canada est au nord des États-Unis. 9. La Louisiane se trouve aux États-Unis. 10. Le Cambodge se trouve en Asie, à l'ouest du Viêt-nam. **B.** 1. en Belgique, en Suisse, au Luxembourg 2. au Cambodge (Viêt-nam, Laos) 3. les Antilles, la Nouvelle-Calédonie, les îles Marquises, Tahiti 4. Guyane française **C.** 1. Ils viendront d'Europe, d'Afrique, d'Amérique du Nord, des Antilles. 2. Cinq pays seront représentés. 3. Le théâtre, le conte, la chanson et la poésie sont des exemples des arts de la parole. 4. Ils échangeront leurs méthodes et leurs expériences. 5. 25 **Étude de grammaire** **58. Talking About Quantity: Indefinite Adjectives and Pronouns** **A.** 1. toute 2. tous 3. toutes 4. tous 5. tout 6. toute 7. tout 8. tous *L'Oncle Jules va tout manger et Suzie va mourir de faim. **B.** 1. a. chaque b. Tout c. quelques d. autres e. plusieurs f. quelqu'un 2. a. tous b. quelque chose c. Quelques-uns d. d'autres e. tout f. mêmes 3. a. tous b. Tous c. plusieurs d. même e. d'autres f. d'autres **59. Expressing Doubt and Uncertainty: The Subjunctive** **A.** 1. feront 2. doivent 3. soit 4. deviendront 5. puissent **B.** 1. J'espère que les candidats sont (Je doute que les candidats soient) honnêtes et raisonnables. 2. Il est clair qu'il y a (Je doute qu'il y ait) des candidats de toutes les classes sociales. 3. Il est clair que les Américains peuvent (Je doute que les Américains puissent) exprimer leurs opinions librement. 4. Il est clair que l'argent joue (Je doute que l'argent joue) un rôle important dans les élections. 5. J'espère que les Démocrates ont (Je doute que les Démocrates aient) plus de pouvoir que les Républicains. 6. Il est clair que l'économie américaine devient (Je doute que l'économie américaine devienne) plus forte. 7. Il est clair que les États-Unis doivent (Je doute que les États-Unis doivent) aider les pays en voie de développement. **C.** 1. Il n'est pas heureux qu'on le prenne pour un intellectuel. 2. Il est choqué que les intellectuels français aient tendance à confondre leurs rôles scientifique et politique. 3. Il ne croit pas que le rôle de la science soit d'influencer la politique. 4. Il est convaincu que les linguistes peuvent préserver des langues. 5. Il ne croit pas que les États-Unis aient le droit d'intervenir au Nicaragua. 6. Il doute que la linguistique puisse sauver le monde. **60. Expressing Subjective Viewpoints: Alternatives to the Subjunctive** 1. Il faut y rester quinze jours. 2. J'espère que tu pourras prendre quatre semaines de vacances. 3. Est-il possible de prendre le train? 4. Non, il vaut mieux y aller en avion. 5. Est-il nécessaire d'emporter nos passeports? 6. Non, mais il faut avoir ton permis de conduire. 7. J'espère visiter aussi quelques villages de la région. 8. Je suis bien contente d'avoir trois mois de vacances chaque été! **Mise au point** **A.** 1. faux 2. vrai 3. vrai 4. faux 5. faux 6. faux 7. vrai / *1. Tous les cercles sont noirs. 2. Aucun des triangles n'est noir. **B.** 1. L'Ontario 2. Edmonton 3. Monts Ogilvie 4. le Manitoba 5. Les montagnes Rocheuses 6. Trois-Rivières, Montréal, Sault Ste. Marie. 7. Frédéricton 8. le Québec 9. la France, 55 millions; le Québec, 6 millions et demie 10. le Saskatchewan **C.** Vous avez coché 2, 3, 4, 5, 6, 7, 9, 10, 11, 12, 15, 19, 20, 22, 24, 27 *E. 1. Il écrit en français pour ne pas être traduit. 2. Il espère qu'un jour le français sera simplifié. 3. Il ne voudrait pas simplifier le chinois. 4. Fernando Arrabal a peur de mal écrire ses verbes au passé composé. 5. Il trouve qu'il n'est pas essentiel de moderniser l'orthographe. On ne doit pas la moderniser arbitrairement. **Le monde francophone** **A.** 1. dix-huit 2. le Maroc, l'Algérie et la Tunisie 3. XIXème / les Belges 4. indépendance 5. l'universalité de la langue en Afrique / le besoin de communiquer avec le reste du monde 6. Joliet / Champlain 7. XVIIème 8. du Canada 9. un quart 10. Montréal **B.** 1. c, des tennis 2. e, une voiture 3. b, gâcher 4. a, un réservoir 5. d, relâche / À l'anglais.

CHAPITRE 18

Première partie **A.** 1. soyons obligés de toucher un chèque. 2. faites des économies. 3. ouvre un compte en banque. 4. connaissiez le cours du franc. 5. gagnent un salaire intéressant. 6. les mette sur son compte d'épargne. 7. puisse retirer son argent à ce guichet. 8. endossions nos chèques. **B.** 1. étudiions 2. apprendre 3. parlions / arriverons 4. soit 5. prendrons / est 6. pourrons 7. veuille 8. se passera / nous amuserons **C.** 1. c 2. b 3. a 4. a **Deuxième partie** *A. Le BCBG: Ce jeune homme représente la tradition et la réussite financière. Avec son costume conservateur, veste en tweed et cartable, on dirait qu'il vient de sortir du bureau. Il passe probablement la plupart de son temps à la bibliothèque et au café. La Punkette: Cette jeune femme est une révoltée. Avec sa ceinture en métal et son imperméable en plastique elle veut dire qu'elle n'est pas comme tout le monde. Ses chaussures à hauts talons montrent qu'elle ne fait pas beaucoup de sport. Elle passe son temps à critiquer la société conformiste et à écouter du rock anglais. Elle est rarement contente. *B. Marie-Antoinette est née en 1755 en Autriche. Ses parents, François Ier et Marie-Thérèse, étaient de la noblesse. À 15 ans, elle a épousé l'homme qui deviendrait Louis XVI. Les Français la trouvaient charmante au début, mais elle s'est rendue impopulaire parce qu'elle était imprudente et elle dépensait beaucoup. En plus, elle s'opposait aux réformes. Tout le monde disait qu'elle avait proposé que le peuple, qui mourrait de faim parce qu'il n'y avait pas de pain, mange de la brioche (une sorte de pain sucré). Elle a montré beaucoup de courage pendant sa captivité et à la guillotine où elle est morte en 1793, âgée de 38 ans. **D.** 1. a. une grève b. de garder leur place c. des relations sexuelles d. de l'argent e. perd f. une valeur positive g. intellectuel